开局之道

——空降 CEO 如何决胜 90 天

陈义佳　潘亮　著

中国财经出版传媒集团
中国财政经济出版社
· 北京 ·

图书在版编目（CIP）数据

开局之道：空降 CEO 如何决胜 90 天 / 陈义佳，潘亮著. --北京：中国财政经济出版社，2024.1
ISBN 978-7-5223-2799-0

Ⅰ.①开… Ⅱ.①陈… ②潘… Ⅲ.①企业管理-组织管理学 Ⅳ.①F272.9

中国国家版本馆 CIP 数据核字（2024）第 015157 号

责任编辑：叶　彤　　　　责任校对：徐艳丽
封面设计：北京兰卡绘世

开局之道——空降 CEO 如何决胜 90 天
KAIJU ZHIDAO——KONGJIANG CEO RUHE JUESHENG 90 TIAN

中国财政经济出版社 出版
URL：http：//www.cfeph.cn
E-mail：cfeph@cfeph.cn

社址：北京市海淀区阜成路甲 28 号　邮政编码：100142
营销中心电话：010-88191522
天猫网店：中国财政经济出版社旗舰店
网址：https：//zgczjjcbs.tmall.com
中煤（北京）印务有限公司印刷　各地新华书店经销
成品尺寸：170mm×240mm　16 开　18.25 印张　256 000 字
2024 年 1 月第 1 版　2024 年 1 月北京第 1 次印刷
定价：88.00 元
ISBN 978-7-5223-2799-0
（图书出现印装问题，本社负责调换，电话：010-88190548）
本社质量投诉电话：010-88190744
打击盗版举报热线：010-88191661　QQ：2242791300

序

天下人都知道，企业与管理是两个概念。但是我们更多人不知道的是管理常常是无形资本，也是企业的重要组成，特别是面对不同的挑战时，一些特殊的人才具有无限的可能性，也经历着极大的不确定性。

一、企业管理核心是人

企业本身是一个系统，而这个系统的核心就是人。如张维迎教授所言："企业是一组契约关系"，而其实质上是人与人之间的契约关系。作为一个管理者，把握了企业的这个内涵，管理上的问题也就迎刃而解了。

其实管理学的问世就是为了解决人及其生产关系而来的。管理学一般需要围绕三个方面循序渐进地展开。

(1) 明晰企业责权关系，发挥企业家精神。一个企业必须有产权责任体系。认清权利边界，管理者边界也就自然生成。企业的权利边界是企业家认知的基础与发挥的根基。

因此，在此基础上，企业家精神发挥成为企业发展的第一要素。本书中几个案例的企业领袖，把企业带上巅峰，都证明了自己深邃的远见、卓越的管理能力和人格魅力。企业家精神可以理解成一个企业家应当具备某些精神特质。有人把它总结成如下八个方面：创新、独立、有野心、渴望成功、追求自治（希望能由自己来制定规则）、不循常理、敢于冒险、善于改变。也有人从管理者的角度将其概括为：诚信、自信、具有社会责任感、勤奋、对环境敏感、善于接受批评。当然，也有人将企业家精神神圣化，将其视为企业家意义的归属。关键是一个优秀的管理者如何在企业责权边界定位上实现淋漓尽致的发挥。空降兵面临的管理困境首先是必须面对新企业的传统责权刚性，而又能游刃有余地把握机遇提升企业创新能力。这是一个非常繁杂的挑战。

（2）“抓大放小，避轻就重”是管理者的要素。一个企业可持续发展的前提是管理者需要很高的站位与战略张力。从某种意义上讲，企业的格局与高度是由卓越的企业家精神决定的。企业布局特别是产品竞争力与市场定位是企业管理者战略的关键环节与重中之重。

企业战略管理指的是企业战略的分析与制定、评价与选择以及实施与控制，使企业能够达到其战略目标的动态管理过程。企业战略管理大致分为三个层次：公司战略，经营战略，智能战略。

管理者一般是围绕公司战略的环境变化，本身资源和实力选择适合的经营领域和产品，形成公司自己的核心竞争力，并通过差异化在竞争中取胜。经营战略是管理者把握公司战略前提下，为实现其经营目标，谋求长期发展而作出的带全局性的经营管理计划。而职能战略是管理者按照总体战略或业务战略对企业内各方面职能活动进行的谋划。

因此，管理者需要对全局性与复杂性、稳定性与动态性、收益性与风险性进行权衡。当然，作为空降新人的管理者，怎样快速进入战略定位者角色是关键。

（3）企业可持续的要点是约束与激励。或许，企业家精神就是能够找到并持续性激励那些能人们及员工为企业奉献特质。企业是人与人之间的契约关系，或者说其实是一组相对稳定的利益与责任关系。如果企业家忽视这一点，就会给企业造成人才流失。

企业激励与约束机制是企业可持续发展的保障。约束与激励是指管理者旨在调动员工积极性和提高工作效果的方式和方法。激励机制主要通过奖励和认可来激发员工的工作意愿和投入度，而约束机制则通过制定规则和约束条件来保证员工遵守规章制度并保持工作秩序。

激励机制是企业中非常重要的一环，因为激励可以增强员工的工作动力，提高工作效率和生产力。一种常用的激励方式是通过奖励制度来激发员工的积极性。奖励可以包括薪资增长、奖金、晋升机会、荣誉称号等。这些奖励既可以是直接的物质奖励，也可以是间接的非物质奖励，如员工表扬、参与培训和项目的机会等。同时，认可是另一种激励手段，通过赞扬和认可员工的工作表现，鼓励他们的努力和贡献。在企业中，经理和领导可以定期与员工进行交流，了解他们的工作情况和需求，并针对他们的工作表现给予相应的肯定和奖励。

二、哥德尔不完全定律

哥德尔定理提出："任何一个体系凡是自洽的，必是不完全的。"同时，任何一个体系如果是自洽的，它也并不能被自己证明其逻辑性。因此世界的意义常常就在于事与愿违。

可以这样讲，企业是一个组织体系，它必是内部和外部自洽的，这样才能有效运行。但是任何一个内部逻辑完全自洽的体系，一定存在自身的边界，一旦越过边界，这套体系一定是失效的，边界外是另一个新的体系。

科斯定理也提出：交易成本为零，资源配置最优，帕累托最优；交易成本大于零，选择低的交易成本运行；不同制度成本设计与运行是不同的。因此体系并不具备全部逻辑上的完善性。

如列夫·托尔斯泰所言，幸福的家庭都是相似的；不幸的家庭各有各的不幸。如果套用这个句式，成功的企业都是相似的；失败的企业各有各的原因。

正是因为如此，经济学界、商学界长期都在孜孜以求地追寻企业发展的普遍性规律。希望从成功企业的过往中找到那些相同或相似的理念、决策、组织、管理经验，继而推广开来，广泛地指导其他企业走向成功。

但是，每一个企业都具有形而上普遍意义上的形而下之特殊性。企业本身是一个人的系统，故此管理的核心便是管理人。这对于一个管理者的定位尤为重要。

可以说，本书对一些企业空降CEO情况的真实探讨，就是这一想法的具体实践。

虽然经济学试图用非常简单的变量间关系来说明企业的内部关系和外部环境问题，但现实是，企业是个非常复杂的多面体，要把其中的因果全部说清，是非常艰难的。尤其作为从天而降的空降之兵绝不可掉以轻心。

这一点，恰如当年毛泽东同志在《实践论》中所说："你要知道梨子的滋味，你就得变革梨子，亲口吃一吃。你要知道原子的组织性质，你就得实行物理学和化学的实验，变革原子的情况。你要知道革命的理论和方法，你就得参加革命。一切真知都是从直接经验发源的。"

三、实战才是真知之源

在商业领域，企业的发展犹如一场没有硝烟的战争。而作为企业的领导者，CEO则是这场战争中的将军，他们的决策和领导能力直接决定了企业的生死存亡。对于空降CEO来说，如何在短时间内快速适应新的环境，了解企业的现状，并制定出有效的战略，是他们面临的首要挑战。

《开局之道：空降CEO如何决胜90天》正是为了帮助空降CEO们应对这一挑战而写。作者通过深入研究和分析大量的案例，总结出了一套空降CEO在入职初期的90天内快速适应新环境、推动企业发展的有效方法。

书中详细介绍了空降CEO在入职初期需要注意的问题，包括如何与员工建立信任、了解企业文化、制定战略规划等。同时，作者还提供了一系列实用的工具和技巧，帮助空降CEO们更好地管理时间、沟通协调、解决问题等。

通过本书，空降CEO们将能够更好地了解自己的角色和职责，掌握有效的领导方法和技巧，快速适应新的环境，并带领企业走向成功。同时，本书也为其他企业管理者提供了宝贵的经验和启示，帮助他们更好地领导和管理团队。

本书还通过具体的案例来展示空降CEO在入职初期所面临的挑战和应对方法。例如，书中提到了一位空降CEO在入职后的前90天内，通过与员工建立信任、了解企业文化、制定战略规划等一系列措施，成功地推动了企业的发展。这位CEO在入职初期，首先与员工进行了深入的交流，了解他们的需求和期望，并与他们建立了良好的信任关系。其次，他认真研究了企业的文化和价值观，并在工作中积极践行这些价值观，赢得了员工的认可和支持。最后，他制定了一份详细的战略规划，明确了企业的发展方向和目标，并与员工共同努力，推动了企业的发展。

《开局之道：空降CEO如何决胜90天》是一本实用性很强的书籍，它为空降CEO们提供了一套系统的方法和工具。我相信，本书将会成为空降CEO们的得力助手，也会为其他企业管理者带来启发和帮助。

当然，在竞争激烈的商业环境中，这些外来的天使——空降CEO经常面临着极其残酷的局面与挑战。他们需要在短时间内面对陌生的企业，尽快躬身入局、建立信任、塑造团队、打开局面，并推动组织实现指数增长。然而，90天的时间对于一个新任命的CEO或高管来说，常常显得异常紧迫。因此，掌握如何有效地开展这段关键时期的工作，对于空降CEO来说，至关重要。他们应该不断追问自己："我在这个组织中的角色是什么？我要达成什么目标？我需要借助哪些资源和能力？"通过明确战略目标和方向，空降CEO能够更好地引领组织走向成功。

同时，本书还回归到商业的本质，探索OKR在中国落地的道与术，从CEO视角去看待商业的本质，提出不?样的OKR思维、OKR管理体系、三力模型、绩效评价、"拥户"思维、时间模型、激励式商业设计，帮助企业突破增长陷阱，开局之后持续实现指数增长。

这本书的独特之处在于它不仅提供了理论指导，更通过生动的语言和具体的案例，向读者展示了如何将这些理念付诸实践。作者将自身作为空降 CEO 的经验融入其中，深入剖析了开局之初面临的挑战，并分享了自己过往的经验和教训。这些实例不仅使读者能够更好地理解书中的理论内容，还激发了他们在实际工作中运用这些知识和技能的信心。

两位作者的背景和专业性也是这本书的亮点之一。两位作者资深的商业顾问和领导力专家，在过去的职业生涯中与众多企业合作，帮助它们实现了卓越的业绩和成功的转型。这些经验为读者提供了对作者的信任和信心，确保他们将从这本书中获得高质量的指导和建议。

通过读《开局之道：空降 CEO 如何决胜 90 天》，您将掌握关键的知识和技能，成功地应对空降 CEO 面临的挑战。无论您是正在担任这一职位的管理者，还是希望将来能够成为一名优秀的空降 CEO，这本书都将成为您的必备指南。它将帮助您理清开局的脉络，为您的组织开辟出成功之路。本书是一本耐人寻味、引人入胜、顶天立地的杰作。它凝聚了作者多年的经验和智慧，为空降 CEO 提供了宝贵的指导和启示。希望每一位空降 CEO 和商业领导者都能够熟读这本书，并从中获得成功的经验与启迪。

中国发展战略学研究会副理事长

中国企业管理研究会副会长

崔民选

2024 年 1 月于北京

引子
尴尬的企业空降兵

最大的考验是在继承和突破、稳定和发展之间取得最利于企业的平衡。

这个题目一写下来，就觉得文章不好写，可想了半天，又觉得绕不开，因为我自己在无意之中就做了空降兵，不先说说这件事，以后的话也不好说。

企业的空降兵，无论在哪个层面上，都会是一件很尴尬的事。就像是一场正在进行的激烈的足球赛中突然换上一名队员（可能还是队长），这名新队员对他的队友和球队的打法并不了解，他要在比赛时融入队伍中去，这很容易造成混乱。空降兵又好像一位陌生人闯进了一场热热闹闹的家庭聚会，他不知道大家正在谈什么，也不清楚这个家里的很多故事，这时候他开口讲话，很容易唐突。

企业是一个有机的生命体，它有大脑，有耳目，有骨骼，有肌肉，有心跳，有呼吸，具备了一个有机生命的所有特征。从这个角度来看，企业自然的、有机的成长是最健康，风险最小的。空降兵是外来的，外来人加入企业组织中来，有点像器官移植，可能会带来新的变化和动力，但也一定伴随着额外的风险，这与企业通过并购来发展有相似的道理。

虽然这样，这几年企业界空降兵的现象还是很多，成功的像是 IBM 的 Louis Gerstner，不成功的，比如最近刚刚离开的惠普的 Carly Fiorina。虽然我们的公司与人家比起来差得很远，但其中的道理是一样的。虽然空降兵因为缺少了平稳的延续性，会带来更多的挑战，但它在企业发展的某个特定阶段上，作为企业管理和改革的一种方法，还会继续存在。同时，这种方法无论是对企业，还是对新加入企业的空降兵本人，都会带来很多的考验。

企业管理的理论虽然很多，可在空降兵这件事上没有太多的指导，不像企业中的成本管理、市场营销一样，有一些大家有相当共识的理论。空降兵的职务是任命而来，可以画在组织结构图上，但不是工作中形成的自然的领导力。因为这个起点的不同，过去管理的规律在这里可能就不适用了。不过理论没有描述过的事，实践者有时也会有很好的认识。

前几天我见到渣打银行的董事长，他说空降兵最大的优势是带来了过去的经验，但没有带来过去的局限和包袱，这是一个很好的开始。不过，他又说新来的人一般在四个月后（不知道他为什么把时间说得这么精确）对公司的认识最清楚，因为这时候人最客观，也最容易用过往的经验来比较公司。而在半年之后，这种清晰就会慢慢消失，就会变得不客观，因为自己可能要对自己在半年前的决策的后果负责任了。如果这位很资深的管理人说的是对的，看来事情又变得简单了，空降兵像其他不是空降兵的人一样，都在已知和未知的世界中摸索。企业的环境可以改变，管理的方法可以多样，但管理的思想和哲学是一样的。企业本来就处在变化之中，不论这种变化是来自外部还是内部，是被动的还是主动的，重要的是把握住自身，来推动和应对这些变化。

空降兵进公司，引来许多的好奇和期望，这主要源自企业员工对企业发展和变革的渴求。空降兵的优势和劣势可能都来自对过往企业习以为常的思维方式和工作方式的不了解。空降兵对企业的贡献可能就是要在原有的基础之上，推动企业良性的变革和进步。这些变革和进步可能是战略的，可能是组织的，可能是文化的，也可能是基础管理的。没有这些推动，也就失去了空降兵本来的意义。而这里的关键，是在继承和突破、稳定和发展之间取得最利于企业的平衡。这个考验是给予包括空降兵在内的整体团队的。

宁高宁

时任中粮集团董事长

2023 年 6 月

在其职业生涯的 30 多年，多次以空降兵的身份空降，以卓越的领导力实现了多家企业的高速发展，他的故事是所有“空降兵”开局的楷模。本文为 2005 年作者所做，作为本书序。

前言

当您拿起这本书的时候，或许您已经空降到一家新公司或者被公司任命新的职务，恭喜您开启了新的职业生涯，期待您取得事业更高的发展，但我不得不告诉您：空降兵80%都阵亡了，30%不到一年就离开了岗位，剩余的50%会在余下的3~5年离开。

空降兵赴新任职的实践证明，“三天出思路、三月成定局”是优秀空降兵开局的基本规律。能否实现良好的开局当然取决于空降兵的领导素质。他能否具有敏锐的洞察力、判断力和领导力，做到正确地把握自己，客观地认知环境，有效地掌控局势，准确地选择对策，有效地获取动力。事实告诉我们，假如新任空降兵上任后理不出头绪，形不成基本构思，3个月后仍然把握不住局面，则预示着空降兵基本失败（张衢，货币商人）。

美国总统有100天的时间去证明自己，而您只有90天。您在新岗位的开局90天中所采取的行动将在很大程度上决定您的成败。开局期充满了各种机会，您可以有机会重新开始，也可以在新的工作岗位上进行变革。然而，开局期也是一个非常危险的时期，特别对于空降人员，您缺乏对于岗位决策的基本信息，您不了解公司的文化、公司的方向，也缺乏稳固的工作关系和联盟。如果您不能在开局期打开局面的话，那么在这之后您将面临一场艰苦的战役，直到您，心力交瘁，功败垂成。

这一切都是如此残酷无情，无论您的职业背景如何辉煌，无论您之前成功过多少次，但如果您不懂得如何进行有效地空降，在短短的90天证明您自己，留给您的就是黯然离开。您如果不信，看看这些空降兵。

1999年11月，李玉琢，原华为副总裁离开华为，18年的职业空降兵生涯，和四通、华为、利德华福等国内著名的高科技企业紧紧联系在一起。四通八年、华为四年半，他担任的都是副总裁。离职时与任正非的对话上了网络热搜。以家庭与身体健康为离职原因，却被驳斥为理由不充足，让人走得寒心、心情复杂。

1999 年，徐少春从 SAP“挖角”黄晓俭加盟，成为最早一批聘请职业空降兵的中国软件公司。但最终徐少春的首次尝试以失败告终，黄晓俭又重回 SAP 旗下。

1999 年 12 月 1 日，TCL 当家人李东生邀请吴士宏重出江湖加盟 TCL 集团，2002 年 12 月 1 日吴士宏离开 TCL。

2002 年 4 月，用友软件股份有限公司董事长兼总裁王文京高调引入具有丰富外企资历的何经华。不到两年，素有“打工皇帝”之称的何经华选择离开，用友再度回到创始人管理阶段。

2006 年的前后，曾有一大批的国际级人才被引入阿里巴巴，包括卫哲、吴伟伦、曾鸣、谢文、崔仁辅、黄若、武卫等。如今这批空降兵除了曾鸣已经“集体阵亡”。

2007 年年初，何经华再一次选中国产软件公司，出任金蝶国际软件集团有限公司行政总裁兼执行董事，但不出两年光景，2008 年年底何经华选择辞任。

2010 年，曾服务于联想和三星的曲敬东加盟爱国者。2011 年 5 月，已被架空的曲敬东出任爱国者电子副董事长，爱国者董事长冯军兼任爱国者电子总裁兼空降兵，但具体工作则由爱国者创业元老高喆负责。离开后的曲敬东公开炮轰冯军，“一个人如果没有道德底线和契约精神，在中国或许可以浑水摸鱼，但在欧美，只有死路一条”。

来自美国制药企业默克公司的皮特·罗旭德（Peter Loescher），于 2007 年接棒西门子的 CEO 一职。尽管他帮助当时的西门子快速从全球贿赂的丑闻中抽身，但在 2013 年 7 月，他仍因为“无法实现 2014 财年 12% 的利润目标”被提前解除职位。

2013 年，风雨中摇摇欲坠的黑莓（BlackBerry），迎来了新任 CEO——

曾担任富国银行和迪士尼董事的程守宗。他一面希望复兴智能手机，一面积极开拓服务市场。2016 年 9 月，由于手机业务持续的亏损，程守宗不得不宣布硬件业务已经寿终正寝，这一举措同时也拖累了黑莓的开局步伐。

2015 年 1 月 31 日，波司登国际控股有限公司公告称，梁旭晖博士因家庭缘故辞任公司 CEO 一职，自 2015 年 1 月 31 日起生效。此时，距其从达芙妮空降至波司登尚不足一年。

2016 年年底，印度钢铁巨擘塔塔集团（Tata Group）第一任出自非家族内部的掌门人莫斯特斯（Cyrusmistry）被扫地出门。代掌执政的，是其前任——塔塔家族成员拉丹·塔塔（Ratan Tata）。

2017 年 2 月 2 日，美国时尚品牌拉夫·劳伦集团（Ralph Lauren Corp.）宣布现任 CEO 史提芬·拉森（Stefan Larsson）于 5 月 1 日离任，他在职时间仅 14 个月，是该企业历史上的第一位空降 CEO。

2018 年 8 月，陆奇离开百度，仅两个交易日，百度市值蒸发了高达 100 多亿美元。这离陆奇高呼“all in AI”，空降百度担任总裁和首席运营官，仅仅过去 500 天。

2022 年冯国华上任敏华控股仅仅一年多时间，便辞任公司 CEO 职务。

……

这里列出来的仅仅是一小部分而已，但我们也看到很多企业家成功开局，宁高宁是一位，IBM 的郭士纳也是一位，还有日产的卡洛斯·戈恩、空客的尼奥·菲戈德、日航的稻盛和夫，他们成功也不是偶然，在总结他们入职 90 天的行程中我们可以管窥，成功的空降兵如何在 90 天如何开局！

如果您不试图去掌握空降兵开局成功的道与术，您失败的可能性会极高，但通过系统地学习，您成功的概率就会大幅提高，因为本书的理论是从已经成功的企业家的经历中进行的总结和提炼，已经在成千上万的空降兵身上得到验证。每一个空降兵在空降前和开局中需要被培训和赋能，一旦成功赋能，成功概率会提高很多，但如果不去学习和赋能，谁都无法改变一个沉睡的人。

空降失败的根本原因之一在于没有很好地协调环境和个人之间的关系，失败不能简单归结于空降领导的某些缺陷，实际上，被提拔或空降到新岗位的空降兵绝大部分都有成功的经验和故事。开局的失败，要么是由于空降兵误解了环境的基本要求，要么是他们缺乏适应环境的技巧和灵活性。

开局举足轻重，对谁都不是轻而易举之事，都会感受万般的压力和挑战，需要智慧技巧，需要锦囊妙计，需要认真安排。开局阶段从来都是最精彩、最具挑战、最富有传奇性的，但凡当了空降兵，就是又一次地拉开人生职涯的序幕，如今在人才高流动的背景下，开局变得更加频繁。

我经历过多次的空降兵开局，也曾多次指导空降兵们的开局过程，遇到过各种各样的局面与难题，在解决各种问题中体会很深刻。2010 年我第一次在顺丰控股新入职高管培训班上讲“新任经理人的 90 天”一课时，学员们都无比兴奋与热烈，这门课也成为最受欢迎的课程之一，且持续受到欢迎。开局是一门学问，需要不断去总结和完善，应当成为空降兵的方法论。

在过去十多年给众多高级管理人员和中级管理进行开局辅导的过程中，我发现的确存在系统有效的工具和方法，当然还有观念的转变帮助我们的管理人员有效渡过开局期，从而实现职业的发展。但是，我也看到过失败，在和他们聊天的过程中，有的后悔没有运用我当时给的工具，有的或许就没有意识到当时的一切。

成功的开局的目标是创造良性循环，打开局面，建立自己的信誉，避免进入损害自己信誉的恶性循环。在如此短的时间内，我们需要利用“杠杆原理”，四两拨千斤，进行进度的有效管理。

应该说您拿起这本书的时候，意味您已经开启了成功开局的大门，下面就是需要您认真研读和学习的主要内容，本书包括六个部分。

绪论：领导开局，创造良性循环。

第一部分：认识自我，开局之道。通过对于开局的四种类型、成功开局的领导人的八个特点、您需要避免的九个陷阱、开局的领导力核心等认识才能更好地领导开局。

第二部分：加速学习，快速融入。您需要快速学习您新岗位的专业知识、文化知识和政治知识，理解透彻，快速融入，并且运用企业的文化思考逻辑，借助对于政治的洞察，更高效运用您的能力。

第三部分：明确目标，创造先赢。您需要对环境进行有效的洞察，结合您对于岗位专业知识（包括产业知识、行业知识和岗位知识），明确个人愿景，发现快速成功的事项，创造先赢。

第四部分：建立信任，拓展伙伴。您需要和您的领导建立良好的信任关系，并不断巩固，不断拓展您的伙伴关系，建立良好的外部人际环境，特别是与您领导信任的人。

第五部分：塑造团队，开创未来。您需要有效地评价您的团队成员，清晰地知道如何进行团队能力建设，塑造团队，带领团队不断前进。

第六部分：开局之后，躬身入局。您空降成功后，要带领团队一路高歌，要顺应数智化时代的商业本质。怎么做？这里给您提供一个有力的工具——OKR。

期待本书给您开启空降的成功开局之旅！

作者

2023 年 6 月

目　录

绪论：

领导开局，创造良性循环

案例导入　三位成功的空降兵 CEO

一、路易斯·郭士纳

路易斯·郭士纳（Louis V. Gerstner）曾经担任麦肯锡管理咨询公司董事、美国运通公司总公司总裁及其最大的子公司美国运通旅游服务公司的董事长兼 CEO，并在纳贝斯克公司（RJR Nabisco）担任了 4 年的董事长兼首席执行官。此前，来自美国纽约州的郭士纳是有着正统教育背景的青年，1963 年获达特茅斯学院工程学学士学位，1965 年获哈佛商学院 MBA，另外，他还是美国国家工程学院成员和美国艺术和科学研究院会员。

或许，正是这种学术背景使郭士纳能够对公司组织形式产生透彻的理解，并通过足够的魄力和耐性完成这件引人注目的成就——拯救蓝色巨人 IBM。

1993 年，郭士纳进入 IBM 的时候，该公司已经因为机构臃肿和文化闭塞而面临危机。他的第一招是将公司的开支大幅度缩减下来（包括大规模的裁员），并通过出售资产来融资。接着，将公司拆分为几个单独运营的单位——硬件、服务和软件部门，通过有效合作来提供全方位的技术解决方案。过去，这些部门因过度的内部竞争牵扯了精力，郭士纳做法的妙处就在于平衡了各个部门之间的力量，整个企业也就更加团结。对于 IBM，乃至大型公司长期的发展来说，这都是非常重要的一个步骤。

用郭士纳的话说就是："成功的组织机构几乎总是会建立这样一种文化氛围，能够强化那些使组织更加壮大的因素。"

郭士纳执掌 IBM 的 10 年间，公司一举甩掉了过去的沉重包袱，成为全球最赚钱的公司之一。而郭士纳则当之无愧成为那个时期在位时间最长、最成功的空降 CEO 之一。

二、稻盛和夫：让日航 600 天后满血复活

2010 年 1 月，世界第三大航空公司——日本航空公司正式申请破产保护。受日本前首相鸠山由纪夫的邀请，一手创建京瓷和 KDDI、已经 78 岁的稻盛和夫空降日航。

在稻盛和夫看来，日航的溃败并非缘于油价走高、金融危机、不盈利却出于“政治需要”必须执行的航线，而是盲目的扩张和严重的官僚主义，员工的服务已经趋于表面化、程式化。

稻盛和夫带来两件武器——经营哲学和“阿米巴”。

他一上任，立即召集 50 名经营干部，花费 1 个月的时间，制定企业理念，并将其归纳为“日航哲学”（JAL philosopher）。“阿米巴经营”管理会计系统帮助管理人员在第二天早晨，就能看到前一天所有航线的收支情况，以改造糟糕的数据统计工作。同时，明确各条航线的负责人中心制，激励团队为提高收益率钻研创新。

2011 年 3 月，新日航第一年度的销售额达到 1.3622 万亿日元，利润为 1884 亿日元，刷新了它自创立以来的最高业绩。经过两年多的换血，新日航最终获得东京证交所批准，重新登陆市场。

三、埃里克·施密特（Eric Schmidt）：让固执的谷歌创始人参与业务

2001 年，Google 创始人拉里·佩吉（Larry Page）和谢尔盖·布林（Sergey Brin）从 Novell 挖角到埃里克·施密特。当时 Google 只有 200 名员工，除了出售技术，没有其他的盈利方式。

施密特表示：“佩吉和布林是时候要改变自己的管理方法了。”他定下了两大原则：不急于上市、建立起企业的商业价值观后再开始实施 IPO；集中精力于搜索业务，所有的延伸业务开展都以搜索为核心。

施密特引导了“70－20－10”的法则——Google 要把 70% 的努力花在

搜索和网络广告业务上，将其塑造成公司财务健康的最大贡献者；将20%的资源投入其他方向，例如Gmail邮箱和谷歌桌面等；而剩下的10%则留作机动空间，鼓励员工在各个方向进行创新。同时，施密特坚持“一大群人比一小群精英分子更为聪明”的信条，建立起Google集体决策的文化传统。

10年之后，拉里·佩吉评价施密特：“他能让固执的创始人参与业务，同时自己还能主导公司业务。”在他的领导下，Google的“手”越伸越长，推出了数百款产品，完成了近100项收购，股价突破500美元大关，最终领跑全球科技企业阵营。

第一节　陆奇与吉尔·阿梅里奥的失败空降

一、陆奇的480天

2017年1月17日上午9点，百度公司内部正式宣布陆奇为百度集团总裁兼COO，直接向集团CEO李彦宏汇报。从陆奇加入百度，他就开始大刀阔斧地改革，包括组织、业务的变革，力度很大。

2017年2月8日，曾引发公众愤怒的百度医疗事业部被陆奇解散，但百度医疗大脑团队与产品被保留下来，这是将人工智能技术应用到医疗健康行业的重要载体；

2017年3月1日，百度自动驾驶事业部、百度智能汽车事业部、百度车联网业务合并组成百度智能驾驶事业群组，陆奇兼任总经理。

2017年2月6日，前联想之星合伙人刘维任职百度副总裁，并出任百度风险投资公司CEO，全面负责百度风投各项工作。

10天后，百度宣布全资收购渡鸦科技有限责任公司，创始人吕骋携团队正式加盟百度，并出任百度智能家居硬件总经理，协同度秘打造极致创新体验的产品，助力百度人工智能生态的搭建。

后来，百度外卖以数亿美元的价格被饿了么收购，糯米影业以2亿美元被出售给爱奇艺，金融业务也被分拆。

陆奇加盟百度后把目光聚焦在人工智能方向，几项大刀阔斧的改革让业界切实感受到百度战略调整的决心。此后陆奇亮相上海车展，宣布了开放自动驾驶平台的“Apollo计划”的重磅消息，又为进入智能家庭方向的度秘 Duer OS 站台。

百度的文化经常饱受诟病，包括“派系林立”“占山头”“内部斗争”等。2017年四季度，陆奇着手整顿文化价值观，他在内部推行“新风会”，前三次的主题分别是——战略、文化和信息流，每月召开一次，一次一小时，从不超时。在第二场会议上，陆奇提出，禁止员工对高管以“总”称呼，一律要直呼其名，从总监做起。

“陆奇的权力很大，业务部门可以不关心HR和财务，但是要顾及老板和老板娘。难点是平衡，知道哪些事情需要跟Robin（李彦宏）汇报，哪些跟Melissa（马东敏）商量，哪些自己决策。”从百度离职的前总监级人士如是说。虽然李彦宏给了陆奇充分的授权，但是在核心业务的重大决定上，陆奇不能直接拍板；在组织架构的重组上，如果触及既得利益以及文化根基，陆奇这种职业空降兵的推行并不容易。这好像也为陆奇的离开埋下了伏笔。

2018年5月18日下午，百度内部宣布任职480余天的陆奇自7月起不再担任百度集团总裁兼COO，消息迅速传导至美股，百度当日股价大跌，市值蒸发近100亿美元。2018年年底，李彦宏开启OKR文化变革之旅。

二、阿梅里奥的一年半

在20世纪80年代，苹果公司一度面临经营上的困难，需要调整方向。当时，董事会新请来了一位以有战略眼光著称的首席执行官吉尔·阿梅里奥，一位传奇空降兵。在国家半导体公司亏损了5000万美元，正在存亡边缘挣扎的时候，吉尔被任命为该公司的总裁兼首席执行官。在他任职期间，国家半导体公司的利润空前提高，他也成为了华尔街的风云人物。这位空降兵刚来公司时，就告诉所有员工："不必担心，这家公司的境况比我以前从鬼门关里救回的那些公司好多了。给我90天，我会告诉你们公司的出路在哪里。"

但是，这90天里，他只和自己带来的核心团队一起设计公司的"战略计划"，从不倾听广大员工的心声。90天后，他果然推出了新的战略计划，但是，公司员工对该计划既不理解也不支持，他自己的声望也开始走下坡路——因为员工觉得他虽然能干，但是很自大，不在乎员工的想法，所以员工们并不信服他，也没有动力去执行他提出的战略计划。

半年后，公司业绩继续下滑，这位空降兵召开了一次全体员工大会。他不但不从自身找原因，反而在台上指着所有员工说："你们让我很失望，大家没有努力执行我的计划，今后，我绝不允许你们再犯类似的错误。"结果，这次大会后，他失去了大多数员工的支持，不久就被董事会解雇了。

陆奇、吉尔·阿梅里奥的案例不仅仅是个案，把他们作为整本书的开始，似乎有些不敬，其实两位都是我非常敬佩的领导，具有卓越的技术能力，富有魅力，敢于承担，自信，似乎具备所有优秀领导者的素质，但却开局失败。这么说，我们必须承认开局对于一个领导来讲是多么困难的一件事。

对于吉尔·阿梅里奥，有人这样评价："他以为他可以用智慧和经验改变公司的一切，他做了战略决定后就直接开始执行，却没有花时间寻求所有员工的支持。其实，他的战略方案不无道理，但他做事的方法是完全错误的——他不是一位懂得倾听、懂得理解的好领导。"

而对于陆奇，我这样评价：他开创了一段新的事业，他制定了正确的战略，他大力推进变革执行，但是，他忽略了企业的政治与文化，忽略了系统本身的平衡，着力打造新的队伍、新的业务、新的文化需要时间，他忘记了职业空降兵除了在短时间创造佳绩的同时，也要关注公司的文化和政治！

作为全书开始的案例，我更加希望大家能够认识到一点，开局其实对于任何一个领导来讲，挑战远远大于机遇。

您需要真正认识自己！而认识自己正是领导力的开始！

第二节　认识开局领导力

开局是指空降兵（非内部顺延提拔）在上任阶段规划经营战略、部署治行方略的领导行为，亦称“布局”。开局是一门领导行为艺术，每个空降兵升迁路上都会经历这任职的第一关，它揭开了新空降兵任期的序幕，又成为原领导任职的终结，过程中展示了领导变动的行为规律。

一个良好的开局令人踏实，程序上两任领导交替中能平稳过渡，机构便能很快获取到新动力，平稳更换了继续前进的新引擎，给了人们对未来发展的美好想象空间。一个良好的开局令人钦佩，可以形成权威和信心，聚集力量和信念，奠定了新空降兵打开新局面、走向新目标的重要基础，预示着新空降兵将在未来任期中走向成功。

可是开局不易，并非都能成功。开局能力是空降兵综合素质、领导艺术、管理能力、经营思想和策略的综合体现，其任职经历、经验因素都会影响到开局状态。成功者各有特点和高招，充满智慧和才干，而失败的开局亦能从其经营价值观与领导技巧中找到根源，并看到其为之付出的代价，这些经验和教训都值得每一个空降兵学习或汲取。

一、不成功开局的四种表现

（1）有的空降兵以为必须镇得住局面才显权威，上任后揭伤疤、追责任，处处挑剔，抖家丑示众，抓辫子显威，结果人人自危，唯恐牵连，怕你躲你，市场力遽然收缩。这样开局虽然显威严，却大失人心。

（2）有的空降兵过于顾忌风险而消极拓展业务，搞僵了关系，惹得相关部门不满，找你麻烦、批评指责、抽走各类支持，结果使经营饱受环境压抑，空降兵因难堪、难干而生怨，任职步履维艰，最终以失败告终。

（3）有的空降兵缺少经验，不懂得下基层才是最有影响力说服力、最能稳人心、最重要的。面对面实地调研、沟通、解决问题，要比看材料、听汇报更能把握实情、找到办法、得出结论。有些空降兵到任几个月很少下基层，蹲在机关开会忙事务，贻误了最宝贵的时间与机会。基层等不到人，猜疑四起。

（4）有的空降兵缺乏全盘意识，沉不住气，先入为主，偏听偏信，讲了过头话激化了矛盾，卷入是非漩涡中难以自拔。或者整体思路不清晰，该细做的事粗做了，该暗里做的事公开了，该以后做的事提前了，反倒搅乱了局。

正因为每个领导者一生中都会不断地进出开局这扇大门，其重要性不言而喻。开局中有许多规律性的东西，表现在技术性、复杂性和不可预见性上，也有许多的手段、策略和方法，每个空降兵或领导者都应该关心。

二、开局中贯彻始终的四点法则

空降兵应当抱有充分的思想准备去赴任，心中有方向，做事有准绳，管理有节奏。这个思想准备，不是指开局有没有信心、是不是担心，而是指有没有谋划、有没有打法，即是否有了明确的宗旨、定位与自我约束，是否能把握要领、程度与底线，是否把握节奏和时机。这样，在他面对一个陌生的新环境时，尽管会有情况生疏、缺乏经验、环境复杂等各种压力，依然能够有胆略、有勇气地向前进。

1. 如何得人心

只有代表群众才能赢得人心，重要的是如何去把握人心所向和情绪所指。当人地两生时，外圆内方，中庸一点，主动担当，领着群众一起干，他们会更容易接受并跟从，至少拉近了距离。

一般的做法是：不急于调整人事和分工，不急于轮换岗位，有的事拖一拖更好，以免乱了秩序。要多点热情鼓励，多说鼓劲话，不说负面话，不评价前任，不指责批评，以免出言伤人，导致无端的情绪对立和误解。团队就像一个小家庭，家和万事兴，家丑不外扬，上任就得有家人般的爱心和责任。

2. 如何尽快稳定情绪与工作秩序

空降兵处事要有胸怀，忍得住就能稳得住，人心稳才大局稳。组织经营的业务是根本、是考核，发展是硬道理、是大局，经营乱了才是真的乱，指标完不成才是真为难。人心稳定的标志是工作正常有序、业绩向上发展、关系融洽信任。

因此，真有本事的空降兵都会努力地引导人们去关注经营、关注发展，采用的基本做法是千方百计地突出经营热点，将人们的关注点转移到业务上去。减少混乱、淡化矛盾最有效的办法是不卷入原有复杂关系之争，是非便自行消散。减少各方面对业务的干扰，多息事宁人，别无事生非，在形式上温柔一点更好。

3. 如何深入群众、深入基层

组织的根基在基层，市场是竞争力之源，尽早下基层分支机构，才叫深入实际、联系群众，把握基层脉搏才有真实情感，才能落地生根。

当下面都在关注你的态度和动向时，尽快和他们沟通鼓励和安抚比什么都重要。可能刚下去时对情况不熟，但只要走过三、五个分支机构，拜访过大客户，以管窥豹，即可从中感知全公司的经营状态和基本情况。基层分支机构也会在相互传递信息中感知你的治理思想和工作要求，自觉地贯彻到经营中。别以为机关重要事情多，就在上面耗费大量精力，因为专业的汇报多是二手数字，在当你了解基层的情况后，再听汇报时才会理解得更系统、更透彻。

4. 如何减少失误

力求初期不用错人、少说错话、不做错事对顺利开局至关重要。经营不简单，人与事都在变，不怕失误但要减少失误，前提是做好调查研究、实事求是。

新老领导人交接只是个仪式，有时得不到实质性东西，不能指望前任都能帮助后任，也不能全盘接受前任对情况问题的观点与结论，新任者需要有自身清醒的观点、判断和办法。不轻易定论，切勿先入为主、以偏概全、主观臆断，以免陷入被动；提拔干部的过程离不开考察和认识，拖一下不是坏事，反而促使他们有更佳的表现，这些都是常用的做法。

上任前的面谈具有方向性意义，心中有谱（方向），行为有调（策略），才能有步（行动）。上级需要你领会贯彻意图，及时汇报工作措施、进度、要事安排、沟通情况等，所有开局的基本程序都贯穿着与上级的领导沟通与汇报。

对于空降兵来讲，速度也是考验！华为创始人任正非说过：决策速度对成败影响不亚于质量！对于空降兵来讲，时间是最宝贵的资源！是对其领导力的一次集中检阅，在 90 天内需要对商业环境和企业环境进行洞察，提出愿景与目标，激发团队内在动力，制定先赢策略与关键结果，采取行动，建立良好的伙伴关系，整合团队，带领团队取得成功，这一切都要在 90 天内完成。

第三节　创造良性循环

通过陆奇、吉尔·阿梅里奥、郭士纳、宁高宁等的过往经验，我们深知成功地扮演一个新领导人角色向来不易。无论对于多么经验丰富的领导，它都充满挑战性又令人畏惧。那些一度业绩显赫的领导人在新的职位、新的环境或新的组织中却一筹莫展的例子不胜枚举。“谁笑到最后，谁笑得最好”，在如今“乌卡时代”（VUCA，Volatile、Uncertain、Complex、Ambiguous 的缩写，即易变不稳定、不确定、复杂和模糊）下的商业世界中尤其如此。周刊、书籍以及新闻故事讲述了很多开局失败的领导人物的严酷故事——无非是由于他们的过于积极或缺少行动，或者环境制约，或者时机有误，开局失败。

空降兵进入新的机构不是开局中的唯一人群。每年，大约 25% 的经理在同一家公司转变到新的角色。在中国，这个数据更高、情况也更为严峻，新入职的高级管理人员 50% 没有达到预期的效果，一次失误的高级管理人员的聘用，给公司造成的直接成本和间接成本高达百万元。一方面与中国职业空降兵的发展阶段紧密相关，现阶段缺乏有效的甄别工具和方法；另一方面缺乏有效的领导开局辅导，这是其更重要的原因，无论是引进还是提拔，大多采用“扔到游泳池”去的策略，能不能游过去看其造化。最后就是领导力的缺失，近 30 年的发展，经济的高速成长带来机遇，一批批职业空降兵涌入市场，但是，领导力水平的培育还需要时间，特别是空降兵的领导力。

专栏 1-1　案例：

王军成为一家大型制药公司的地区销售总经理时，他把这看成是一个机会——可以挣更多的钱，在公司里能有更大的影响力。当公司向他提供这个职务时，尽管王军很喜欢先前的销售工作，他还是毫不犹豫地接受了。先前的工作有很大的自主性——大部分时间在各地出差，与各种各样的病人、医院管理人员打交道，不用待在公司总部办公室。

作为一名领导 8 位销售员的销售总经理，王军不得不花很多时间观察销售员的工作，招聘和培训新人，与其他销售总经理开会交流，写大量的书面报告（评估、报告等）。他不仅对不再拥有自主性感到难受，同时大量的书面工作也令他很不适应，销售签单带来的心理满足感已经荡然无存。王军在销售总经理的岗位上苦苦挣扎了两年，他的下属也在挣扎，因为当他们渴望得到指导时，王军并没有给予他们有力的支持。尽管王军知道某些销售员处理客户关系不当，但他很难把问题向他们解释清楚。刚开始，他的确想帮助下属纠正错误，但下属的自我防卫意识很快令他感到厌倦。最后，王军辞去了销售总经理职务，到另一家公司担任销售合伙人，在那里他获得了更大的工作自主性和更高的薪酬。

第四节　领导您的开局

美国西点军校有一句名言：空降兵是时刻准备牺牲的。这句话也适用于企业的“空降兵”，据不完全的统计，在中国，空降兵的一年离职率超过40%，如果算上在岗位上不能发挥作用的话，估计这个比率会超过80%。从吴士宏到陆奇，空降兵似乎总是不能逃离厄运。空降兵为什么不能存活？是个人的原因，还是企业的原因？总体原因不过三点：第一，不能适应企业的文化；第二，不能处理好老人与新人之间的关系；第三，不能创造先赢。

第一是文化问题，第二是政治问题，第三是能力问题。归根结底，还是空降兵自己的问题。第一，企业不会因为您去改变它的企业文化，即使要改，也不是一天两天的事情；第二，企业的政治是无处不在的，懂得如何运用政治来推动变革是每一个空降兵必须懂得的；第三，对于大多数空降兵来讲，能力不是根本问题，但是能力如果不能快速创造先赢，将带来开局的极大不利。

因此，对于每一个空降兵来讲，我们不必抱怨我们的企业环境差、老板水平差、员工素质差，我们唯一能够责怪的是我们自己，除了作茧自缚外，我们不能找出其他任何原因来为我们的失败找借口。

我们需要做的是从原因入手，找出解决方案。领导开局，有两重含义，第一，领导是名词，领导者的含义，无论是角色的转变，还是区域的转变，还是业务的转变，还是发展周期的转变，都涉及领导者开局；第二，领导是动词，领导是愿景、是沟通、是协同、是结果，每一次开局都需要树立愿景，注重沟通，协同关系，创造业绩，每一次开局都是需要被良好地领导才能成功的，不是扔进游泳池，生死自负。

因此，对于每一个空降兵来讲，要成功地开局，首先需要做的是认识领导力，提升领导力，实践领导力，开局期间更加考验领导力，因为在短短的 90 天里您需要用领导力证明自己；其次，对于每一次开局需要进行有效领导，不能随波逐流，任其发展；最后，要学习与掌握开局的方法与工具，总结经验。

但是，领导力在开局期间实践中进行改善，我们能做的更多的是对于每一次开局进行有效地领导，这样才能创造佳绩。

第五节　成功开局的四个步骤

成功的开局是可以复制的，每一个成功开局都有如下四个步骤：

第一步：我该如何为新角色的成功做准备？（对自己优缺点的评估，包括能力、经验，学习计划等）；

我要了解新的角色对我的期望到底是什么，自己的优劣势与其匹配度在哪里，这里主要是识别一些风险和差距，然后想好如何制定学习计划。

不是所有的差距都是可以弥补的，有些东西在短期内没有办法，但是你可以通过其他手段进行管理，不能让缺失的技能给你造成重大的负面影响。

利用 SWOT 分析能够很好地帮助我们进行评估，我的优势在哪里？我的劣势在哪里？新的工作机会在哪里？新的工作机会威胁在哪里？我将如何利用我的优势成就机会，避免威胁；我将如何弥补或者管理我的劣势，避免丧失机会，加剧威胁。

第二步：我应该为哪些近期目标而努力，建立成功的动能？我要如何规划以赢得先机？新的岗位的未来两到三个月最重要的两到三件事情是什么？那三把火是什么？我如何去烧那三把火？规划我得先赢，这能让大家对我有信心，建立这种信心。因此，我们需要借用有效的工具来帮助我们分析和规划，OKR（Objective & Key Results，目标与关键成功工作法）将是一个有效的工具：我的 90 天目标是什么？策略是什么？衡量策略的关键结果是什么？我该采取什么行动？如何快速地迭代我的策略与行动以帮助我实现目标？

第三步：我该怎样加强有效的影响力？（环境建立，跟上下级、同伴建立友好人际网络），我怎样去发展关系人际网络，包括上级、下级和利益相关人，我怎样更好地跟他们建立好的健康的关系网络。与上级沟通什么，如何沟通是有效的？如何去构建团队，评价团队的标准是什么？我将如何和他们沟通？关键利益人是谁？我怎么去识别他们，和他们建立良好的关系，争取和维护他们的支持？

利用人际网络图工具能够有效地帮助我们识别各种人际关系，哪些人是需要经常进行沟通的？哪些人是每月需要进行沟通的？哪些人是需要偶尔进行沟通的？与这些人的沟通方式是什么？

第四步：我应如何在成功开局的基础上带领团队更上一层楼？在 90 天接近末尾时，要考虑如何带这个团队继续往前走，对团队有什么要求，需要哪些变革，如何实施？当我站稳脚跟，我怎么带领我的团队往前走，如何创造更多的机会给能干的、有业绩的下属？因为实际上每一个组织对每一个空降的主管，都会有些新的期待，而不是和上一任做得一样就可以了，所以您要知道怎样带团队继续往前走，并实现成功。

第六节　开局赋能

DDI公司在世界范围内进行了一次领导开局（Leadership Transition）的研究，样本范围涵盖了美洲、欧洲及亚洲的许多大企业，其中有一半的企业雇员超过10000人，25%的企业年营业额超过100亿美元。为了研究的针对性，DDI公司将领导分成了三类。第一类是员工领导（People Leader），通常情况是因为个人的杰出成绩被提拔，是直线或者中间层领导，他们关注日常的策略性事务，需要有效地任用下属，而不是只靠自己努力去获得成功。第二类是运营层的（Operational Leader）领导，通常是负责管理某一职能方向、业务单元或某个地理区域，他们需要关注短期的职能管理并考虑长期竞争力的提升。第三类是战略性领导（Strategic Leader），他们是高层领导，肩负重大的责任及影响力。

DDI研究有9个重大发现。

（1）所有层级的领导都认为，实现领导开局是对个人生活的最重大挑战；

（2）实现开局需要不同的思维方式，最大的思维方式转变来自人际交流沟通、计划制定和执行及团队建设；

（3）处理内部政治问题是重大的挑战，所有层级的领导都抱怨政治问题是他们晋升到更高职位的一大障碍；

（4）在开局过程中，领导们会在意想不到的地方得到帮助与支持；

（5）只有少数领导认为企业在培养未来领导方面正在做正确的事情；

（6）男性与女性在领导开局过程中体验是不一样的；

（7）晋升带来的补偿因素平衡了晋升带来的困难，有更高的工作自主性、得到同事的尊敬以及实现自我成就是晋升的最大益处；

（8）年龄逐渐增加，开局的感受有差异；

（9）企业能够帮助领导者成功开局的最重要因素，是明确该职位上的成功究竟是什么样的，并制定明确的绩效衡量标准。

领导力是一种企业稀缺资源，员工被组织从一般岗位提拔到领导岗位，是组织与员工共同的转变过程。越来越多国企与民企对这种转变过程采取积极的态度来帮助空降兵适应新的公司、新的岗位，助其取得成功。通过对领导开局过程进行有效管理，从领导的培养、选择与任用过程对开局进行管理，如建立内部导师与教练体系，以帮助空降兵渡过开局的难关。

同时，对企业而言，确定空降兵的先赢策略和“一对一”辅导，对新任领导的日常工作进行方向性的指引，无疑会使开局过程变得容易一些。对员工个人而言，积极转变思维方式，更多地采用团队工作方式来解决问题，更多地考虑如何动员与促进下属积极工作，从关系紧密的同事身上获取反馈信息，无疑对自身的成长都是极为有利的。

无论是内部提拔还是外部招聘，企业都期望新领导快速到岗、快速接手业务、快速产生价值，“三快”的要求下，无论是内部空降还是外部空降，“阵亡率”都非常之高，这对企业来讲，不仅仅是经济成本的损失，还有战略机会的损失，甚至是企业价值观崩塌的风险。企业对于空降的领导不仅仅需要扶上马，还要送一程，即“赋能”。赋能这个词来自 IBM，有点像我们小时候的动画片《圣斗士星矢》，外界赋予力量，结合自己的小宇宙，爆发巨大能量。新领导的赋能也是这样，通过给予额外的力量，结合新任领导的自身的优势，创造更好的佳绩。

每一个空降兵都可能有一个显赫的成功经历或能力，可能是业务突出，可能是沟通优秀，可能是战略独特。但是，来到新的业务环境，一切都是全新的，他过去的优势如果没有很好地融合新的环境、新的团队，反而会成为其弱势。对于新人的赋能训练显得格外重要，不仅帮助新人快速地创造业绩，也给公司带来巨大的收益。

万科在这方面做出一些突破，新来的高管除了在招聘上更好地匹配外，更多的是在赋能训练上给予充分的重视。

空降流程第一步：常与董事长、总裁主动交流；

空降流程第二步：文化适应融入协助；

空降流程第三步：针对性的培训项目；

空降流程第四步：高级管理人员担任内部导师。

通过这些流程，确保空降兵能够充分地了解公司的文化、政治，并及时调整策略，在遇到困难的时候有人来帮助他解决。通过这些措施的采用，空降兵都能够快速创造佳绩，并且流失率低。

企业可以在三方面对空降兵进行开局赋能。

第一：给予开局赋能训练，中国的空降兵得到这方面训练的几乎为零，众多的空降兵都是在自我摸索中总结一套适合自己的方式，但是，更多的空降兵都是在失败中零零散散地获取经验，缺乏系统性的训练。

第二：指派辅导老师，辅导老师分为三类，技术类、文化类和政治类，有可能一个人可以胜任这三个角色，但更多的实践表明，技术类辅导一般由其直接上级担任，文化类辅导由资深人士担任，而政治类辅导更多地由高级管理人担任，后两者不能是其直接的汇报者，更加有利于信息的沟通与问题的解决。

第三：开局分享，让多个处于开局期的同事在专业人员的支持下去反思开局过程中的问题，并检查其在开局过程中的各项工作是否符合开局的关键要素。

专栏1-2　案例：

文丽是一个成功开局的典型案例。作为一家通信公司的程序设计员，文丽对完成技术工作以及创造性地解决问题有很大的满足感和成就感。当她从事技术工作时，感到非常自信和从容，但在处理人际关系问题时，却有点不太自信，甚至手足无措。入职三年后，她被提升为所在研发小组的经理。

不同于王军，文丽获得了公司提供的专门为新任经理举办的培训，学到了必备的领导技能，例如如何设计和分配工作。在与人力资源部门的合作过程中，她学会了招聘和面试新员工。当然，这些培训仍然有限，当文丽的上司要求她的小组开发新的系统并对此施加了巨大压力时，她忘记了自己的角色，过多地参与了下属的工作。她要求下属每天报告工作进展，常常命令下属听从自己的想法，而不是教他们自己找出解决问题的办法。文丽似乎认为她能够将自己的想法灌输给小组成员，并认为如果她亲自编写程序，所有的问题都能迎刃而解。事实上，文丽的越俎代庖削弱了小组成员的积极性，剥夺了他们得到指导的机会。结果他们不仅没有按时完成任务，而且开发的系统漏洞百出。

文丽的上司意识到她遇到了管理问题，经常为她提供教练辅导，并通过360度评估来帮她实现领导方式的开局。当听到她过去非常熟悉且自认为合作良好的小组成员说她管得太细、不善于分配工作时，文丽非常震惊。而且，他们的评价显示文丽的管理方式阻碍了他们实现自己的目标。这些反馈迫使文丽以一种新的视角来看待这些问题。尽管她在理智上仍然认为管理细致是对的，但在情感上已经接受了改变的要求。通过教练辅导，文丽逐步理解了如何授权，并要求自己努力做好。教练辅导和测评反馈帮助她改变了工作理念，她终于意识到，如同她喜欢的技术工作一样，把她的技术专长和领导技能结合起来，帮助下属成功完成任务，也能带给她同样的满足感。文丽的开局并非易事，她花了好几个月的时间才学会有效授权，放手让下属去做重要的工作。她的上司意识到她在进步，也给予她足够的时间、建议和鼓励，帮助她实现这个开局。

可以看出来，有效的开局赋能，能够帮助空降兵胜任岗位，无论是对于员工个人，还是对企业本身的收益都是巨大的，帮助一个空降兵成功，也就意味着为公司带来一个成功的领导，同时给公司创造巨大的收益。开局赋能有两个目标，第一是让空降兵成功，第二是让转型期的空降兵快速成功。根据哈佛大学的研究，一般一个领导上岗六个月后才能达到基本的收支平衡，如何在保证领导成功的前提下让领导快速成功，也是我们开局赋能的重要目标。

专栏1－3　案例：空降后没有团队

空降前，我花了3个月的时间去了解和熟悉这家公司。空降到安永之前，周凌卿在尼尔森工作了12年，离职时担任销售通路策略副总裁。在消费品零售方向的多年研究经验让他被安永的HR挖掘——为了拓展中国区零售咨询业务，安永需要一个人来牵头做这件事，周凌卿成了理想的候选人。不轻易跳槽的周凌卿接受了面试邀请，给了自己一个“拓展职业生涯”的机会。

空降到安永，周凌卿有两方面的顾虑。一是自身工作方向的改变，原本在尼尔森他的工作是帮客户了解更多资讯，而在安永，他要帮客户解决问题。“客户会有各种各样业务上的问题，我们要帮他们做梳理，提供解决绩效优化和提高的方案。但尼尔森的业务更多是监测市场，准确地还原市场。”空降后，周凌卿花了一些时间去适应这种职能的转变。

另一方面，安永为周凌卿准备的职位是大中华区零售和消费品业咨询服务总监——此前安永并没有这个岗位。周凌卿形容自己是一个“Starter”，好处在于他不会被对比，风险则在于他要从零开始，并且没什么参考，完全要靠自己摸索，“我做好了没有人能帮到我的心理准备。”面对完全陌生的环境，空降前的准备很重要。正式入职前，周凌卿经历了长达3个月的交流期，与公司HR、合伙人频繁地沟通，“很多美国、澳大利亚、新加坡的合伙人都会跟您见面，给您介绍这家公司的运作模式、客户会提哪些问题等。”周凌卿通过提前与公司的核心团队密切交流，对这家公司的团队文化和做事风格有了更深入的了解。

让周凌卿印象颇深的，是交流过程中一位同事说的发生在自己身上的事。当时这位同事有个项目需要帮忙，晚上发邮件出去，第二天上班就发现邮箱里不仅躺着自己的中国同事的邮件，还有来自澳大利亚、美国等国的全球同事发来的帮助邮件。“在这样一个跨国公司，大家的联系网能这么紧密，这点是让我很震撼的。”在之后3周的适应期中，周凌卿再次验证了这种做事风格。

入职前的准备工作不仅能让您在未来快速地适应工作，更重要的是，通过不断地沟通去了解新公司的工作模式和企业文化，从而确认自己是不是真的适合这份工作。尽管正式入职之前已经做足了功课，碰到的问题也都在预料之内，真正投入实战中后，周凌卿发现每个问题的难度都比想象中要大。

就拿团队来说，以往在尼尔森，周凌卿有一支80人的固定队伍，而在安永，同事间的合作方式完全是灵活搭配的。周凌卿的角色是根据各个项目去统筹和调配公司里的其他员工，而这些人可能坐在不同的办公室，各自擅长不同的方向。“每个项目会需要不同的人，要跟所有同事都保持一个持续的关系。”周凌卿认为现在的团队模式与尼尔森的不同之处在于，“以前在尼尔森，我需要考虑每个员工的成长，但在这里，我不用太多顾及员工的成长，只要考虑整体项目的发展，而员工自己会对自己的事业负责，并且他们会考虑究竟要发展成什么样的人。”

每个员工都很独立，但可能带来的问题是，周凌卿必须尽快产生价值，并且获取大家的信任，充分的信任才能让这种灵活团队的合作更高效。“在咨询公司每个人都会有自己的特长，尤其是他们之前做的项目是我没有接触过的，所以我需要从他们身上学习很多事情，多问多沟通，同时对每个人发出自己的声音。”

作为空降人员，周凌卿给自己设定的适应期为3个月，如今1个月过去，他已经明显感觉到“自己的舒适区逐渐扩展了”，这说明他预见困难和解决困难的能力在增强，面对新的环境和未知的挑战，周凌卿的经验是，“只有把之前的东西都扔掉，才有可能学到更多的东西。”

第一部分：

认识自我， 开局之道

第一节　用愿景激励大家前行

“上班第一天我一迈进公司就发现，”王晴告诉我们，“我们虽然有1000个人在忙碌地工作，但他们赢不了。”王晴是某速运在合肥客服热线中心的新总经理。她发现，该中心的关键业绩指标比业绩最好的中心要低21%，比业绩倒数第二的中心低18个百分点。55%的员工觉得她们处在一个无法讲出真心话的环境中，而50%的人认为，即便她们有所作为也无力改变现状。

这就是王晴所在企业的信条：“每个人都想赢，每个人都想成功，每个人工作都想做出不同寻常的事迹。”但客服热线中心深受“管理问题”之苦。管理层不断在变，工作重点也总在变，中心业绩越来越差。王晴说，当她开始要求大家与其他中心比较业绩时，“我听到的是，我们做不了这个、做不了那个。如果奥运会有找借口比赛，我们中心准能拿到金牌。每个人都觉得无能为力。”王晴决心要改变这一切。

王晴拿出了整整3天的时间与员工们谈话。她从面谈和其他渠道收集了尽可能多的数据。“如果您睁大眼睛观察并且闭上您的嘴，您就能把镜子转过来对着自己，”王晴说：“这样您就能学到很多东西，您也能改变很多事。”

她把中心的高级经理和其他员工叫到了一间大会议室里，讲述了她的发现。然后她发了一沓纸，让大家写下5个形容词来描述中心的现状。接下来她又请大家分别写下5个形容词，描述同事对中心的看法，以及相关人士（例如客服代表）的想法。每次她会把结果写到黑板上，结果出现在黑板上的词有：消极的、反复无常的、不正确的、失败的、无组织的、令人沮丧的、无趣的、没有足够指导的，等等。当然也有一些对工作人员的正面描述，例如，具有献身精神的、精神饱满的、支持工作的等。

然后，王晴请他们再做一次，这次是要他们描述他们愿意在未来把中心变成什么样子。“如果您能挥舞魔杖做出任何改变，”她对大家说：“在未来 3 至 5 年您会用什么词来描述这个中心？”他们所用的词语反映了他们的希望、梦想和抱负。黑板上的词语给了王晴一幅完全不同的画面：极好的结果、世界一流、别人的榜样、独特的工作地方、合作伙伴、具有学习和成长的机会、对客户真正热情，等等。有了这些期望，王晴和管理层开始草拟愿景、使命和公司理念。下面就是他们得出的愿景和使命。

在接下来的 6 周时间，王晴与中心每个小组召开了 22 次 45 分钟的会议。“这是我们的愿景，是我们要为之献身的目标。”王晴总这样开场，提到这些问题，然后他会问：“这对您有意义吗？我们需要改变什么吗？”接下来王晴会告诉他们自己在圆丰速运的初始经历。她说自己开始是在车库打杂，经过努力升到汽车队经理的职位，最终进入管理高层。

她说每天早上醒来总觉得在自己的生命中缺少些什么。“早上 4 点钟的时候是无法骗自己的。”她告诉他们说：“我认识到，我真正愿意的是和我的同事们一起工作，让他们对自己有不同的认识。我的生命中缺少的就是改变人们生活的能力。我热衷于与人一起工作，并帮助他们做到最好。”所以王晴找到速运公司里她尊敬的某个高级经理，询问回来工作的可能性。她的愿望得到了满足，成了合肥客服热线中心的负责人。每个人听完王晴的故事都会庆幸，他们的团队中有了王晴这样一个成功人士、一个优秀的领导者。她能够把他们的愿望变成现实。他们理解，王晴来他们这里是因为她想来这里，而不是为了职务上的升迁。

在这些会议上，王晴挑战每个人，让他们想办法把这些新愿景变成现实。“您不必在沉默中忍受痛苦，”她说，“如果您有问题，开口说出来。我要您找您的经理谈谈，找负责沟通的人谈谈，找我谈谈。想着您坐在我的位子上，给我一些点子和建议，我的职责就是赞成这些点子和建议。”王晴让大家明白，改变客服热线中心是每个人的事。“您必须成为其中的一部分，”她说：“您想成为一个伙伴的话，就要在这个过程中负点责任。”王晴的努力使情况开始改变，相关人员积极行动起来。“每个人拥有平等的成功机会，每个人要学会和了解赢的滋味。”王晴说：“一旦您做到了这一点，您就已经让人站对了位置。他们脱离了困境，行动起来。”

为了维持工作干劲，王晴每个月召开“圆桌会议”。要做到这一点，她不得不挑战常规。要把客服热线中心的人从电话机旁拉走代价不小，即便一个月只开一次。所以他们每个月只开两次半小时的“圆桌会议”，中心一半的人参加这一次会议，另外一半参加另外一次会议。每次会议上，王晴都要重申他们的使命、献身目标和愿景，这成了她的习惯。她会发表一个“您说，我们做”的报告，然后讨论当前的倡议。例如，在我们访谈王晴的那个月，讨论的主题有新的板报程序、将要进行的员工调查以及穿衣指导等。讨论完倡议后要报告本月的业绩。每次“圆桌会议”的结尾都是“表彰英雄”。要公开表扬那些对客服中心有重大贡献的人员。而且，不仅仅是由王晴和管理人员来进行表扬，相关人员也可以表扬同事所做的体现公司价值、作出贡献的事。

认可员工的贡献，表彰他们，这对王晴来说是件大事。当她刚到客服热线中心的时候，没怎么受到这样的表扬，所以王晴把它列入议事日程。例如，每周三是“自豪日”，人们要穿着有公司标志的衣服，届时满眼看到的是红色、蓝色和白色的速运公司衬衫。其实在王晴到来前就设有“自豪日”，但她在这项活动中添加了新的内容：开始时有个15分钟的小会；每个月每个小组的经理们最少要邀请一个相关人员参加会议；在这样的小会上要表彰小组的英雄；还会有人佩戴文化链。王晴这样做是因为他想要一些能真正看得见的东西，但又不昂贵，这样就可以推广开来。文化链有很多种颜色，但都系着一个奖章，上面的字是相同的：PRIDE。PRIDE字面意思是“自豪”，它是王晴的座右铭，它代表的是Personal Responsibility in Delivering Excellence，也就是“卓越实现个人责任”。这个奖章不仅是个项链，还代表着王晴所有的理念、愿景和使命。它告诉人们，您所做的是件值得自豪的事。当王晴每季度与直接下属召开会议时，他们谈的就是PRIDE、使命、愿景和价值。他们讨论的另外一件事是别人如何看他们这些领导者。“如果我们把镜子转过来，”她说：“我们是否在朝我们的梦想前进？我们每天怎么分配我们的时间？我们的付出与我们的目标相匹配吗？”正是在这些讨论中王晴得以校准客服中心的理念。

客服中心后来发生了巨大的改变，变为模范热线客服中心，实现了王晴与员工们对彼此的承诺。

但对王晴来说挑战还在继续，因为她知道，每一天都可能为她和组织带来某些绝好的机会，让他们尝试新鲜的事物。王晴展示了卓越的领导才能，她告诉我们领导者应该如何抓住机会，让其他人做得最好，如何指导他们踏上成功之途，完成具有挑战性的目标。她建立了一个领导模式，其他领导者可以按照这一模式，在组织中作出杰出的贡献。

思考：王晴为什么会成功？

第二节　开局的四种类型

领导开局的类型包括四种：管理角色开局、管理区域开局、管理业务开局和管理周期开局。

一、管理角色开局

每一个管理者成长的路径，从管理自己，到管理团队，到管理职能，到管理业务，到管理集团的转变，每一次转变对于管理者来说重点都会有不一样，从战略、执行和人员管理的投入度都有很大的不同，所需要的技能和能力都要有很大的差别。

1. 从管理自己到管理他人

（1）新任管理者的角色转换；（2）员工与管理者区别；（3）管理者

的目标是最大限度地激发团队善意和能力，并创造更高价值。

2. 从管理他人到管理团队

（1）从带领他人做事到激励他人做事；（2）从关注事到关注人；（3）从命令下属到激励下属。

3. 从管理团队到管理职能

（1）团队管理的技巧；（2）团队目标的确定；（3）团队冲突的处理。

4. 从管理职能到管理业务

（1）业务的竞争战略；（2）企业的结构；（3）组织的管理。

5. 从管理业务到管理资本

（1）治理结构；（2）资本运作；（3）投资者关系管理。

二、管理区域的开局

从中国区到海外，从海外不同国家转换，或者在中国不同的省份，比如从广东到北京，即使业务类型一样，但是由于区域文化不一样，需要我们扮演的角色也不一样，不一样的地区的政府、社区、员工所表现的特点也有明显的区别。

三、管理业务开局

从制造业到服务业，从高科技到金融业等，由于产业的不一样，包括产业的成熟度、产业的发展阶段、产业的人员素质等，对商业模式、人员结构、技术水平、语言沟通等都产生很大的影响。同时，在不同的职能业务转换，比如从人力资源方向到营运方向或者 IT 方向，也会有较大的不同，领导开局需要面对这些挑战。

四、管理周期开局

我们将组织分为四个阶段：创业期、转型期、整合期、维持成功期。

创业期：让一个新的组织、团体、产品或者项目启航；

转型期：让一个混乱的组织、团体、产品或项目走回正轨；

整合期：让一个曾经成功过的组织、团体、产品或项目恢复活力；

维持成功期：让一个组织或团体的成绩继续保持和提高。

我们从三个维度去区分它们：目标、绩效和团队。一般来说创业期目标明确，团队待建立，绩效无；转型期是目标明确，团队懒散，绩效差；整合期目标不明确，团队曾经成功过，绩效差；维持成功期，目标明确，但需要进一步挑战，团队强，绩效好。因此，不同的时期对于领导来讲，所需要的技能也不一样，创业期最需要资源整合能力；转型期最需要推动执行能力，整合期最需要市场洞察力，而维持成功期则需要人际洞察力。

所以，对于每一个空降的领导来讲，可以从以上几个维度去分析环境，首先是自己角色变化了吗？以前管理的是管理者，现在管理的是职能；其次看看自己管理的区域，以前是分公司，现在到了集团，以前只管理中国区，现在还需要加上世界其他国家或地区；然后看看自己的行业或业务发生改变没？以前是速递，现在是金融，以前是运营，现在是 IT 等；最后我们还要分析新的组织的发展周期，是处于什么阶段，最困难的是维持成功期和整合期，两者看上去目标都不是很明确？只有深刻理解环境的变化，我们才有可能知道怎么去应对。

第三节　新空降 CEO 的六大意外

新空降 CEO 们之所以感到意外，有些是受时间和知识所限——新岗位上头绪纷繁，要做的事情太多，而信息又不那么充分，时间也总是不够用。有些空降 CEO 对新角色和新工作关系没有思想准备或不熟悉，还有一些得归咎于这样一个矛盾的状况——权力越多，反而越难使用。尽管空降兵遇到的这些挑战，有些他们可能已经经历过，但我们发现：无论一个领导人有过什么样的背景，即便他曾是负责公司主要业务的顶尖角色，若想在新的岗位上取得胜利，他的诸种经历尚嫌不足。

我们发现，最令他们感到意外的事情有六件。新空降 CEO 们能否正确并迅速地理解、接受以及应对这些意外，关乎他们最终的成败。新空降 CEO 面临的这六个意外从本质上揭示了领导力的真实情况，这不仅对新空降 CEO 有启示，对任何规模的企业中任何级别的管理人员都很有启示。

一、意外之一：您管不了公司的经营

大多数新空降 CEO 在空降之前都是自己业务的标兵。他们经营起自己的业务驾轻就熟，并渴望能有机会在公司整体经营中一试身手。然而，刚上任的新空降 CEO 们很快便发现，经营业务仅仅是新工作的一小部分。

把您从公司的日常经营中往外"拽"的不仅仅是外力，还有来自公司内部的巨大需求。当新空降 CEO 之前，您对经营方面的情况了如指掌——您为自己巡视过手下的每个部门而自豪，您有机会了解员工，能与客户直接交谈。但是，自从当上了 CEO，上面说的这些事您再也无暇顾及，即使对自己的老部门也是这样，至于其他部门，更是想都别想。您无法摆脱一种感觉，那就是您已经疏离了公司的日常运营。更糟的是，您在自己专业技能上的一些不可避免的欠缺比以前更凸显了。

这位新空降 CEO 反映的情况比较典型——随着对新空降 CEO 的要求逐渐加码，他对内部经营的熟悉感和轻松感迅速减退。光是外部需求的数量和强度就让很多新空降 CEO 始料不及。几乎所有的新任空降 CEO 都在拼命挤时间，不为别的，就为了与股东、分析师、董事、行业团体、政客和其他各种对象打交道。从外部招聘来的新空降 CEO 们忙于了解新公司的运营情况；而那些从公司内部提拔的新空降 CEO 们也不得闲，他们忙的却是如何从经营中脱身出来，以便有时间去了解外部各相关群体的情况。一些新空降 CEO 直言不讳地告诉我们，说他们有一种失落感，因为自己对业务不再像从前那样熟悉了。

在新空降 CEO 了解到与公司的外部对象打交道是多么劳神的同时，他常常也会震惊地发现，自己不得不放弃许多职责——不仅要放弃经营公司的职责，甚至连了解公司经营状况的职责也得放弃。一家大型公司的新空降 CEO 不可能监控所有人，无论是谁都不可能面面兼顾，哪怕他一星期愿意工作 100 小时。有关这一点，新空降 CEO 在刚上任时可能都有思想准备，但是，如果连自己的下属们在干些什么都不知道，总还是让他们感到有些怪异。面对这样的改变，许多新空降 CEO 都有一种失控的感觉。事实上，新空降 CEO 们到头来往往还不如他们在原先位子上时对公司运营情况了解得细致。

对于一家大型综合企业来说，新空降 CEO 要负责让整个企业顺利运营，那么他就不可能亲自参与制定所有的经营决策。这时，新空降 CEO 就不再是直接而是间接地发挥他的最大影响——他要阐明并传达一个明确的、易于理解的战略；要建立严谨的组织结构，并使指导、沟通和奖酬等流程制度化；要奠定公司的价值观和文化基调；另外还有一样也很重要，他得选拔并带领一支得力的高管队伍，让他们来分担公司的经营职责。

二、意外之二：直接下命令的代价很高

不管在哪个企业，CEO 无疑都是最有权力的人之一。然而，不管哪个 CEO，如果企图依仗这种权力来单方面地发布命令，或者草率地否决经过组织层层审批才提交上来的建议，他都会付出惨重的代价。发号施令会引发同僚和下属们的不满及自我保护情绪。事后对一位高级经理进行指责，不仅会挫伤他本人也会挫伤其周围人的士气和积极性，而且还将削弱他的权威和自信。不仅如此，如果新空降 CEO 必须驳回一项提案，那就表明下属们制定出的战略规划及其他流程要么不相宜，要么有欠缺。其实，在将提案交给新空降 CEO 之前，每个参与人员原本应该将其中潜存的障碍全部找出并排除，只是到了最终的战略关头才请新空降 CEO 加入讨论，以取得他的反馈和支持。一项提案，如果没有把握得到新空降 CEO 的欣然批准，

根本就不应该交给他。具有讽刺意味的是，新空降 CEO 如果是靠动用自己的权力来下达命令，反而会削弱自己的实际权力，而且会损耗自己和公司的精力，还将拖延工作进度。

因此，新空降 CEO 们在直接行使权力时，必须格外慎重，而且心中一定要装着一个周全的行动计划。行使权力的最有效方式往往都是间接地要一步步经由前面提到的那些流程（如阐明战略等）展开。只要将这些流程与公司文化以及自己的领导风格结合在一起，新空降 CEO 就能作出有效的决策，使之符合他所期望的公司发展目标。

我们接触的另一位新任空降 CEO 经历过惨痛的教训才认识到了这一点。在他空降就任 CEO 后不久有位下属请他审批一项用以发布某新产品的营销方案，这个方案凝聚了事业部一位主管及其团队一年多的心血。他们已经做了广告策划，准备好了促销材料，精心制订了销售和分销计划，并且已经将计划各部分的实施职责落实到人。万事俱备，就等着新任 CEO 批准了。在高管们看来，像这样的审批程序，大多不过是走走过场罢了。

谁知新空降 CEO 另有所想。他觉着公司的广告都是些陈词滥调，应当立刻着手更新，而这很可能意味着要重新签一家广告代理商。在新的广告计划问世之前，他将营销方案暂且放在了一旁。他希望自己的这一决定能发出一个强有力的信号，示意下属他打算在公司中推行一些变革，却没料想到此举在下属看来还传递了其他几个强劲的信号。

新空降 CEO 决定将营销方案暂时搁置的消息像野火一样迅速传播开来。很快，这位新空降 CEO 的日程就被各种接见排满——高管们纷纷拿着计划来找他批准。有些人希望他能为新的项目支出开绿灯，有些人找他商议人事方面的决定，还有些人是为了一些寻常琐事，寻常到诸如是不是要召开一次客户会议。显然，高管们对自己是否能准确领会新空降 CEO 的旨意已经没有自信了，所以他们在做任何事情之前都想先征求他的同意。于是，新空降 CEO 的日程安排成了瓶颈，最后，公司层面的决策反而被耽搁了下来。

有相当一段时间，这位新空降 CEO 都未能意识到自己干预式的工作方式所造成的昂贵代价。作为一个初来乍到的圈外人，他还为自己能参与这些交谈沾沾自喜呢。他处于一切活动的中心，他把每次会面都当成一次机会，向大家宣讲他心目中公司的新发展方向是什么样的。然而，一个月过后，那位交上提案、久等不见结果的事业部主管前来告诉 CEO，说他已经决定接受另一家公司的工作，新空降 CEO 这时才开始认识到自己的行为所造成的后果，他当时简直懵了。因为他虽然否决了营销方案中的广告计划，但对该方案的其他部分以及方案规划者的严谨态度还是颇为欣赏的。他不知道自己已经伤了那位主管的自尊心，也伤了那位主管在下属和同事面前的威信。尽管新空降 CEO 苦口婆心地劝说那位主管再考虑考虑，但是那位主管已经受挫太深，还是下决心离开了。

这位新空降 CEO 总结说：单方面地驳回一项经过深思熟虑而且已经突破其他组织障碍的决策，一般说来都不是什么好主意。我们也同意他的观点。事实上，这位新空降 CEO 后来用于判断公司管理流程健全与否的一个关键指标，就是看自己能多爽快地批准提交给自己的各项决策。如果必须驳回某个决策，那就肯定表明该决策存在着更大范围的组织性问题，要么就表明新空降 CEO 自己没能清楚地传达战略意图和经营方针。但是承认上述两点都不是件容易的事。当然，在某些情况下，如果新空降 CEO 认为某个重大的战略性决策（比如重大的收购行动）有严重错误，却听凭下属继续执行，那么这要比他下令否决提案造成的损害更大。不过，正如这位新空降 CEO 自己最终承认的那样，像更新广告这样的事缓一缓倒也无妨。

新空降 CEO 也许需要用一个“下马威”来表明自己是说了算的人，让整个公司了解自己的主张。然而，要达到这一目标，最好的方法通常都不会是直接下命令（尤其是把别人的工作一笔勾销）。相反，新空降 CEO 应当寻找其他方式，让高层经理们也参与进来，促使大家对制定决策的准则达成共识。例如，新空降 CEO 可以在一次外出（off - site）会议上通过议程安排来表明自己优先考虑和关心的事项，同时也给管理团队一个表达并接受意见的机会。新任空降 CEO 必须乐意与其他人分享权力，并且放心让他人在重大事情上做决定。扩大周围人权力的新空降 CEO 才是最有权威的新空降 CEO。

三、意外之三：很难了解到真实情况

即使新空降 CEO 们心里明白自己不可能事无巨细地对公司进行监管，他们还是错误地以为，只要是该知道的事情，他们都能知道。的确，每天，信息都洪水般地向新空降 CEO 们涌来，可是其中可靠的信息却少得令人吃惊。所有信息最终到达最高层时，都是经过过滤的，这种过滤有时是出于善意，有时则不然。获得有质量的信息之所以会变得更加困难，是因为新空降 CEO 一上任，他与周围人的工作关系立刻就发生了变化。以前作为非正式信息渠道的同事和下属——那些能挖掘言外之意、真正了解基层情况的人——开始明哲保身了。甚至连那些曾与他亲密无间的人也惟恐传递什么坏消息。此外，由于新空降 CEO 对所有人的职业生涯都会产生非同小可的影响，所以每个人传递给新空降 CEO 的信息都是经过粉饰的。

新空降 CEO 要找到可靠的信息来源，却又不能损害手下骨干的威信，因为如果处理不好他们会以为新空降 CEO 在绕开自己，这对于新空降 CEO 不能不说是一个需要谨慎对待的难题。有位新空降 CEO 每星期都会邀请 10 到 12 名员工与自己共进午餐，员工不管来自哪个部门、哪个级别，都可以自愿参加；但经理们不能和自己的直接下属一起参加。尽管这位新空降 CEO 也明白午餐会上并不是人人都畅所欲言，但他发现，非正式场合有利于减少沟通障碍，使他有机会听到不同部门员工的意见和观点。其他的新空降 CEO 们则谈到了如何利用实地考察和群众集会式的论坛来收集几乎未经过滤的信息。

有几位新任新空降 CEO 强调说，应该持续不断地从企业的基层，也就是最接近一线的员工中收集信息，哪怕这一方法可能并不受中层经理们的欢迎。比如，有家高科技企业的新空降 CEO 为了解技术项目的进展，向下

跳过好几层，从直接参与项目的人员那里打听情况。他并没有告诉负责这些项目的高层经理他采取了“突击检查”。另一位新空降 CEO 则说，如果高层经理试图阻拦他与他们的下属直接交谈，那么他就会格外警觉。不过，他强调这种深入基层的做法只有定期进行并持之以恒方能见效，因为只有这样，人们才不会对这样的接触大惊小怪。而且，只有当那些与新空降 CEO 交谈的员工相信自己不会因为坦诚直言而惹火上身时，这样的接触才有成效。

四、意外之四：您总是会发出某种讯息

新空降 CEO 普遍都知道，自己的每一举动都会受到公司员工的关注。但自己的每一举动（不管是在公司内部还是外部）究竟会被手下人关注和诠释到何种地步，他们意识不到。他们的一言一行，不管多么微不足道，也不管是有心无心，都会立刻被夸大并传播开来，有时还会被完全曲解——还记得那位将营销方案暂时搁置一旁的新空降 CEO 吗？甚至连新空降 CEO 的某些个人选择也会受到密切注视。参加研修班的一位新空降 CEO 开玩笑说，他在为自己挑选新车时都得特别小心，因为公司的停车场可能很快就会停满了同一款式的车。

第一个重大讯息就隐含在对新空降 CEO 的任命中。人们会根据新空降 CEO 的背景和以前的经历产生猜测和期待。这种初始的个人资料造成的影响是立竿见影的。有一位新空降 CEO 是一家英国大公司的首位美籍“掌门人”。他说，相关各方都估摸着他这位“野蛮的美国佬”会试图改变公司几个世纪以来的老传统、老文化。还有一位有着法律背景的新空降 CEO 讲述了他的任命在市场上造成的负面反应。当时人们都猜想，任命一位律师来做新空降 CEO 不会是因为别的，肯定是该公司面临的有关石棉问题的诉讼比它先前所声称的更加棘手。类似于这样的讯息，甚至在新空降 CEO 什么事都还没干之前就传递出来了。

一旦接手工作，新空降 CEO 就再也不能跟员工进行探讨式的交流了，

因为他的任何不成熟的想法都可能被当成一个好主意来接受。新空降 CEO 的“话筒”总是打开着的，而他发出的声音很可能会变调。哪怕他无心地问一个问题，也可能被人们理解成是缺乏信心的表现。有一位新空降 CEO 讲的故事让我们看到了笼罩在新空降 CEO 话语上的光环。这位新空降 CEO 惊讶地发现，公司中竟然有那么多人在借着他的名头，这些人希望只要用“弗兰克说……”这样的字眼就可以将行动计划贯彻下去，尽管在大多数情况下，他弗兰克根本没说过那样的话。

因此，新空降 CEO 们必须迅速搞清自己都在发出一些什么讯息。一旦了解到自己的一言一行所产生的放大效应，他们就能将无心发出的误导讯息减到最少，而尽可能地扩大自己想要发出的讯息的影响。正如这位新空降 CEO 描述的那样，他这样做是为了表明：不管您是哪个级别只要有与公司政策不相符的行为，就坚决不能容忍。在此，员工们根本无须猜想新空降 CEO 对这一问题持何种观点，因为他发出的讯息很明确。

让我们再看看一个例子。一家运输公司的新任新空降 CEO 想提醒大家重视旅客和员工的安全。在一次现场考察中，他注意到一节车厢防火开关的线路断开了。于是他下令让系统中所有的列车停运，直到每个开关都被检查过一遍。为了防止类似事件再次发生，他还发起了一项调查，想查明开关线路为什么会断开。尽管公司当时有备用系统，这位新空降 CEO 还是想以他的行动向公司内外发出一个讯息，那就是遵守安全规范必须一丝不苟，任何违规行为都不会被接受。他也希望能借此让公司员工有一种被授权的感觉——只要是为了安全保障需要，他们有权做任何事情。

新空降 CEO 发出的讯息原本就可能被曲解，而由于不同群体对同一讯息会产生不同的反应，情况变得更加复杂。尤其是对公司内外各方同时发送讯息时，就更具有挑战性。例如，将一个垂死挣扎的事业部分拆出去（Spin – off）的消息，华尔街听到后的反应可能是欣喜，而员工却可能会垂头丧气。在应付内外各方的同时，还要使讯息在两者中都保持真实和一致，这一任务绝不轻松。新空降 CEO 们务必要记住：一定要考虑清楚自己的行动及其传达方式将如何被不同的受众所诠释。新空降 CEO 也许无法避免对某些群体产生一些负面影响，但审慎地传递自己的讯息，可以将这种损害降到最低。

最后，新空降 CEO 们必须尽可能地使自己发出的讯息保持一致。有一个最佳办法可以帮助 CEO 克服这个在新岗位上遇到的沟通难题，那就是传达讯息时要简单、明确，而且要一再重复，并插入一些容易让人记住的小故事。

五、意外之五：老板不是您

不少新空降 CEO 在刚上任的时候都以为自己终于掌控了公司的最高权力。可是不久，他们就意识到事情远没那么简单。新空降 CEO 坐的也许是管理层的头把交椅，但他还是要向董事会负责。董事会请他来，同样也可以请他走；董事会有权评估他的绩效、规定他的薪酬、推翻他的战略以及作出其他重大决策。

空降的新空降 CEO 们以为自己再也不用“向上管理”（Managing upward）了，殊不知复杂的情况使得他们现在更得这么做。

新空降 CEO 的老板不止一个，而是有 10 到 12 个。其中一位通常是“首席董事”，他在这个位子上是要制衡新空降 CEO 权力的。尽管董事会也许是由有经验、有能力的人组成的，但不少董事会成员对公司所在行业的了解还比较有限。这就意味着新空降 CEO 及其管理团队有责任让董事会了解本公司和本行业的发展情况。虽然新空降 CEO 在获取信息方面也困难重重，但如果让董事们感到很多事都被蒙在鼓里，或者让他们一惊一乍，那就再糟糕不过了。由于董事们的时间也都很紧张，所以向他们传达信息时务必要选择易懂的方式。

有这样一位 CEO，在上任的头几个星期里，他仿佛经历了一次烈火的考验。那时，董事会刚赶走了他的前任及整个管理团队，公司正在接受证券交易委员会（SEC）的调查。这位新空降 CEO 到任的时候，员工士气低落，客户纷纷叛离，媒体紧盯着公司的一举一动。他决心制定新的会计制度，建立新的管理团队并最终确立一个新的战略方向，从而迅速彻底地改造公司。但他很快认识到，已经被先前的管理层惹恼了的董事们，对公司和他看管得更严。很显然，董事会是想制约并紧密监控他的行动。这位新空降 CEO 立即断定自己必须与这些董事谨慎共事，早点向他们透露想法，探明他们的态度以获得支持。尽管这样做所耗费的时间要比预期的多，但他慢慢地赢得了他们的信任，后来在行动时反而更加顺利。虽然这个例子可能比较极端，但其中的教益对所有的新空降 CEO 都适用：归根结底，掌权的是董事会，而不是新空降 CEO。

六、意外之六：您仍然是普通人

我们常常把新空降 CEO 当做电影传奇中那些不屈不挠的超级英雄。然而，他们无可避免地仍然会有普通人那种平凡的愿望、恐惧和弱点。伴随着新工作而来的万众瞩目和阿谀奉承，使得新空降 CEO 很难自我反省，也很难承认自己的脆弱。研修班参加者们一再告诉我们，他们必须时刻有意识地抵制自大、全知、全能的错觉。他们异常坦诚地谈到担任新空降 CEO 工作对个人的影响。他们总是不得不勉强接受一个事实：自己并不是样样事情都干得好。他们发现，要承认自己的专业知识有欠缺，以及这份工作比以往的都要劳力劳神，往往很难也很伤自尊。

令我们吃惊的是，许多新空降 CEO 甚至在上任伊始就已经在考虑自己日后能给公司留下什么东西了。虽然这么想会带来一个长远的视角，应该是比较可取的；但它也可能导致鲁莽甚至不计后果的行为——企图通过改变那些不该改变的东西而在公司里留下印迹。如果新空降 CEO 怀着如此目的，那么他就很容易受到大笔交易的诱惑，并且想要建立一个比原来大三倍的企业，不管利润是否降低。

新空降 CEO 们应该一步一个脚印、踏踏实实地工作并保持谦逊，应该反复斟酌自己的决策和行动，应该一如既往地倾听他人的意见，还应该寻找那些坦率诚实的人。否则，加在新空降 CEO 头上的奖赏和表扬，会使他忘乎所以。不过，一个得力的、活跃的董事会可以替他把关，来抵制这样的诱惑。

第四节　成功空降兵的八大行为

在研究成功空降兵的行为中，我们发现，正如王晴一样，他们都具有卓越的领导才能，我们还发现成功开局的领导的一些主要的行为，这些行为与领导力有着深刻的联系，但又不一样，短短的 90 天是集中体现的时候，正如游泳健将一样，怎么跳水，怎么划水，怎么转身，怎么冲刺，他们都有一系列有效的规则。

根据我们的观察，总结出成功空降兵的八大行为：

第一：能够有效地快速学习，掌握新岗位所需要的各种知识，包括专业知识，文化知识和政治知识；

第二：具有卓越的知识并熟悉情况，快速确定未来发展的关键任务，善于迅速分清主次，创造先赢策略；

第三：能够识别并发展各种关键关系，在组织中迅速建立人际网络；

第四：能够把多个问题形成一个愿景目标，并激励下属为之努力，同时，很好地平衡内心的价值观和企业的价值观，使之成为驱动自己克服困难的动力所在；

第五：与上级主管清楚地沟通战略和领导风格，并及时地得到所需要的各种资源，探索在发展过程中的各种不足和优势；

第六：掌握领导变革的流程和方法，基于对变革正确的评估，明确地传递对变革的自信心和对下属的信任；

第七：能够很好地平衡战略、系统、结构、流程、价值观等各方面的关系，使之均衡发展；

第八：塑造团队，清晰地了解自己需要团队能力，公正地评价每一个团队成员，保持团队评价的一致性，同时，能够有效地进行团队建设，提高团队的战斗力；

与之对比，不成功的领导所表现的行为也是具有一致性的，当然原因可能比我写出来的要复杂得多，正如幸福的家庭大抵相似，而失败的婚姻原因多多。空降兵失败的原因包括但不限于：

第一：往往来自外部方向，在初始阶段花了太多的时间；

第二：太聚焦于工作任务（本身）的完成，忽略了建立并发展信任的工作关系，表现出习惯于独自做事的倾向；

第三：同一时间追求太多，缺乏有说服力的策略，无法聚焦于解决主要问题；

第四：没有澄清高层主管的预期；

第五：只关注变革，忽略下属的稳定感与安全感等的需求，常常出现意想不到的事情。

还有一点，自私，只注重自己范围的小利益，不能站在公司、站在老板的角度思考企业发展的问题。

第五节　九个可以避免的陷阱

每一个空降兵的初心应该是“不成功，毋宁死！”因此要思考如何活下来，然后再考虑发展，懂得避免陷阱是活下来的前提。孙子曰：“昔之善战者，先为不可胜，以待敌之可胜。”因此，领导开局需要避免这些陷阱。

一、开局陷阱一：疏于学习，准备不足

在开局之前，忙于以前的工作，或者休息，没有对未来的岗位进行学

习，不了解新公司、新岗位的战略、组织、系统、流程、技能、文化和政治等；由于您没有利用好开局前的时间，那么您需要在90天内挤出额外的时间来补课，同时由于您对岗位一无所知，导致您留给新同事的印象非常尴尬，您一开始不知道和他们沟通什么、怎么沟通、需要验证什么。

陈思在同学的介绍下，加入了江苏最大的重工企业任人力资源部部长，由于上岗时间急，原单位一直没有找到合适的人选接替工作，陈思本着负责到底的职业素养一直在原单位工作到最后，并且尽心尽力。到了新公司以后，陈思很快就发现，自己以前在电子产业，现在到了重工产业，没有办法很好地理解领导交代的任务，导致自己设计的方案总被驳回，对于电子行业非常通用的考核方案始终无法通过，在连续经历几次挫折之后，无论是领导还是同事都开始用怀疑的眼光看他，甚至部分同事直接对他说，不要用电子行业的东西来套用！两个月，陈思觉得自己备受煎熬，虽然自己也在恶补产业知识、行业知识，但是大家对他的认识还是停留在刚来的时候，陈思觉得自己该离开了……

二、开局陷阱二：设定太多的目标

开局期间我们有太多的任务，我们四处出击，结果忽略了核心，无法聚焦在核心的事情上，开局期间用10倍的力量聚焦一件事情并做到极致，而非把力量分散在10件事情上！只有成功地完成一件显著的事情才能为您加分，而不是做多少事；

两个月前，朋友把李文从华特公司送到思华公司，那是李文去思华公司上任人力资源总监的第一天。但仅过两个月，朋友又开车来接李文离开，那天正下着小雨，李文很不甘，却不得不黯然离去。

说实话，李文是一位很有能力的干将，无论是学历，还是从业经验，都可谓是相当优秀的。当初思华公司老板也正是看中李文这两点，就决定聘请李文。一加入思华公司，李文就忙开了，研发、营销、财务、制造等各个方向，他都去搞调研工作，最后总结出：公司管理系统太落后了，必须进行一次大手术，否则就完了。听了李文的介绍，老板也同意“改革”。于是，李文又忙开了，一会儿优化绩效考核系统，一会儿重新规划职位层级，一会儿重新调整行政后勤系统……一晃两个月过去了，尽管李文开展了很多工作，但客观来讲，似乎这些工作都没取得什么实质性结果，给别人的感觉就是一通“乱”战。

三、开局陷阱三：孤立无缘

误认为老板是请您来解决问题的，批评前任，批评下属，批评同伴，显示自己的本事，结果是得罪了所有人。记住，老板请您来是为了创造佳绩，而不是发现问题，批评问题。或者，空降兵将自己关在办公室里看各种数据、报表，听取各种汇报，高高在上，而不是走出房门，和一线员工进行有效沟通，听取最真实的感受，和同僚谈心，了解公司文化和政治，记住：没有人因为您的到来而必须帮助您。

宏达企业老板花年薪 200 万元聘请一位年近知天命的 CEO，CEO 到任后就要求老板退居董事长，把集团的所有权力都交给他，第一个月到处视察、开座谈会，了解企业情况，第二个月组织想上进、思想新的年轻人士，闷头拟定新的改革方案，第三个月召开誓师大会，开始实施，集团上下雷声大雨点小，CEO 召集各种会议听汇报找原因，发现元老、骨干都按兵不动，众口一词说改革方案不适合本公司实际情况。CEO 很恼火，开始招聘新人，花了两三个月，集团招到五六个骨干，边熟悉情况边开展工作，还是推不动，这就过了半年，又想拿元老杀一儆百，去请示老板，老板不置可否，没有明确态度，搞得 CEO 很伤脑筋，又过了一个月，老板开始频繁出入企业，找各个部门负责人谈话，公司里弥漫着对 CEO 的不满，在检讨改革方案推进不力的会上，老板不点名地批评了 CEO，CEO 垂头丧气，失去了刚来时的锐气，改革停滞了，老板开始恢复了日常领导，引领着企业向前走，CEO 被边缘化。一个月后 CEO 离职了，又印证了公司里流传着“三个月人才，六个月蠢才，九个月走人”定律。

四、开局陷阱四：没有怀疑精神

怀疑帮助我们洞察真相，每一位同事位置不一样，这就决定了您从他们得到的信息的片面性，要多问几个为什么，怀疑不是不相信人，怀疑是帮助我们去了解事实，没有怀疑精神，您将被现象所蒙蔽。

五、开局陷阱五：与业已存在的团队太久

我们往往太相信过去的团队没有业绩是因为没有碰到我这个领导，或者优柔寡断，没有做出应有的调整，我们要明白当改变没有发生的时候，您的失败已经开始。您应该把宝贵的时间和精力浪费在试图弥补团队的不足上面，而不是积累和发挥优势和能力。

六、开局陷阱六，设定太高目标

空降兵往往急于满足上司的期望，更加希望自己能够做出业绩，因为对于环境缺乏足够的认知，往往会设定太高的目标，一方面这个目标可能会拖垮您的团队，另一方面，无法达成目标也将降低上司对您的信任。

刘中华现在是一家管理咨询公司的高级顾问，他在业界小有名气。原因是刘中华有一双慧眼，能够在很短时间内看到企业管理存在的问题，并能对症下药，短期内就获得立竿见影的效果。但谈起空降兵阵亡的事件，仍令刘中华唏嘘不已，因为此前他也在一次空降经历中铩羽而归。

三年前，刘中华经猎头介绍，进入一家行业内龙头企业任副总经理。刚开始，刘中华对新的工作岗位有点犹豫，担心不能胜任，但禁不住猎头的再三游说，再加上该公司董事长的热情邀请。很快，刘中华就到新公司报到。这次刘中华准备好好干，以谢董事长知遇之恩。

经过对新公司一段时间的了解，刘中华发现，新公司管理系统存在一些问题，员工似乎工作斗志不高，也不愿承担责任，一点小事情都要进行汇报，造成运营效率非常低下，员工流失率也很高。造成这种局面的关键

在于公司权力太集中，中层干部基本没有任何事件的决定权，高层干部也只有少数人拥有一定的常规事务决定权，而涉及重要事项，几乎是董事长怎么说就怎么办，其他人似乎连建议权都没有。刘中华认为必须进行权力体系的调整，根据行政级别，分别赋予相应的权力，各司其职，并承担相应的责任，大家的工作斗志才能提升上来，运营效率才能上升。

经过一番仔细调研和思索，刘中华制定出了一张各层级负责人权限分工表。董事长看到权限分工表，盛赞了刘中华的能干。但半个月过去了，那张表依然躺在董事长的办公桌上，没有任何下文。刘中华也失去了耐心，最终决定离开。

七、开局陷阱七：偏听偏信

或许新环境有您的老同事，或许有您的老乡，或许有想依靠您的人，或许你们有相同的星宿，您相信他们的话，他们也乐于和您分享，但是如果您忘掉您的位置，过分亲近一些人，无缘无故疏远了另外一些人，甚至与他人成为敌人，那就掉入了另一个开局陷阱。

鲁西亚进入百达公司任行政副总监，可谓费尽九牛二虎之力。鲁西亚进入百达公司前经历了三次面试，第一次是与行政总监面谈，第二次是与公司高管层组成的面试委员会面谈，第三次是与公司董事长面谈。在第二次面谈还没给出确定结果时，鲁西亚已经有点想放弃了。但百达公司是行业内老大，开的薪水足够诱惑鲁西亚。所以，当接到与董事长面谈的邀请时，鲁西亚欣然前往。得到这样一个岗位，鲁西亚非常珍惜。但是，上班第一周，行政总监就告诉他，先悠着点做，否则，您会存活不下去。鲁西亚与其他部门负责人沟通时，大家似乎也是这个观点。为了保护自己，鲁西亚就真的悠着做了。很快三个月试用期到了，鲁西亚写了一份工作汇报，行政总监看都没看，直接评语为同意转正，但是，到了董事长桌上，被卡住了。原因是董事长没有看到鲁西亚在这几个月所做的实质性工作，认为鲁西亚能力有限，决定试用不通过。

八、开局陷阱八：经验主义

一只驴帮主人驮盐，在过河时摔倒水中，起来发现货物变轻了。驴得到了经验，货物从水中出来就会变轻。第二天，驴帮主人驮棉花，过河时故意摔倒水中，没想到起来后货物加重，它最终淹死在水中！空降兵往往都有一套过去成功的方式，所以会快速采取行动，殊不知过去的经验正在固化您的思维，没有针对新的环境作出调整。您的办法可能有效，但是我们还要思考让谁来执行。

尽管已经离开了达顿公司好长一段时间了，但是王涛仍后悔不已。当初，王涛离开达顿公司，心中满是愤懑。经过一段时间的静下心来反思，王涛意识到了自身存在的问题，对于在达顿公司的行为非常后悔。

王涛进入达顿公司是通过微博这个平台，他是个微博控，经常发一些有关人力资源管理专业的微博。达顿公司总经理曹总也是一个微博控，某次浏览微博时发现了王涛所写的微博。然后，就加了王涛为好友，开始沟通与互动。不久后，达顿公司正好缺一位总经理助理，协助总经理管理行政、人资工作。通过与王涛的接触，曹总认为王涛很专业，应该可以胜任该职位。经过曹总一番游说和许诺，王涛就来到达顿公司工作了。作为曹总亲自邀请的人，王涛很有成就感，也很想有一番作为。

通过一段时间的观察，王涛认为：与他上一家公司相比，达顿公司管理水平太落后了，必须彻底改变。于是，王涛就把前一家公司的管理工具、管理方法植入新公司，有时甚至直接把上一家公司的管理制度发给下属，要他们修改后，按此执行。实施一段时间后，王涛很意外地发现，他所推崇的工具和方法在达顿公司根本就推行不下去。

与此同时，不少人向曹总进言："王涛什么都不懂，就是把上一家公司的制度 COPY 过来，然后要求大家照葫芦画瓢……"很快，曹总改变了对王涛的看法，王涛也在压力重重中离开。

九、开局陷阱九：先入为主

在聆听别人的意见前，对于要讨论的问题和解决方案您可能主意已定，会排斥并疏远其他人。即使您最初的想法是可行的，但您放弃了倾听关于某些难题的其他（可能更好的）解决方案的机会。

百欣企业老板几顾茅庐，好说歹说，花巨额年薪，并签订对自己极为不利的承诺书，聘请了一位不惑之年的业界精英做集团总裁，总裁到任后就要求老板退居董事长，把集团的所有权力都交给他，第一个星期就拟定新的改革方案，彻底颠覆了集团的管控模式和组织架构，把集团的管控模式由战略管控型改为操作管控型，把三级组织架构改为二级组织架构，把上至董事会成员、下至二级公司总经理都纳入自己的直接控制下，形成自己一朵红花与众多绿叶的专权态势，并且当月就要颁布新组织架构和干部任命，计划 1 ~ 2 个月新管控体系建立完毕。如此照搬原有经验、急于求成、先入为主的空降兵我还是第一次见到。果然不到两个月，老板不得不让总裁走人！

第六节　开局之道

无论您是商业领袖，还是刚刚升职的小伙子，开局是每个大小领导都要面对的。当我们走向开局之路的时候，我们必须思考以下问题：

（1）我真的相信这种愿景和理念吗？

（2）是什么给予我勇气，让我直面不确定性和逆境？

（3）我将如何处理失望、失误和挫折？

（4）我的优势和劣势是什么？

（5）我需要做些什么才能提高我自己，带领团队前进？

（6）我和我的团队如何建立有效的关系？

（7）我如何让自己保持强劲的动力和勇气？

（8）是什么激励我永不放弃？

（9）在这个时刻我是适合的领导人选吗？为什么他们会选择我？

（10）对于组织所发生的事情以及所处的这个世界，我了解多少？

（11）为了解决本组织当前所面临的复杂问题，我做了哪些准备？我还需要做什么？

（12）人们该如何处理本组织的事务，对此，我的信念是什么？

（13）在今后的3年，我准备将本组织带领导到什么样的地位层次？

还有更多的问题等待我们去回答，开局期，是您所不熟悉，甚至是陌生的时期，有很多您未知的事情每天都在发生，其复杂程度已经超过我们的认知范围。我们该怎么去面对？您需要诚实地回答以上问题，需要您拓宽视野，需要您站在未来去思考现在，需要您聆听您内心的声音。

您可以通过学习本书的内容懂得如何去规避误区，懂得成功空降兵的九个行为，懂得如何加速学习，懂得如何建立目标，懂得如何建立伙伴关系，懂得如何带领团队迈向成功。但这一切能够帮助您100%迈向开局成功吗？

我可以告诉您，不能，如果有人说能，那肯定是假的，因为我懂得所有的东西，我也会面对失败。失败让我深刻地思考开局之道到底是什么，而不仅仅是我和大家分享的术的问题。

开局之道的核心问题是：什么决定我们开局成功的？当我询问每一个开局成功的人的时候，得到的观点都不一样，当我看到这么一段话的时候，“每当一个人向我提出这个问题，我都会告诉他们我掌握了在生活中如何获得成功的秘诀。成功的秘诀在于保有一颗爱心。爱给予您点亮他人心灵的火把，爱能让您看透他人的心扉，爱能够使您比其他人拥有更加巨大的渴望去成就事业。一个人如果没有爱的情感，那么他就不能真正感受到那种特别的兴奋，这种兴奋能够帮助他们迈向前方，引领他人，取得成就。在生活中没有任何其他东西能够比爱更加令人振奋，更积极有效的了”。

“让员工信任您是好的管理者，从一开始就需要表现您的真诚、关爱，自己做到言出必行。作为空降兵，确保管理模式向着正确方向发展至关重要。员工需要知道您将他们的利益记在心上，带领他们成功，对他们没有恶意。做好以上这些至关重要。事情总是在发展的。当人们感受到您的真心关爱，可以避免很多不好的状况。员工会原谅您的过错，愿意继续接受领导”。

约翰·麦斯威尔提出在第五个境界里面最高的境界就要看您这个人领导的境界了，这个关键词就是尊重。大家愿意跟您，因为您长期下来表现这么好，大家把您当成是一个值得尊敬的人。

爱，成为每一个空降兵最根本的元素。成功的空降兵的最大秘诀是爱，在处理领导事务的时候存在一颗爱心，在同那些努力工作的人相处时存在一颗爱心，对所有生产经营存在一颗爱心，对用自身的工作为组织增添光彩的人存有一颗爱心！李开复提到领导力个人品质：真诚与均衡的艺术，认为均衡比魄力更重要，理智比激情更重要，真诚比体面更重要。这都体现了爱的艺术！

这也可以解释我们空降兵失败率高的原因，我们可以说是成就一番事业，但真的您爱您的企业吗？您爱您的员工吗？您爱您的同事吗？您愿意帮助他们成功吗？稻盛和夫的“敬天爱人”的思想，就是不以利害得失而以好坏善恶作为判断基准。“一旦为私心所蒙蔽，人就无法做出正确的判断”。从案例中我看到的都是自私的表现，都是围绕自己的利益而展开的一场“生死”搏斗，从这一开始就已经看到了未来的结局！十年的六次大的开局，无数次小的开局，我深深地体会到，当我带着私心去面对开局，每一次我面对的都是失败，如果没有失败，那也是为下一次失败做好铺垫。

开局之道，不仅仅是用脑子的事，它是人们全程奉献爱心的长期旅行。

专栏 2－1 案例：

空降到一个已经成型的团队，只能比上一任做得更好

从传媒公司空降到教育公司，截然不同的工作方式和企业文化让黄莹颇为不适。财务出身的黄莹曾就职于“四大”。空降之前，黄莹在一家传媒公司工作了5年，逐渐晋升为财务总监，但瓶颈随之而来，她决定换一个更大的平台。而更大能平台对应的是更大的团队以及更加复杂的业务部门。

作为一名空降的财务总监，黄莹的压力很大。因为上一任财务总监刚刚离职不久，老板势必要拿她和前任做比较。在入职后的第一次会议上，老板就直接对黄莹提出要求，要她在有限的时间内做出改变。“之前的财务总监没有做到的，您能不能做到?”这是老板抛给黄莹的问题。因此在空降到财务总监的位置后，黄莹把大部分精力都放在处理老板的要求上，“我只能比上一任做得更好，不能比他差，否则找我来的价值在哪里?”

而面对一个12人的已经成型的团队，黄莹在一开始的时候也常常觉得自己就像个“局外人”，“他们之间的关系已经非常好了，而我突然作为一个管理者空降到这个团队，彼此都很陌生，是会有一种自己在外面的感觉。”但这种状况是可预见的，黄莹想到的办法就是多沟通。

一方面，在一些正式的工作交流上，黄莹会去了解每个下属负责的内容，观察哪些人适合做什么，哪些人不适合，同时她还会记录每个人的工作习惯，看哪些人是执行力很强的，而哪些人对待工作是比较倦怠甚至拖拉的。另一方面的沟通则是私底下的聊天，黄莹会约下属一起吃午饭或者喝咖啡，利用同性的优势和她们聊聊八卦、电视剧以及孩子，寻找一些共同的话题来促进彼此的关系。

充分的沟通让她更快地融入团队中，但真正要获得认可和信任，还是要拿出有说服力的成绩。

黄莹在入职头两天就接到了改良月度财务报告的任务，当时老板对前一任财务总监的报告不太满意，要求黄莹能在短期内按照他的想法作出调整，并在董事会上作报告。黄莹知道这是个挑战，同时也是个获得认可的机会。从交接工作、搜集资料、分配任务到最后汇总分析，黄莹用 5 天时间完成了这份报表——前一任财务总监通常需要 8 天。在董事会上结束汇报之后，黄莹觉得他们对自己的态度明显有了变化，“可能我做的东西有点惊艳到他们了”。这种态度的转变，在黄莹看来，或许正是自己真正被认可的开始。

专栏 2－2　下面是我们对这位成功的空降兵的小访谈

Q：在空降前您做了哪些准备？

A：首先是了解创始团队，尤其是老板，当时我查了很多资料，包括他们在哪里长大、在哪里上学、上学之后干过些什么等，对他们有了一个比较具象的认识。其次是看行业以及公司在行业里的位置，当时有跟行业内的朋友聊，比如这个行业的变化、这家公司在行业中的角色、外界对于这家公司的看法等。

Q：如何度过空降之初的磨合期？

A：首先是少说，多听别人的想法，然后多观察。观察老板、观察同级、观察下级。其次是因为空降往往是中层以上的职位，需要处理很多事情，所以刚开始的时候，要学会如何在相对短的时间里抓一些重点，怎么安排事情的优先级。最后是多沟通，通过沟通和交流，您会发现很多新的东西，但这个时候就要有所判断，有些信息不能盲目采纳，应该多渠道验证。

Q：如何管理一支新的团队？

A：一定和自己的队伍多沟通，然后多观察，差不多两三个月的时间里，我已经对我的团队很了解了，每个人的能力如何，他们各自有什么特别之处。其间我还换掉了三个人，因为如果团队中有能力不足或是对工作很松懈的人，是会影响整个团队的气势的，通过一轮人员调整，整个团队的工作效率都有所提升。

第二部分：

加速学习， 快速融入

第一节　曾凡的五天

第一天：新任 CEO 的到来

秋天的阳光透过大厦的落地窗洒在宽敞的办公室里。曾凡站在窗前，凝视着深圳这座年轻又充满活力的城市。

曾凡是一位经验丰富的高管，曾在某大厂的事业部担任总经理，推动事业部实现了百倍的增长。因为他过去显赫的业绩和出色的领导才能，2023 年 3 月他被空降到一家新兴科技公司担任 CEO。这家公司名为 ShangshuTECH，专注于人工智能技术的研发与应用，并已进入 A 轮融资阶段。该公司拥有一支充满激情和创新精神的团队，但面临着激烈的市场竞争和业务增长缓慢的挑战。

作为一位跨行业的空降高管，曾凡深知自己肩负着重大的责任。在董事长的热情邀请下，他花了一个月的时间，不断拜访该领域的企业家、专家和学者，共约 150 人，向他们学习人工智能技术在公司业务领域的趋势、特点和市场竞争格局。与此同时，他还与董事长、董事会以及其他成员进行了深入的探讨，对公司的现状、团队和战略有了更清晰的了解，也探讨了公司面临的挑战和机会，并就公司未来变革中的各种问题进行了沟通。最终，他决定加入这家公司，并下定决心快速融入团队，并带领团队在这个充满机遇和挑战的行业中取得成功。

当他走进办公室时，他看到一群焦虑而期待的团队成员在等待着他。他坐在会议室的圆桌旁，与高管团队展开了一次深入的交谈。

高管团队向曾凡介绍了公司的历史、愿景和战略。他们讲述了公司创立初期的激情和创新，也坦诚了目前所面临的挑战。市场竞争激烈，竞争对手推出了一系列新产品，公司的市场份额逐渐萎缩，业务增长缓慢。

曾凡静静地倾听着，并在脑海中构思着应对之策。他询问团队成员对公司现状的看法，并提出了一些有关现状的问题。通过这次会议，他对公司的现状有了更深入的了解，并为自己制定了下一步的行动计划。

第二天：了解团队与产业知识

曾凡深入了解公司的现状后，他意识到快速了解团队和行业知识至关重要。他决定积极主动地与团队成员交流和合作，并深入学习公司所在行业的知识。

在这一天，曾凡安排了一系列的一对一会议，与每个核心骨干团队成员进行深入交谈。他想了解各个部门的职责、目标和面临的挑战，以便更好地了解团队的现状和团队成员的需求。

首先，曾凡与技术部门的负责人李伟进行了一对一会议。李伟是一位资深工程师，对人工智能技术有着深厚的造诣。

曾凡问道："李伟，你认为我们的技术团队目前面临的最大挑战是什么？我们需要做些什么来提升我们的技术实力？"

李伟思索了一会儿，然后回答道："曾总，我们的技术团队非常优秀，但在市场上，我们的产品还无法与竞争对手抗衡。我认为我们需要更多的创新和研发投入，才能在行业中保持竞争优势。"

曾凡微笑着点头，他赞同李伟的看法："非常好，我会去说服董事会和董事长，我们将加大对技术研发的投入。我们还需要更好地了解行业的新技术和趋势，以便在市场上提供更创新和高效的解决方案。我计划参加相关的行业研讨会和培训课程，你对此有什么建议吗？"

李伟眼中闪过一丝兴奋，他说："曾总，我建议您参加人工智能领域的研讨会和技术峰会。那里汇聚了业界的顶尖专家和学者。此外，您还可以积极参加行业协会和论坛的活动，与其他行业同行进行交流和合作。"

曾凡点头表示同意，他感谢李伟的建议，并鼓励他继续为公司的技术发展出谋划策。

第三天：与团队成员交流与合作

为了更好地融入团队，曾凡在这一天安排了一系列的一对一会议，与团队成员进行深入交流和合作。

下午，曾凡与市场部门的经理王婷见面。王婷是一位经验丰富的市场营销专家，对市场变化有着敏锐的洞察力。她在公司工作已经很长时间，是与董事长一同创业的元老之一，但她的思想并不僵化，反而很容易接爱新生事物。因此，曾凡决定不在办公室见面，而是到附近的 OKR COFFEE。

曾凡和王婷坐在咖啡厅里，品尝着香浓的咖啡。曾凡问道："王婷，你认为我们的市场部门目前面临的最大挑战是什么？我们应该如何应对这些挑战？"

王婷微笑着说道："曾总，目前市场竞争激烈，我们的竞争对手推出了一系列新产品，市场份额逐渐萎缩。我认为我们应该更好地了解客户的需求，提供更个性化和定制化的解决方案，以吸引更多的客户。"

曾凡点头表示赞同："你的见解非常有价值。我们将与技术团队紧密合作，开发更具竞争力的产品和解决方案。此外，我们应该积极开拓新的市场，寻找新的商机。"

王婷兴奋地说道："曾总，我认为我们可以考虑在医疗领域进行市场拓展。人工智能技术在医疗行业的应用越来越广泛，我们可以将技术优势与医疗行业的需求结合起来，开发出更创新和高效的解决方案。"

曾凡听后非常感谢王婷的建议，并表示会组织一场更加深入的探讨来讨论这个方向，又思考了片刻后，他说道："王婷，您能给我介绍一下您和董事长一起打拼的故事吗？让我更好地了解公司的文化和历史。"

王婷非常意外，她双眼一亮，向曾凡介绍了公司发展过程中的点点滴滴，公司创业元老为公司付出的努力，每一轮产品和融资背后的故事。不知不觉中，已经到了深夜。

第四天：获取行业知识和专业知识

根据李伟的建议，这天恰好有一场人工智能的技术研讨会。曾凡决定和李伟一同参加这场研讨会。他相信，只有不断学习和提升自己的知识水平，才能带领团队在市场上立于不败之地。

早晨，曾凡穿着西装，走进了一场人工智能技术研讨会。他看到会场内坐满了来自不同公司的专业人士，心中充满了期待。

研讨会上，来自不同领域的专家们分享了他们的研究成果和经验。曾凡认真聆听着，记录下每一位演讲者的见解和想法。

在休息时间，曾凡遇到了一位在自然语言处理领域具有丰富经验的专家——杨睿。他们进行了深入的交流，探讨了人工智能技术的应用前景和挑战。

杨睿分享了自己在自然语言处理技术方面的研究成果，并向曾凡介绍了一些最新的研究领域。曾凡感受到了知识的力量，决定将这些新鲜的想法带回公司，与团队成员分享。

下午，曾凡回到公司，召集了一次内部培训和分享会。他邀请杨睿作为特邀嘉宾，与团队成员分享自己的研究成果和最新的技术趋势。这次分享会让技术团队的成员们大开眼界，激发了他们的创新灵感。

曾凡鼓励团队成员提出创新想法，并随后组织了一次创新项目的研讨会，一直持续到深夜。团队成员们发表了各自的见解和想法，讨论了如何利用机器学习算法来实现智能推荐、个性化定制等功能。大家纷纷表示，这个创新项目的前景非常广阔。

曾凡为大家加油鼓劲道："这个创新项目可能是我们公司的重要突破口，我相信我们团队的才华和创新精神将会让它成为行业的标杆。"

第五天：走进客户

为了在市场竞争中脱颖而出，曾凡深知必须了解客户对公司产品的认知。于是，他选择了一个战略客户和一个渠道客户进行拜访。

战略客户也是公司的投资人，他们组织了一场面对面的产品交流会，邀请了相关部门负责人参加，曾凡带领公司产品、技术和市场核心骨干一同参与。在会上，他们讨论了如何进一步提升产品的智能化程度和用户体验，以打造更具竞争力的产品。这次交流让团队认识到了产品的不足，并意识到团队对客户需求的响应速度远落后于同行。

下午，他和王婷一同拜访了一个渠道客户。在这次拜访中，他们意识到公司的渠道策略已经无法适应外部市场的变化，也意识到公司缺乏有效的赋能帮助渠道。

晚上，曾凡对整个公司的人才地图进行了回顾，并认真梳理了各自之间的关系，特别是与董事长、董事会成员之间的关系。为了推动下一步的变革，他知道自己需要进一步学习和思考，找到公司的制胜策略。

这五天对曾凡来说是充满挑战与机遇的。你觉得他做对了什么？又有哪些需要改进？

第二节　评价您所处的环境及自我

从根本上说，领导角色得以成功转变是由于合适的人在合适的职位上。要成功完成领导角色转变，首先就是诊断情况。其次是邀请与您实力相当的人评估您要加强的优势和要克服的弱点。若要开始您的角色转变，就要诊断和评估您的情况。如果可以的话，请您在要真正进入新的职位之前完成。

第一：您正面临的角色转变的类型是什么？

对您的角色转变有一个清晰的了解能够成为您的一个坚实基础。如果您退一步以广阔的角度来看看您的情况从而开始您的角色转变，您可能更容易做好准备去迎接您新的挑战。一开始就诊断您的情况，就是迈出建立您所选方向的短期动力的第一步，也是迈出为您的长期目标奠定基础的第一步。

第二：了解您所处的情况。

支持这个计划的研究指出，转变中的领导角色常常依赖于按照以前情况和做法去做事，而现在这些做法在他们新职位的情况中已经不太适用。

在您的职业生涯中，您会遇到典型的组织性情况，每一种情况都有自己独特的权力关系，细微的差别以及问题，要成功完成角色转变，就要：

退一步仔细诊断您将要踏入的商业环境；

分辨不同类型的情况所要求的不同方法。

虽然所有的角色转变都有新的要求和挑战，但是它们都不尽相同。四个角色转变类型中的每一个（创业期、转型期、整合期、维持成功期）都有各自的特点，如表 2－1 所示。

表 2－1　　四种组织周期对领导的要求

您负责的企业所处周期	您的角色要求您
创业期	集合各种能力（人力资源、筹集资金、科技研发）让一个新的商业单位或项目启航； 在现有的组织发布一个新的产品或品牌； 建立一种不同类型的设施或创造一种新的服务； 在相当广泛的范围内定位和塑造您的组织、单位或团体……
转型期	带一个公认非常麻烦的单位或团体走回正轨（您的工作也许是解决一个产品、程序或设备的问题，并且这个问题可能被公认为是“无药可救的”的）

续表

您负责的企业所处周期	您的角色要求您
整合期	让一个以前很成功但现在面临严峻挑战（人们也许没有了解清楚问题，并且因此继续以旧的方式去运作）的组织的商业单位、产品、程序或者项目恢复活力； 让组织在为时已晚和情况恶化到无可挽回之前凝聚起来适应实质性的变化
维持成功期	首先保持然后扩大一个成功部门或者团体的成就； 成为一个备受敬重的领导，一直保持成功记录，得到一个高效能的团队； 确保一个单位的产品、服务和程序在面临潜在竞争挑战下依然成功； 决定怎样让业务在新的方向迈向新阶段

我们可以简单地通过三个纬度来判断未来组织所处于的周期、目标、绩效和团队，如表 2－2 所示。

表 2－2　　对组织、四种周期的判断要点

您所处的组织所处周期	判断要点
创业期	目标明确；团队无或者新组建；绩效无
转型期	目标明确；团队有，士气差；绩效差
整合期	目标不明确；团队有，曾经成功过，士气不足；绩效差
维持成功期	目标明确；团队有，士气高；绩效差

而每一种周期对您的能力要求是不一样的，如表 2－3 所示。

表 2－3　　组织四种周期所需领导核心能力

您所负责的组织所处周期	所需要的核心能力
创业期	整合资源的能力；创业期什么都缺，您需要有效地整合人财物三种资源； 快速执行的能力：您需要在既定的时间完成既定的任务； 高度抗压的能力：太多的事情不如预期，您需要有效地减压，不仅仅是对自己，还有您的团队；

续表

您所负责的组织所处周期	所需要的核心能力
转型期	团队整合能力：如何将一支士气低落的队伍快速整合，有效地提高战斗力是您 OKR；
整合期	商业洞察力：整合期最大的困难是找到目标，而这对您来说是最大的挑战； 沟通协调能力：找到目标之后，您需要得到您的成员的支持和认可； 变革推动力：改变如此困难，但您不得不做
维持成功期	人际洞察力：了解您的团队的需要，懂得如何取得牛人的支持是您成功的关键； 商业洞察力：您需要创新，在原来的基础上不断地创造新的业绩；

在分析您未来领导的岗位的类型后，您需要分析自己的经验和能力是否能够支撑未来岗位的需要，这个尤为关键，每一个人都有自己的长处和短处，我们需要懂得如何利用自己的长处迎接机遇、避免威胁等，SWOT 分析不仅仅对于商业来讲是个有效的工具，对于分析自己也是个非常有效的工具。

SWOT 分析法

SWOT 分析方法是一种企业战略分析方法，即根据企业自身的既定内在条件进行分析，找出企业的优势、劣势及核心竞争力。其中，S 代表 strength（优势），W 代表 weakness（弱势），O 代表 opportunity（机会），T 代表 threat（威胁）。其中，S、W 是内部因素，O、T 是外部因素。按照企业竞争战略的完整概念，战略应是一个企业“能够做的”（即组织的强项和弱项）和“可能做的”（即环境的机会和威胁）之间的有机组合。那么迁移到个人诊断上，个人发展战略也是一个人“能够做的”（即人的强项和弱项）和“可能做的”（即环境的机会和威胁）之间的有机组合。

第一步，评估自己的长处和短处。

每个人都有自己独特的技能、天赋和能力。在当今分工非常细的商业环境里，大多数人擅长某一方向，而不是样样精通。您可能善于设立能够振奋人心的愿景，拥有创造性、引人注目的天赋，并且足智多谋；

您可能善于分析繁复信息，做出艰难选择，采取决定性行动；

您可能善于综观全局，打破固有思维，调动他人积极性；

您可能善于静观竞争，不断力争取得更大成功。

您需要找出您的长处。同样，通过列表，您可以找出自己不是很喜欢做的事情和您的弱势。找出您的短处与发现您的长处同等重要，做自己不擅长的事情将对自己开局是个灾难；

第二步，评估新的开局组织的机会和威胁。

您组织处于的商业环境是什么，对您来讲有什么机会，有什么威胁？

第三步，提纲式地列出今后 3 ~ 5 年内您的职业目标。

仔细地对自己做一个 SWOT 分析评估，列出您 5 年内最想实现的 4 ~ 5 个职业目标。这些目标可以包括：您想从事哪一种职业，您将管理多少人，或者您希望自己拿到的薪水属哪一级别。请时刻记住：您必须竭尽所能地发挥出自己的优势，使之与行业提供的工作机会完满匹配。同时，您也要记住：失败并不可怕，但是持续的失败会葬送您的职业生涯！

第四步，制定行动计划。

在这一步要分析出自己的优势—机会（SO）组合、弱点—机会（WO）组合、优势—威胁（ST）组合和弱点—威胁（WT）组合。

优势—机会（SO）战略是一种发展企业内部优势与利用外部机会的战略，是一种理想的战略模式。当个人具有特定方面的优势，而新的组织为发挥这种优势提供有利机会时，可以采取该战略。

弱点—机会（WO）战略是利用外部机会来弥补内部弱点，使个人避免劣势而获取优势的战略。存在外部机会，但由于个人存在一些内部弱点而妨碍其利用机会，可采取措施先克服这些弱点。

优势—威胁（ST）战略是指个人利用自身优势，回避或减轻外部威胁所造成的影响。

弱点—威胁（WT）战略是一种旨在减少自身弱点，回避新组织环境威胁的防御性技术。

第五步，寻求专业帮助。

能分析出自己优点和缺点并不难，但要以合适的方法改变它们却很难。同样，对新的组织是完全陌生时，了解新的组织的环境很困难。相信您的朋友、上级主管、新的上司都可以给您一定的帮助，特别是很多时候借助专业的咨询力量，可以让您大走捷径。有外力的协助和监督也会让您更好地取得效果。同时，对于高级职位，如果您能够在加入前以顾问的身份介入或者与团队成员作出深入的沟通，或许可以有力地帮助您去评估！

第三节　加速学习，三个不得不掌握的知识

领导开局，加速学习，我们需要用 3 个月时间掌握 3 年的信息，结合自己的学习特点、组织类型还有知识储备作出合理规划，我们才能够有效地在最短时间内掌握需要的知识。加速学习需要回答三个方面的问题，第一，学什么；第二，怎么学；第三，什么时候学。在这里我们将首先解答学什么问题。

大多数的领导给予的答案都是企业战略、组织结构、岗位职责等知识，这都与岗位相关，我们称之为专业知识，专业知识往往是最容易被提及的，但是对于一个空降兵来讲，仅仅掌握专业知识是不够的，而且过分地聚焦于专业知识反而会成为领导的绊脚石。在加速学习期间，我们

需要学的知识包括三个方面：（1）专业知识；（2）文化知识；（3）政治知识。

专业知识包括三个方面，一是与岗位相关的知识，包括战略、结构、流程、职责、人员、技能等；二是行业知识，行业的关键成功要素、特点、竞争对手、核心竞争力等；三是产业知识，产业的趋势、国家政策、未来的方向、资本市场等。越高级的管理人员，对于知识的要求越高；这也是为什么郭士纳能够领导 IBM 成功的原因之一，一个高级管理人员，可以不懂岗位的知识，但是他如果洞悉产业趋势，能够制定适合企业的战略，也可以获得成功。

政治知识往往在开局期间被忽略，中国企业似乎也有意回避谈起，这有些掩耳盗铃，其实政治在企业无处不在。对于一个管理人员，尤其是高级管理人员，一个不懂政治的领导是不可能在公司取得高效的发展的。政治包括三个方面：首先是方向，这个基于对产业、行业和企业的理解，产业方向是什么，行业的方向是什么，企业发展方向是什么，作为管理人员，我们需要顺势而为，不能逆势而动，不理解领导的意图，没有政治方向，一切都是白费。其次，决策是怎么做出来的，谁才是说了算的人，谁对决策产生重要影响。最后，利益联盟的格局是什么，谁和谁是利益共同体，谁和谁之间关系差。不懂政治，您将失去方向，失去决策，失去联盟。

文化知识包括组织文化、地域文化和专业文化。组织文化包括人们互相之间的相处方式、共有的品质，以及开会的沟通等行为方式，在组织中，什么东西是被定义成功的，什么行为是被鼓励的，什么行为是被惩罚的。我们希望看到的是实际的一切，而不是写在员工手册上的空话。

地域文化，包括不同地域的人对于工作、人生、社交等有明显或者不明显的差异，我们习惯用自己地域的固有模式去思考问题，这就可能会造成一些误解。

专业文化，每一行业由于知识结构、工作内容、工作方式和工作对象的不一样，会形成独特的专业文化，研发员工简单、直接甚至口出狂言，人力资源最懂人情世故，财务人员严谨细腻……当我们从一个专业方向转到另外一个的时候，用心去观察，会体会其中的差别。

第四节　加速学习的四点建议

领导开局过程中，短短三个月时间里您需要掌握的知识包括专业知识、文化知识和政治知识，而学习是一个渐进和复杂的过程，过渡的时间是极其宝贵且有限的，制定有目标的计划是至关重要的。在过渡阶段，不同的时期应有不同的目标，所以您的学习目标应该分清主次。因此，想要加速学习需要理解以下四点建议：

第一：您不可能马上掌握所有知识。

许多重要的知识是在工作中不断积累的。在工作初期的几个月中，您无法一下掌握所有组织的知识，或意识到组织内部真实的人际政治关系。逐步将自己融入组织是掌握知识的唯一方法。刚开始您掌握的只是零碎的东西，通过不断地整理，由点到面，由面到体，从事情，到战略，到人际，到方向，逐渐形成体系。

第二：专业知识往往易学或被直接问及。

不熟悉的人往往会直接询问您关于技术方面的知识。成功开局需要掌握技术问题，了解辨证思维的逻辑方式，从而能够帮助您观察组织政治以及文化现状。随着越来越多地了解组织的政治和文化，您可以重新评估，可能会提升您技术层面的领悟力。记住，决定您是否开局成功的关键，不在于您的专业知识，特别是对于外来的高管来说。更重要的是您对文化的理解和政治的洞察，尤其后者直接决定您怎么去调整您的开局策略。

之前在著名品牌插座行业做了品牌总监的夏辉，同样以品牌总监的身份空降于T公司，此时T公司已是深交所挂牌上市企业。进入公司后，夏辉提议重新设计一套企业VI系统，刚入职一周时参加公司经营会议，他还对公司原有的雁行精神提出不屑与质疑，在会议上公然说："搞什么大雁啊，要讲也得讲老鹰精神!"，一向好脾气的董事长制止他："您先了解清楚公司文化再发言!"。他不知，此公司的离职率非常低，多家外派公司很乐意降低酬劳也分得T公司的外派份额，就是因为输入进去的员工都很开心地工作着，就因为公司多年的"雁行精神"文化的感染。

第三：对您所在组织的优势、机遇及存在问题提出假设。

通过不断发展和验证来学习，认定发展的方向，严谨的学习往往比随意搜集信息更有效。理想化的模式是在上任前，明确自己对于关键问题和机遇的初始评估的想法。随着掌握知识增多，您可能会调整自己的想法。但是，在开始时有明确的工作重心或者一系列预想是非常重要的。

第四：随着时间的推移，学习会越来越困难。

初上任时，您往往比那些在组织中工作了一段时间的员工有更清晰、更客观的头脑。更重要是，您暂时不需承担任何风险。因此您可以有一个全新的开始。同时，开局前期，您有足够的时间，不仅公司允许，好的公司甚至会派专人来对您进行辅导，到了后期，您工作越来越忙，可能会倍感压力，最后，在组织待的越久，您的一些看法就会越来越容易受到影响，难以保持客观，学习会越来越困难。

第五节　应对开局5S模型的挑战

开局5S模型可以帮助空降兵进行有效的分析和诊断，如图2－1所示。

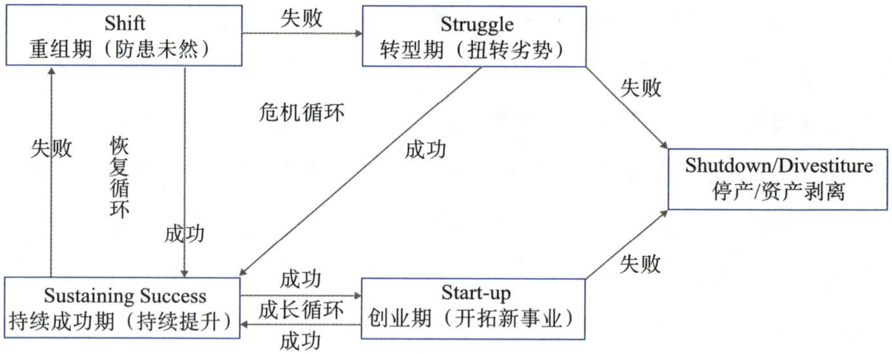

图 2－1　开局 5S 模型

对于每一个空降兵来讲，对于业务模式的判断是开展工作的前提，一般的业务最开始的时候我们都可以把它叫作创业期，比如说这个公司如果有了新的项目、您开辟一个新的方向或者到一个新的地区，都属于在创业期里。在创业期里，其实公司在这个业务环境下您的挑战和机遇是不一样的，很多企业成功了，成功后它就会走到持续成功期。所以您要看看您的企业是在哪个时期，持续成功期的经营中，它有可能还能持续成功，也有可能会走向失败，这就是出现问题了，这个时候就要到另外一个时期，可以把它叫作重组期。也就是说表面看起来很好，但是当您到了以后，了解了情况以后，发现已经有很多问题了，这个时候您会做一些措施，进行一些变革，然后它又变成了持续成功。如果能准确把握走向问题，成功扭亏为盈，就进入转型期，转型成功就会持续成功；但如果您开局不成功的话，失败的结果是要么停产或资产剥离。

不同时期对于业务的挑战是不一样的，我们需要清晰地明白其中的关键：

第一，如果您接触的是新业务，您要先建立架构，不仅要先把架子搭起来，还要先有人，得建立一个有凝聚力高绩效的团队，这个其实是非常重要的。还有就是您要设法应对有限的资源，开局时很多东西都不是准备好的，需要您白手起家。在这里边的机会是什么呢？是您没包袱，您的机遇就是一开始就可以做正确的事情。第二，您有各种可能性，没有什么制约。不过这时候您的角色是什么都得做，不仅是人力资源，财力物力也都是您的事情，您要去整合这些资源，这是新业务的一个特征。

想扭转劣势，显然在这时候您要激励一个士气已经低落的团队，没有人愿意在一个失败的团队里待着，并且这里还有很多问题，需要您快速作一些决策，去“止血”。这个时候扭转劣势是我们整个开局里需要您快速作决策的，跟别的情况不太一样，“止血”是很重要的，否则贻误了“治疗”的时机，这个组织可能就要死了。我们讲的是一个大致这样的一个概念和理论，或者说一个经验。但实际上在您的工作情境里边，您还得作出您的判断。扭转劣势，对您的机遇就是认识到变革的重要性了，您的团队也已经有了这种意识，觉得应该改变了。对您来讲，变革是一件好事情，成功团队变革是最难的。但如果能得到很多的支持，这是您的机会，这是在扭转劣势里的机遇，当然您的职责是怎么样从困境里边把大家带回正轨，所以这个角色是不太一样的。

防患于未然，难，这个最难，您看到了问题，别人还觉得挺舒服的，我在过去待得挺好的，没您我们也挺好的，怎么您来了就想变这个变那个。实际上，防患于未然确实是挺难的，因为它的文化氛围根深蒂固，大家没有意识到有这样的问题。所以您怎么样让员工意识到，我们表面看起来很好，但是我们也需要改变，这个是非常难的。还有就是您怎样去重整您的高层团队，因为有变化，尤其是在这种环境变化，高层团队是特别重要的。还有就是怎么提升您的组织目标，这时候您想要有更大的改变，您的目标就得往上拔，敢于要求往上拔，还有就是改变您的资源配置，这可能是对您的挑战。那您的机遇在哪里呢？人们期望的持续成功，如果您能让大家看到，实际上是可以调动大家的积极性的，让曾经成功的企业重新能焕发青春。

持续成功，意味着您要守城，您要确保这成功在正确的轨道上往下走。另外一个挑战就是通常一个成功的团队以前就有一个成功的领导，所以大家会拿您跟那个人去作比较，这对您来讲是个很大的挑战，怎么走出前任领导成功的阴影，这是个问题。

第六节　自我评测和学习计划

通过自我评测，您可以初步了解自己在转型期存在的知识缺陷：

一、专业知识

学习技术需掌握：

产品的属性和特点、目标市场和顾客：即明确您的生意是什么。

当前的战略及企业要求：即了解企业的前景和目标是什么；明确企业技术和人力资源要求是什么；企业的优势和局限在哪些地方？

您对自己当前的专业知识的自信指数是多少，如：

1　2　3　4　5　6　7　8　9　10

一点也不　　　　非常自信

您为什么这么评价自己？

二、文化知识

您需要学习和理解您所在企业的：

标志：符号，包括标识语和着装风格。这些符号能够区别不同企业的文化，增强企业凝聚力。找寻独特的标志，这些标志能够代表您的企业，并且让您的员工认识自己的企业。

规范：能够指导“良好行为”的社会规范。观察企业中哪些是受到鼓励或奖励的行为，哪些是不受欢迎的。看似无关的想法，实质可以加强和促进社会制度，对于企业这种“小社会”也一样。

您对自己当前的文化知识的自信指数是多少，如：

1　2　3　4　5　6　7　8　9　10

一点也不　　　　　　　　　　　　非常自信

您为什么这么评价自己？

三、政治文化

学习政治需要掌握：

在您所在的组织，决策是如何做出来的？

决策时，应咨询哪些人，应避开哪些人？

在您所在的组织，什么是有影响的联合？

根据您可以预见到的变化，应支持哪些人，可能反对哪些人？

您对自己当前的政策知识的自信指数是多少？

1　2　3　4　5　6　7　8　9　10

一点也不　　　　　　　　　　　　非常自信

您为什么这么评价自己？

在开局的各个阶段，我们都要给自己定下明确的学习目标，并询问自己一些问题来审视当前阶段的情况。

表 2－4　　　　各阶段的学习目标和问题

阶段	您要达到的学习目标	请您回答以下的问题
招聘过程中	认识您是否适合	组织或团队是否使用市场标准衡量自己？ 组织支持怎样的策略？它的使命是什么？核心目标是什么？ 组织哪一类产品始终达到目标要求？ 组织或团队如何实现承诺？ 早先的领导者为何成功或失败？ 如何确定标准？ 达不到标准时，会发生什么情况？ 谁看起来最有权力？为什么？

续表

阶段	您要达到的学习目标	请您回答以下的问题
受雇后，工作前	假设出机构将面临的关于重大战略的政治压力和技术挑战； 完成加入机构的计划	策略上哪些地方明显逻辑不通？ 详细的财务情况显示出组织或分部的真正优先权是什么？ 外部专家如何看待策略的优势和劣势？ 根据重要文档显示，机构或团队知道对手的什么情况？顾客的情况呢？ 部门目标或计划的总和是否符合策略计划？ 营业报告显示组织的实际运营情况是什么？ 关键的内部决策如何有效实施？ 什么可以证明管理者了解前线的情况？
第一个星期	准备好可以动身的开端，厘清可深入发展的地方； 开始提出检验机构实际运营方式的假设	高层管理相信什么会是组织或分部的关键短期问题和机会？ 高层管理的评估是否连贯一致？ 组织成员相信的长期策略优势是什么？ 组织成员看到了多少发展潜力？ 对于组织成员来说，发展障碍是否明显？ 组织成员会公开谈及自己所面临的问题吗？ 关键团队中存在多少合作或冲突？ 组织的发展脚步是否符合紧急解决短期问题或者实现长期发展潜力的速度？
第一个月	制定一个优秀管理团队应具有能力的工作假设； 评估机构和顾客相互影响的方式； 初步感受机构的技术能力； 开始识别关键权力联盟和信息网络	组织成员是否都坚持以顾客为导向的理念？ 相对我们的对手而言，顾客是如何评价我们的产品、服务、价格和质量？ 组织成员如何看待竞争？ 组织成员能对承诺坚持到底吗？承诺无法兑现时，他们是否担心？ 谁看起来服从谁？谁看起来有资格行使权力，为什么？ 我们可以提供顾客所需要的东西吗？我们是否正确经营，具备销售和服务的能力？ 我听过组织成员批判或表扬这里的技术和知识的水平吗？ 准备中的新产品/服务有前途吗？ 内部决策制定过程是如何操作的？

续表

阶段	您要达到的学习目标	请您回答以下的问题
前六个月	了解组织力量的平衡； 大概制定在将来 18～36 个月内，运用策略和实力前提下，向前发展的计划； 决定谁留下，谁离开； 大概地想象这个地方将成为的类型	竞争力最强的对手是谁？为什么？ 组织在策略上犯了哪些概念性的错误？严重吗？ 与我们的对手相比，前线的员工如何看待我们的产品、服务、价格和质量？ 作为顾客，供应商如何看待我们？他们是我们最好的供应商吗？ 管理看起来是有期任的吗？团队成员都有谁？ 整个组织都坚持以顾客为导向的理念吗？ 适当的才能是否得到发挥，能否完成工作？谁是有目标的？谁没有目标？

在职业生涯中，邱斐经历过三次空降。最近一次，她空降到携程商旅，担任亚太区市场总监。这一次，她的目标是组建一个新的市场团队。

“我刚来的时候市场团队还是半成品。”邱斐说，“要招新人，还要考察已有的团队。”办完入职手续，邱斐做的第一件事就是找下属聊天，“我要去了解他们在做什么，去了解每个人的性格脾气。”

要融入新团队，最好的方式就是先放低姿态。“我最常跟团队说的就是，行政上我们是上下级关系，但业务上我们应该是相互支持和帮助的伙伴关系，只有这样才能走得长久。”在刚空降的那段时间里，邱斐经常让下属来培训自己，因为她深知专业能力上她是缺失的，这部分她需要向团队成员学习，但“整体操控是我的强项，我会在这个位置上帮助他们成长，把部门业绩做得更好。”除了获得原有团队的配合，邱斐还要帮助他们在业务能力上成长，从而更好地适应未来团队的发展职能，这也是巩固自己与下属关系的一种方式。“原来市场部的职能非常单一，公关只会写通稿，BD 只会拉实物赞助。”做了十多年市场工作的邱斐清楚如此单一的能力不能满足部门的发展需求，于是她开始注重培养团队成员的横向能力。“比如公关既要会写新闻，也要能做市场调研、分析市场报告，BD也不只是拉赞助，还要会卖广告、置换资源、做联合营销。”

空降对于邱斐而言，是一件“很平常的事”。尤其是携程这样已经比较成熟的公司，会给空降管理者一个比较合理的适应期，所以对邱斐来说，尽管新的工作方向和之前有所区别，对她来说并不是一个难点，只是一个“盲点”，“问题只是在于我需要多长时间去掌握，这是个未知。”不过她还是建议如果要跳去一家比较大的公司，最好不要从太高的起点出发，“因为大公司相对小公司来说，有很多盘根错节的利益关系，如果突然空降到一个很高的位置上，会给自己很大压力，还有可能会翻船。”

邱斐对空降管理者有一些建议“心态放低，谦虚是非常好的修养和品质。不要看轻任何一个人，这是我常常对自己说的话。有时在这个工作上对方并不是特别适合的人，却有可能在别的位置上变得强大。我觉得尊重这件事，对于空降管理者来说是非常需要注意的，永远要保持一个警醒的状态和一颗敬畏的心，谦虚地对待身边每一个人。”

第三部分：

明确目标， 创造先赢

第一节　James 的章法

跨国公司高管多有“民企情结”，但当一些人真正空降民企之后，才发现困难重重，适者寥寥，多三月挂靴。James 三年之前弃安信而就均瑶，不但打破了“三月魔咒”，更帮均瑶厘清了发展主脉，引进了国际资本，优化了管理平台。咨询行业出身的 James 并没有试图用西方的管理思想来改写均瑶，他的民企生存法则是“适应中求变革”。

从一家知名跨国公司，空降到一家中国民营企业，前者模式既成，路径清晰，后者则是萌生于草根，带有典型的家族色彩。这一前一后，管理情境将发生多大的变化？管理理念与方式又将面临多大的挑战？是外来者会渐进式地主导企业命运，还是企业之池会侵蚀消解这个不速泥牛？职业空降兵到底有多少成功胜算？

我们可以预见一些状态，却难以给出答案。

“这是那些在跨国公司供职多年的人，都会有的一种情结，本土企业情结。”James 从根子上寻找自己当年从安信管理咨询公司离开而加盟均瑶集团的原因。

如果说一个跨国公司的成熟管理架构与模式，才可以让一个职业空降兵的管理得到彰显，那么，从跨国公司到家族企业的“惊险一跃”，将极大地挑战一个职业空降兵的管理禀赋。

James 选择了“背水一战”。2015 年的均瑶集团，因此多了一个看点：James 会打破三个月“闪婚”的宿命么？转眼三年过去了，James 依然安坐在均瑶大厦 37 楼的办公室里，呷着普洱茶，西服下衬衫衣领微敞着，“这是均瑶带给我的变化，我也开始不打领带了，以前我不喝酒，现在我也喝酒了。”

然而他带给均瑶的变化更大：以前分散庞杂的近十个产业现在被削减整合到只剩两大主业和一个辅业；均瑶原本封闭的资本结构正在对外开放；一个“结实的管理基础”已经在均瑶集团成功搭建。

回头看来，咨询业出身的他，用三年时间，实践了一套章法，用他自己的话讲，其最高纲领是——适应中求变革。

进入前：

慎入 + 摸底 + 理念铺路

在正式加盟之前，James 对均瑶集团并不陌生，但他还是选择了均瑶。2015 年 8 月，已经离开毕马威的 James 接受了均瑶集团董事长王均金的邀请，但是他并没有直接走马上任，而是选择了先做两个月“可进可退”的顾问，以一个准内部人的身份做了大量调研。

此前 James 与王均金打高尔夫、喝茶、聊天，但这只是概念式地、部分了解均瑶，James 显然并不满足于此，也不愿意仅仅以此来作为是否真正加盟的依据，他需要切身、全面地摸底均瑶。这种摸底并非仅仅为了知道这个新东家的殷实程度，而是着眼在今后提出施政纲领，并试探董事会能在多大程度上接受和支持。

James 当时提出三大主张：一是收缩均瑶的多元化发展战略，厘定主业；二是调整优化均瑶集团的资本结构，嫁接资本市场；三是逐步消除认识与管理上的差距，建立结实的管理基础。

以上任何一条的推行，对于当时的均瑶来说都是“伤筋动骨”，James 抛出的是艰难的抉择。

从包机业务到乳业、航空、房地产，再到出租车、酒店、物流、零售等，均瑶业务面极其广泛。如果按照 James 的意见，主业收缩为航空、零售，外加一个辅业地产，那么多个板块将被撤销，多名员工的职位将面临调整。即使是在一家成熟企业，这也会是个大难题，对一家家族式管理的民企，更是阻力重重。而让家族控制的股权对外开放，让一些家族成员甚至董事长削弱或交出原有权力，建立现代企业管理制度，也绝非易事。

如果这些根本方面没有得到董事会的同意，James 将很难有所作为。经过反复的沟通，最终他获得了王均金的一句话：“没关系，什么事情都可以改变。”正是这句话和这样的决心，使 James 在人事方面的“一票否决权”和类似股东身份的重大事项议事权的获得顺理成章了。

当时的三大主张，后来成了 James 持续施行到今天的三大任务，也成为均瑶董事会考核 James 的三个主要方面。

巧妙利用第一轮“加盟还是不加盟”的博弈时机，让未来之路变得可控起来，是 James 的第一个高明之处，对此，他自己的说法是：“与股东和主要人员的理念沟通，是决策前必要的前奏。”

进入后：

宽容 + 耐心 + 持续磨合

有了尚方宝剑，并不等于诸事可以快刀斩乱麻。巨大的黏性足以消磨锐气，最高旨意也并非恒定不变，空降兵必须面对这种不确定性，并突破重重掣肘，推行新政。James 的策略是通过耐心的、持续的、不同形式的沟通，逐步达成目的。近三年的 James 已经不再西装革履，连说话语速仿佛都变慢了。外形的调整，是为了适应企业的环境，提高沟通效率。

“在民营企业做事，很多时候千万不能急。”James 笑道，“如果还像是在跨国公司，总经理一个决策作出后不去反复沟通便强推，那是难以达到预期效果的。”到底会慢到什么程度？在均瑶上任四个月之后，James 曾去找王均金：“现在四个月做的事情，在以前的公司三个星期就能完成。”

沟通主要是两个方向：对上和对下。均瑶集团董事会由董事长王均金、副董事长王均豪以及其他两位家族成员构成。一些重大事项，James 都会和董事会开会决定，“其实在开会前就已经基本沟通好了”，而这个过程，屡屡考验了 James 的毅力与耐性。

在初期，James 与两位董事长的见面非常频繁，一周至少两三次，后来逐步减少，到现在两三个月一次，但是电话沟通则是经常的。James 往往通过事例的方式来说服董事会。用这种方法，他说服了董事会同意聘请“四大”之一的事务所来做航空公司的审计，这在民企中是极其少见的；也是用这种方法，他推行了目标责任考核制，虽然方案制定就花去了半年时间，推行又花去了一年半时间。

决策制定的过程充满艰难，同样困难的是执行，这涉及如何与员工和中高层沟通。James 拥有对中高层的一票否决权，但是迄今为止，他没有开除过一名中高层员工，至多是职位调整，而更多的还是不厌其烦地沟通引导。

在推行目标责任考核制度过程中，员工反弹厉害。为了捕捉这些反弹，他设计了员工满意度调查制度，建立反馈渠道，让员工充分提意见。同时，他还让人力部门、文化部门安排与员工进行多层面的沟通活动。James 不仅亲自出面，还请两位董事长一起参与，加强与员工的正面沟通。仅 2006 年，这样的员工会议就开了 10 多场。

当被问及最艰难的磨合阶段是否已经过去时，James 回答说：“不知道，天天都在磨合，天天都有新的磨合，未来会有更多的磨合。”

随着时间推移，这种缓和的、浸润式的磨合，越来越向深度与广度推延，使 James 有了更“踏实”的感觉。

这可以看做 James 的第二个高明之处：用耐心和磨去棱角来让自己“落地”，用持久的“磨合”来影响企业，最终让自己的纲领得以成功实施。用 James 自己的话讲：“磨合是必不可少的过程，跳过它，民企是很少能做成功的。”

管理路数：

适应 + 激励 + 因地制宜

James 自诩适应能力挺强，例证是现在能喝酒了，以前他是拒绝喝酒的。这种适应性调整，给原来感觉很难亲近他的一些企业高管多了一些沟通机会。有些高管会借敬酒的机会，将平时很难表达的歉意或承诺，甚至是决心，借助中国特有的酒文化表示出来，这时也就是 James 必须要喝酒的时候。

同时，这种包容也激励着高管积极思考，主动提出解决方案，提升管理能力，提高工作效果。有一次一位高管递交了一份方案，James 提出了修改建议，之后在一天里两人来来回回修改了 7 次。这件事要是放在 James 没来以前，这位高管早就暴跳如雷了，但现在他也明白这是 James 提升他的管理能力的过程，所以也就耐心询问，毫无怨言地修改，直到最终双方对结果都感到满意为止，而修改的过程自然也加深了彼此的理解。

这种灵活性与适应性的另一个案例，是施行一套特殊的激励政策——80% 的目标折扣。从 2007 年开始，James 开始对业务单元的总经理推行目标责任制度，每个总经理都要签订经营责任书。定目标时，总有一个谈判的过程，这时 James 采用了一个技巧——“如果您的努力目标是 100%，那就在责任书里定目标在 80%，剩下的 20% 通过激励的方式来实现。”James 认为，足够的激励会使管理层与员工有主人翁精神，更有动力地完成任务，这样也使集团容易落实每一年的战略调整以及经营目标。而这种激励方式，与外企通常采用的高目标加高激励的方式不同，是以民企高管的能力素质和思考问题的模式为出发点，更具有能动性和可操作性。James 的灵活性可见一斑，他并不因循咨询公司的一些规则，而是凭借着自己的管理素养，在实地摸索和创新着真正对中国民企有效的管理方法。

除了不厌其烦地沟通磨合，James 也很注意通过建立基本的管理体系来推动决策的落实。在决策机制上，均瑶董事会建立了互动讨论型的形式，而在执行机制上，除了目标责任制外，James 特别成立了对空降兵负责的执行委员会。执行委员会由五个职能部门的总监和三大业务板块的总经理组成，召集人则是 James 本人。这些设定，保障了 James 的地位与权威，给其政策施行提供了体制保障。

而在公司治理结构方面，均瑶集团从去年初开始，在集团董事会下设立了独立的审计委员会，对所有的业务单元和集团公司进行审计，James 的到来，令均瑶的家族化程度微妙地改变着。“如果说国内家族企业中平均家族成员的管理参与度是50%，那么这个指标在均瑶是20%左右。”实际上，以前这个数字要大得多，三大业务板块高管中至少有一个来自家族成员，现在绝大多数岗位都已经由职业空降兵来担任了。

原本封闭的家族股权关系，也面临着变化。去年12月18日，均瑶与一家具有航空背景的国外私募投资基金签署了框架协议，引资已于今年4月整体完成，这使均瑶成为国内首家引入外资的民营航空业。均瑶航空业务在过去两年完成了国内的战略布局，并铺垫了管理基础，由此受到了国际私募基金的青睐。

所有这些，James统称为“因地制宜”：到了一个新的环境，要因地制宜，要看什么做法最有效，要看哪些更必要，要寻求最有效的、适合中国企业的管理办法，而不是照搬西方的模式。这或可看作James的第三个高明之处。

对于个人的未来，James不愿直接评价。他表示，磨合并没有结束，“适应中求变革”的最高纲领也没有改变。

思考：James开局成功的核心是什么？

第二节　确定您的先赢策略

作为一个空降的领导者，业绩是检验您成功与否的全标准，因此，找出您岗位的三个月目标与关键结果成为您最重要的事情。目标或许是一个，或许是两个，但最多不能超过三个，目标要满足以下四个条件：

第一：根据组织所面临的核心问题设定。

从核心问题出发，紧紧扣住公司和您上司的目标，确定最优先事项，首先需要找出组织中急需关注的重要方向以及能提供最多机会的方向。

第二：必须实现您的个人愿景。

最优先事项是长期业务目标，为您任职期间确立了明确目标。但不论短期，还是长期，都需要更多的目标来指引您取得成功。您需要对任期届满时组织的发展走势和运作方式有自己的愿景。个人愿景应当反映实现目标时组织中人员的想法、感受和行为，可以激发您的内在动力。

第三：不应当太宽泛，也不应当太具体。

这些目标应该具体化到一定程度，以便您能在实现目标的过程中设定多个里程碑。例如，如果最优先事项是缩短一种新产品从开发到投放市场所需的时间，那么可以设定多个具体的、易于衡量的短期步骤，以记录目标的完成进度。

第四：提供明确的方向，同时保持足够的灵活性。

以便您在更充分地了解情况时做出调整。确定最优先事项的过程是一个反复的过程，不仅需要保持明确的终极愿景，还必须经常对目标进行测试、完善和调整。在实现目标的过程中，应当保持开放的心态，随时准备修改和调整策略与衡量结果。

先赢策略是要强有力地支持您的目标实现，并且展现有价值的结果，也就是我们说的业绩，是否能够为公司赚钱帮公司省钱或者让公司变得更值钱。在确定目标的过程中，OKR 是个很好的工具，尽管可能我们空降的企业并没有使用 OKR，但不妨碍我们使用 OKR 工具来厘清目标，确定关键结果，确定关键行动。

专栏 3－1　　OKR 是什么？

OKR（Objectives and Key Results），直接翻译过来，就是“目标与关键结果”工作法（见图 3－1）。OKR 即目标与关键成果法，是一套明确和跟踪目标及其完成情况的管理工具和方法，OKR 本质是在帮助我们沟通、量化、并实现那些宏大的目标。

图 3－1　“目标与关键成果”（OKR）

O 是目标，解决我们要做什么？以及做这件事对团队和个人的意义，从而激发团队和个人的内在动力；KR 是关键结果，是阐明我们如何衡量我们实现了目标，明确了实现目标的策略以及策略带来的结果。

在我们推行 OKR 过程中，我们还需要制定相关的任务，通过不断地迭代项目与任务来持续支持 KR 的实现。

最早源自彼得·德鲁克的目标管理，OKR 是英特尔的传奇 CEO 安迪·格鲁夫最早创建的，1970 年代约翰·杜尔在英特尔公司工作的时候，从格鲁夫那里学会了 OKR，并把它带到谷歌，并推行到他投资的公司。在中国包括字节跳动、腾讯、华为、台州银行等都运用 OKR 来进行目标管理，并取得了非凡成绩。

OKR 的逻辑在于聚焦在最重要的目标，让整个组织和个人协同起来，激发内在动力，实现宏大目标。

彼得·德鲁克指出，“高效能的企业管理必须将所有人的愿景和努力导入一致的方向，管理者必须在正确的方向上投入最大的心力，一方面，他们要发挥最高的专业水准；另一方面，则要把高超的专业技能当作达到企业目标的手段，而不是把高标准本身当作努力的目标”。这一理论的核心是，所有工作都应该为实现企业期望达到的绩效目标作出贡献。为此，每一个管理者都必须清楚地了解企业的目标是什么，以及自己所负责的业务板块能够为企业做出怎样的贡献，详见拙作《OKR 红宝书》（中国财政经济出版社，2021 年版）。

第三节　建立个人愿景的三个纬度

每一个领导的成功开局都源之于内心的梦想，那就是个人愿景：个人在组织 3～5 年的长远目标，这个长远目标激发其不断克服困难，披荆斩棘，迈向成功的道路。个人愿景的形成需要问自己三个方面的问题：

第一，我非凡的才华在哪里？很少人能够思考自己的优势是什么，卓越的才华是什么？如彼得·德鲁克所言，我们的成功在于不断地积累我们的优势。我们只有充分发挥我们的优势，形成绝对，至少是相对的竞争优势，才能更好地迈向成功。

第二，我的激情在哪里？我对什么感兴趣？兴趣是成功的老师，对于感兴趣的事情，我们愿意投入 10 倍的精力去深挖，去钻研，去学习；成功的领导愿意投入常人不能投入的精力去实现一件事情，这不是压力，而是源于内心真实的需要。

第三，我的核心价值观是什么？什么对我来讲是有意义的。价值观就是哪些事情对我来讲是重要的，他们的次序是什么？比如一个有名的诗句：生命诚可贵，爱情价更高，若为自由故，两者皆可抛。这里有三种价值，生命、爱情、自由，自由最重要。因此，对于开局中的领导，什么对您是有意义的，您认为什么重要，您的价值观和组织的价值观有冲突吗？如果有冲突，您愿意接受改变吗？如果您不能改变，建议还是找一个符合自己价值观的公司或平台，因为价值观这东西是非常难以改变，如果您正在做一件您自己都觉得不重要、没有意义的事情，相信也不会有多大的动力。

一个好的个人愿景是三个方面的集合，既是我激情所在，又能运用我的才华，最后还符合我的价值观，这样才能成为我奋斗的动力，一个没有愿景的领导，走不远，也走得没有幸福感。

优秀的领导者会与员工分享企业的愿景，如果可能，还会让员工参与愿景的规划。如果能让员工充分理解管理者对企业长期发展方向的思路，让与自己一同工作的所有人拥有相同的努力目标，那么，一家企业就会拥有无穷的原动力。

李开复讲过一个案例：

以前我在苹果公司工作的时候，曾向公司领导建议，从不同部门调集多媒体及相关技术的精英，组成一个新的团队，研发一系列极有潜力的多媒体产品。当时，公司的资深副总裁批准了我的请求，并要求我的主管副总裁帮助我抽调人员，组建这个团队。但主管副总裁担心新产品的风险较大，他一方面要求相关人员必须亲自表达意愿才可以加入我的新团队，另一方面又告诫大家我要研发的新产品有不小的风险，希望大家慎重选择。照他的意思，我们只要做一个问卷调查，看看60多位技术人员中有多少甘愿冒风险的就可以了。而当时在公司年年裁员的压力下，如果采用他的方法，这个新团队的计划就可能无法实现了。

在这样的情形下，我决定利用愿景来激励这些工程师与科学家。我找来这60多位技术人员开会。在会上，我描述了未来互联网与多媒体相结合后，相关新技术和新应用的巨大发展空间，与他们分享了我关于新产品的规划和设计，以及我为新的产品部门制定的愿景。然后，我鼓励他们分成小组，讨论这个愿景的可行性，以及自己的潜力将会如何因这样的愿景而得到更充分的发挥。最后，我给所有人念了美国诗人罗伯特·弗罗斯特的一首诗《未选择的路》（Robert Frost，The Road Not Taken）。全诗的最后几句深深打动了大家（这里使用的是顾子欣的译文）：

一片树林里分出两条路，
而我选了人迹更少的一条，
从此决定了我一生的道路。

我对他们说："这条路没有人走过，但是我们恰恰应该为了这个理由踏上这条路，创立一个网络多媒体的美好未来。"会后，90%的人都决定冒这个风险，离开相对稳定的研究部门，随我加入全新的互动多媒体部门，而这个部门也正是苹果公司后来的许多著名网络多媒体产品（Quick Time、iTunes 等）的诞生地。

一个优秀的领导需要有愿景，您的思考有多远，您就能走多远。哈佛大学教授美尼斯特利尔说，善用愿景的其他主要好处是，它迫使我们把目光投向超越眼前事业或工作的更长远人生。他认为，成功的人生不只是要实现一个又一个的事业目标，还要在人生的其他方方面面过得富足。

"认清自己的愿景和个性，才会处变不惊，并在事与愿违时能够重新评估自己的目标。您要成为目标的主人而不是它的俘虏，视人生中的突变事件为实现自我超越的良机而非达致目标的障碍。"美尼斯特利尔这样说。

在组织中，我们需要愿景观，但是不能为了愿景而愿景，这里对于个人愿景有几点忠告：一，不要欺骗自己，忠于自己内心的需要；二，不要过早轻易对人讲；三，个人愿景要能激起他人的共鸣，才能凝聚力量；四，个人愿景需要一段时间去总结，不要太快；五，个人愿景要成为您前进的动力。

第四节　创造先赢策略的五个标准

开局期的目标和个人愿景有助于帮您追求正确的方向。但在短期内，您需要站稳脚跟、赢得威望，从而打开局面。到角色转变结束时，您希望组织中的人员感觉到正在发生一些好的改变。要达到该目的，就必须确保一定的初步成功，因此，我们需要找到我们的先赢策略，也就是您如何烧好您的三把火。因此，我们首先需要一个标准来帮助我们判断这个"火"

该不该烧，其次，才是如何烧，最后，如何趁热打铁，让火越来越旺。

第一是项目必须非常重要，能够显著支撑您的目标实现和您领导的目标实现。您怎么才能判断是重要还是不重要呢？重要性又到底有多少？首先，您的目标跟领导的目标是不是一致的，这个是第一重要，千万别搞错了，如果您老觉着自己的判断比领导还英明，那一定要出事。您要相信您的领导，他代表的是更高层面的视角，他认为重要的东西不一定是在您的这个层级可以看到的，所以先不要作评判，在这个时期您要做的是对齐，评判还为时尚早。

第二是项目必须具备带来显著改进的潜力，这个项目能够带来一些持续伸延的改变，能延伸得比较深，要选择这样的项目，杜绝一次性的项目。因此，我们需要评估，这个项目能够在未来倡导什么，能不能帮助您趁热打铁，添油加材。

第三是您做的这个项目能不能支持您的关键结果的实现？让有价值的结果能够看到您的变化，而且向好的方向发展，有好的价值和结果，没有价值的结果的事情，或者锦上添花的事情，在转型期先少做，这阶段以雪中送炭的工作为主，因为这样您只需要稍微的改变，就能取得大的效果，这叫作“四两拨千斤”。

第四是您要做的这件项目必须在一个很合理的时间内以现有合理的资源可以实现的，最好不要超过 3 个月。如果您要说我要做的这件事需要多少多少投资，那麻烦了，因为您的投资是要用一个商业案例去验证的，花费的力气太大了。而且还有在实施的过程当中，您要确保它将作为您将来的榜样，所以实施是您树立标杆的时候。这个项目的实施您该要求的东西都要要求到，要更加高质量。大家都说这个领导是这样要求的，那下一次我们做的时候得往那个标准靠，下边也会往上靠。还有，这个项目必须巩固您的地位，能够证明您的能力。

第五是这个项目要让整个团队增强荣誉感，大家都能够从这个项目分享到成功的乐趣，无论是说老板觉得没有看错人，下属觉得新领导有魄力，还是同事们觉得您够义气、有思路，反正，您需要让大部分人觉得不错，如果您所做的项目仅仅能够让少数人从中分享到幸福的话，暂时不要去碰。

所以当您选完了先赢策略以后，我们就会用这几个方式来匹配，不一定每一个都能匹配得上，但至少是一个方向。所以先赢，大家看到这个，就是确保您系着安全带，别出事，起飞的时候系上安全带，因为那时候是比较危险的时候，确保您的初步成功，就是您的先赢策略。

第五节　先赢的五个行动策略

找到先赢的时机，烧好您的三把火之后，我们还需在行动上注意以下原则，确保我们的计划能够得到有效地落实和实施，避免一切没有必要的风险，有力地推进工作的开展。

第一：建立信任度。建立信任度，我们需要问自己：我是谁？我的价值主张是什么？我的领导方式？我的目标与关键成果？我的价值观？这些问题可能不仅限于工作和业务，可能还具有哲学性，有时候很难回答，但是依然需要不断追问自己，刨根问底，因为，只有您自己才不会欺骗自己，或者说，欺骗不了。

信任是个动词，是动态的，也就是说信任不是恒定的，可以从信任转到不信任，也可以从不信任转到信任，信任往往表现为三个方面：

（1）人品，是不是值得信赖；

（2）能力，能不能搞定事情；

（3）沟通，有效沟通，避免误会或产生隔阂。

因此，要获得持续的信任，人品是基础，能力是关键，沟通是核心，因为人品和能力在短时间是不会变的，只有沟通可以及时调整，如果我们出现信任问题，首先问自己是不是沟通出了问题。

第二：带头示范以下有效的行为。

（1）有要求，但不要过于苛刻；

（2）平易近人，但不要太随便；

（3）果断，但更要明智；

（4）专注，但要灵活；

（5）积极，但要避免混乱；

（6）提出严格的工作要求，但也要人性化；

（7）自信，但不要自负；

（8）创新，但不要创业。

这个符合中国的中庸之道，往往很难拿捏得准，领导是一门艺术，这里只能靠大家去领悟了。

第三：利用“示范时刻”。

识别并利用那些展现了您的价值观和您所鼓励的行为的时刻，充分发挥示范作用。找到一些合适的场合去展现，去鼓励，比如在部门例会、部门聚会时，通过周报、月报，或者在企业内刊等，找到一切合适的机会去展现，核心观点不要多，要精，当我们经常示范的时候，便逐步成为了团队的标准。

第四：巩固切实的成果。

成功来之不易，哪怕是个小小的成功，对于开局的领导来说都是非常重要的，它是一个催化剂，催化每一个员工向好的方向发展，因此，我们需要不断巩固我们的成果，这里您需要遵循几点：

（1）坚持您的目标；

（2）识别并关注最有希望的焦点（提升业绩）；

（3）将试点项目作为引进新行为的机会；

（4）提拔变革的行动者。

第五：避免可预见的风险，主动识别以下方向的潜在问题：

（1）外部环境；

（2）客户、市场、竞争对手、战略；

（3）内部能力；

（4）组织的政策/策略。

别做风险太大的事情，在开局期间，不是说我只做安全的事情，而是在这个时刻，做风险大的事情是不合适的。因为您还没有足够的信息支撑信任度来做那样的事情。

最后，不要让自己太累，避免精疲力竭并一定要吃好一日三餐，睡够8小时。在我看来，精疲力竭主要是由于厌倦情绪。要想战胜这种厌倦情绪，您需要知道究竟是什么导致您产生了这种感觉。

我会告诉人们：找准自己的节奏。所谓节奏就是一些对您很重要的事物，如果失去了这些东西，您就会厌恶工作。我这里以前有个年轻人，刚大学毕业，我就已经看到他露出疲态了。我说："好好想想，告诉我你的节奏是什么？"他后来告诉我：周二晚上的晚餐。每周二晚上，大学同学都会带自家的美食参加聚餐。如果我错过了这个聚会，接下来的一周，我都会想'我今晚不想加班到太晚。我连周二聚会都没去成。'现在我们明白不能再错过他的周二聚会。就这么简单，进入他的节奏，那么他一周中其他的时间都会更加高效。

雅虎空降兵玛丽莎·梅耶尔（Marissa Mayer）讲到一个故事：凯蒂的孩子是个足球小将，他负责谷歌金融业务，手下团队在印度班加罗尔，所以她总在午夜1点开电话会议。我一直担心她太辛苦了，但她说："别担心1点开会这件事。我爱我的团队，一点都不在意。但我不愿意错过孩子的足球赛，或者让孩子看到我在演奏会的时候来晚了。"我们在开会的时候，凯蒂可能会站起来准备走。有的同事说："哦，凯蒂，就剩五分钟了，不能再等等吗？马上结束了。"我会说："不，凯蒂得走了。"所以说要找准你的节奏，找到让你最在乎的地方，小心呵护。你不可能随心所欲，但你应该尽力得到对自己真正重要的东西。这样想能为你提供更加持久的动力，让你充分投入工作。

第六节　规划先赢的五个误区

领导开局，在规划先赢的时候，存在一些误区，这些会影响上司、同事和下属对您的信任，而信任能否有效建立，决定着您未来的去与留。因此，每一个领导在规划先赢的时候，都要不断地反思自己，对照进行改变。总结出来，共有五个方面：

第一：无法聚焦，承担过多。

开局期间，空降兵总觉着有那么多的事情要去做。当你空降后，别人往往对你有很多的期待，别人可能说我们这有这样那样的问题，通通抛给你解决。但你不能贸然行动。你肯定要先去了解，凡是连续两任都没解决的问题，是绝对不能轻易碰的。他们没解决是有道理的，你可能要去了解一下，别觉着我是英雄，别人没解决的靠我了，那可能要倒霉了，记住，如果一个问题存在了好久，背后一定是有原因的，没找到病根之前，不要乱做动作，雷区是不能碰的。

第二：没有重视新的不同的业务状况。

不同的业务情况下，哪一时刻下、哪些东西能够帮助你赢得先机，不能仅仅根据您过去的经验去选。不同的业务状况下的成功要素不同，你要思考在当前的业务状况下什么能够带来最强的持续动能。

第三：没有在领导关注的方向获得成功。

如果你要做的事不是老板关心的，那就危险了，在开局期间，我们不必去游说老板去做什么事情，而是去理解老板真正需要我们去做什么事情，我们所做的一定是老板有特别大的热心的，我们考虑的是事情应该怎么做，如何做得出彩，建立领导对你能力的初步信心，你才可能有机会去游说其做你希望成就的事情。

第四：无法适应新的文化。

你一定要理解公司怎么定义成功，在这方面不同的公司有很大的不同。比如有的公司不管过程只看结果，有的公司过程结果都看，有的公司更关注过程，就是先得做好，然后再说事。有的公司非常关注人员和谐，有的公司关注个体英雄，所以要了解这个公司的文化，确保在展开工作的过程当中，让公司上下能够接受。

第五：不能以身作则。

对于没有空降兵来讲，我们需要通过承诺或者定章法来提升团队信息，树立团队威望。但是如果空降领导是说一套做一套的，员工马上就可以看出来。实际上，当你走马上任，说我是你们的新领导的时候，大家都看着你是谁，你凭什么做我们的领导，你来了想干嘛，员工心里都在问这个问题，虽然他们没有问出口。因此，对于自己不能做到的，不要给予承诺，这将助您建立信任，这是非常重要的一环。

第七节　IBM 业务领先模型介绍（BLM）

企业战略规划的重点在于“看准方向、抓住机会、厘清业务、设计组织、落实执行”，建立一个企业的核心竞争力和差异化优势，为企业的长期发展奠定基础是企业战略规划的目标。BLM 是 IBM 在总结自身多年经营管理经验的基础上，形成的一整套的战略制定及执行的模式和方法论。

- 八个方面

BLM 认为企业战略的制定和执行包含八个相互影响、相互作用的方面：战略意图、市场洞察、创新焦点、业务设计、关键任务、氛围与文化、人才及正式组织等，它们的关系如图 3－2 所示，它们的具体内容如表 3－1 所示。

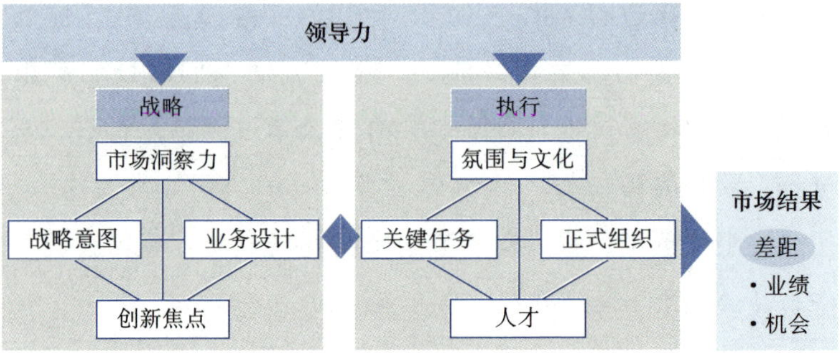

图 3－2　BLM 八个方面的关系

表 3－1　　BLM 八个方面的具体内容

战略意图	组织机构的方向和最终目标，与公司的战略重点一致。 • 这个业务设计是否提升了公司的战略重点？
市场洞察力	了解客户需求、竞争者的动向、技术的发展和市场经济状况以找到机遇和风险，目标是：解释市场上正在发生什么以及这些改变对公司来说意味着什么。 • 这个业务设计所依赖的客户角度和经济上的假设是什么？ • 这些假设还成立吗？什么可能使他们改变？ • 客户最优先考虑的是什么？它们又是怎样在改变的？ • 正在发生的技术转变是什么？它们对公司的影响是什么？ • 是什么将您和竞争对手的业务设计区分开来？
创新焦点	进行与市场同步的探索与试验，从广泛的资源中过滤想法，通过试点和深入市场的实验探索新想法，谨慎地进行投资和处理资源，以应对行业的变化。 • 新的业务设计能否抓住新的价值来源？ • 这种价值来源是可持续的吗？ • 客户优先权的变化对您的业务设计会有怎样的影响？ • 有什么可替代的设计可以满足下一轮的客户优先权？
业务设计	对外部的深入理解，为利用内部能力和战略控制点探索可替代的业务设计提供了基础。业务设计设计五要素：选择客户、价值主张、价值获取、活动范围和战略控制。 • 我们是否建立在现有能力上？ • 能否获得所需要的新能力？

续表

关键任务	满足业务设计和它的价值主张的要求所必须的行动。 • 支持业务设计以及价值主张的实现 • 可将重要运营流程的设计与落实包括在内 • 是连接战略与执行的轴心 • 是执行的其他部分的基础 • 年度性的、可按季度跟踪衡量
正式组织	为确保关键任务和流程能有效地执行，需建立相应的组织机构、管理和考核标准，以便于经理去完成团队的重要任务。 • 支持关键业务的执行，包括建立相应的组织机构 • 管理和考核标准，包括人员单位的大小和角色、管理与考评、奖励与激励系统、职业规划、人员和活动的物理位置 • 目的是便于经理指导、控制和激励个人和集体去完成团队的重要任务
人才	重要岗位的人员要具备相应的能力以完成出色的业绩。 • 人才需求详细定义 • 获得 • 培养 • 激励 • 留存
氛围文化	创造好的工作环境以激励员工完成关键任务，积极的氛围能激发人们创造出色的成绩，使他们更加努力，并在危急时刻鼓舞他们。

第八节　案例：“空降兵”变革为何这样难？

“不变革，就死亡”已成为大多数企业的“紧箍咒”。但是实施变革的企业很多，而成功者却寥寥，特别是当外聘空降兵实施变革时，往往结局更惨。本案例讲述的这家民营企业变革的故事，令人掩卷沉思……

林董事长是中原某市一家企业的老板。20 年前林董事长为了谋生，从亲友处借钱开了一家小餐馆。由于林董事长人品好，勤奋肯干，十几年的时间，小餐馆竟然发展成为资产过亿元的集房地产、物流、餐饮娱乐于一体的多元化企业集团。

从“灰姑娘”变成了“金凤凰”，林董事长自然喜不自胜，但苦恼却也随之而来。开餐馆那会儿，十几个人七八条枪，林董事长往店里一站，眼睛四处一扫，便知道问题在哪儿。可现在不行了，员工近千人、资产过亿元、下属企业若干，不要说解决问题，就是发现问题都很难。

一、困则思变，举旗变革

日益感到管理上力不从心的林董事长开始寻求变革，几年的时间，林董事长先是不断招聘人才，改变现有的以家族成员为主的管理层结构，并不断地制订规章制度来规范内部的管理。但他很快发现，制度不少，但大多不能够被贯彻落实，引进的人才也很快被同化了。林董事长还先后请来不少国内颇负盛名的管理学者来公司培训、咨询，钱花了不少，方案却一个也不能用。

在一次规格较高的管理论坛上，林董事长结识了有良好教育背景和资深企业管理背景的马总，于是便向马总倾诉了内心的苦闷。马总在对问题进行了多方面研究分析后认为，林董事长多次管理变革不能得到有效实施的主要原因有两个：

企业制度缺乏系统性。马总认为：林董事长的管理是滞后于企业发展的，因此，内部变革时制订的规章制度，是随着企业发展过程中层出不穷的问题而不断地来“补漏”“救火”的，一些制度在当时是合理的，但时间一长，制度一多，难免前后矛盾，从总体上、系统上来看就不合理了，这就直接影响了企业制度的严肃性和权威性，当然很难让员工心服口服地去执行。

专家方案缺乏适用性。马总认为：事实上，没有一套管理模式适合于任何企业。最先进的东西不一定适用，而只有适用才是最好的。世界上最好的跑车，到了崎岖的山路只能搁浅一样。其实中国大多数企业目前正处在发展的“山路”上，它需要的是“越野吉普”。因此，没有根据企业实际情况进行科学分析和取舍的变革方案，也就只能是华丽却不实的一摞纸，效果自然难尽人意了。

二、应邀加盟，受命危难

马总一席话，令林董事长茅塞顿开。于是他力邀马总加盟。但马总深知民营企业尤其是家族式管理的民营企业，关系错综复杂，就如同一个“是非窝”，令无数职业空降兵夭折其中。但马总又是一个性情中人，为林董事长的真诚所动，遂允诺只介入一年，待企业走上管理正轨之后，便激流勇退。

马总走马上任后，根据调研分析，历时三个月，编写出了一套适用于林董事长公司的管理模式草案。包括：调整林董事长公司组织结构，制订相应部门职能、岗位描述；预算制度及预算编制、控制程序的制订；建立和完善林董事长公司的各种制度和主要工作程序；命令下达、开会、公文处理等指挥程序设定；设立各种检查方式，建立检查反馈渠道等内容。

新的管理模式撤销了徒有虚名的董事会，成立了总经理办公会，下设总经理室和监事室。总经理办公会是公司的最高决策机构，总经理室和监事室是分别受总经理办公会授权下的管理机构和监督审计机构。马总在为公司全体干部培训时曾形容监事室和总经理室的关系是“狼与鹿”的关系。“狼”的任务就是监督“鹿”的一切行为是否符合规则和程序，而“鹿”若不想被“狼”叼住，就必须每时每刻如临深渊、如履薄冰。从这个意义上来说，管理的过程就是“狼与鹿”博弈的过程，而不断博弈的最终结果，则会使企业的管理逐步走向规范化、制度化，使企业由“人治”转变为“制度治理”。

三、推行变革，出师受阻

令马总没有想到的是，推行前备受管理层推崇的新管理模式，正式推广起来却是阻力重重。

新的组织机构正式运行后，马总忽然发现企业原有的管理模式毫无改变，几乎所有的大小事项员工都无一例外地请示林董事长及其家族主要成员，不论他们在新的组织中担任何职。总经理室形同虚设，各项制度及其运作规则、程序如同废纸一张。马总大感意外，通过多日调研他发现，干部们之所以这样做，是基于家族成员认为：这个企业是我们辛辛苦苦打下的天下，凭什么让一个外人来指手画脚；而非家族成员则认为：要想端稳这个饭碗，还是要听老板的。尤其是身居高、中层的管理者为保住位子，这种想法就更加根深蒂固。甚至个别高管还"告诫"中层干部："别听他（指马总）叫唤，他是'兔子尾巴长不了'。你们一定要认清这个企业是谁的!"为全力推动变革，马总先后主持召开总经理办公会议和公司工作会议，就进一步贯彻变革精神，理顺管理程序，明确各机构、各部门职能多次做了说明，再三强调任何人、任何机构都不得越位、错位，并警示：任何越位指示和错位请示的行为都将受到制度的惩处。

四、大刀阔斧，矛盾激化

在得到林董事长的首肯和总经理办公会议批准后，马总先后免去了下属两家变革阻力最大的经营单位经理的职务；大力招聘新的职业空降兵。马总的意图很明显，杀一儆百，先排除最大的阻力，然后让新的职业空降兵成为强势群体，以改变原有的文化。同时，马总又针对下属餐饮企业高达数百万应收账款，许多陈年旧账连欠债人都不知去向的不利现状，加大催缴欠款力度，并将其列入了年终考核和年薪分配制度中。

但马总没有想到，他一连串的举措，招来了更强烈的抵触。

首先是来自某些家族成员的抵制。尽管在调整部分领导班子之前，马总就反复与某些家族成员沟通，告诫他们支持新领导的工作就是支持企业的工作。马总原以为，家族成员总不会拿企业开玩笑，但他过高地评估了某些家族成员的基本素质和觉悟。

其次是来自部分“老”空降兵的抵制。个别能力较弱的“老”空降兵视“新”空降兵是随时可能将其取而代之的竞争对手。于是，与家族成员结成利益同盟，共同抵御“新”空降兵。

最后是来自个别老客户的抵制。林董事长公司下属的餐饮企业大都地处城郊，当地人用餐大都是先签单，每隔半年或一年再结账。但往往是签单时牛气十足，结账时不见踪影。马总加大催缴欠款力度以来，林董事长公司的财务人员受了不少委屈，收效却甚微。

马总推行催缴欠款政策前，已料到事情的棘手性。于是，他委托监事室领导担任催缴欠款领导小组组长，希望用监事室领导的特殊身份和对地域文化的熟悉，较好地把握清欠政策。但反对者们却不给马总以喘息的机会，他们的目的就是要利用新空降兵对客户不熟，清欠又势必引发一些客户不满，从而导致业绩波动，让林董事长对马总不满。

一切都如反对者所料：一些平日里“下馆子都不花钱”，如今因为“几个烂西瓜”而被追账、被拒绝签单的老客户被激怒了，他们纷纷向林董事长告状，并扬言今后不再来用餐了。林董事长终于坐不住了。

五、摊牌翻脸，潸然离去

林董事长是一个耳根较软的人，平日听风就是雨，企业内“宦官文化”盛行。对马总心怀不满后，他对反对者针对马总的莫须有的指责便更加相信了。他开始派秘书到各单位调查反对派反映的问题，并美其名曰：“帮助马总搜集第一手资料，供马总日常决策时参考”。但林董事长的举动和一些无原则的表态，都已向众人表明他已不再相信马总。

林董事长还开始插手马总的日常管理，对马总的一些决策开始否决。他一连串的举动令反对派欢欣鼓舞，令改革派寒心，令观望者无所适从，变革开始陷入停顿状态。林董事长与马总矛盾逐渐升级，双方终于有了一次不甚愉快的对话：

林董事长：“这次变革我是下了很大决心的，甚至牺牲了亲情、友情，但我没想到结局竟是越变越乱。因此我认为，您的某些决策是失误的，应负有不可推卸的责任。”

马总：“造成这种局面的原因是多方面的。第一，特权阶层还存在，导致管理不畅。比如：某些特权人物在工作例会上，竟然阻止经理讲话，擅自宣布散会，请问经理怎样开展工作？第二，某些特权人物擅自批准店里上万元的开支。像这种严重违反财务审批“一支笔”制度的行为，居然得不到任何处理，请问经理怎样开展工作？第三，部分员工紧密团结在特权人物的周围，对经理安排的工作置若罔闻，经理处理了个别人，集团公司竟然三番五次调查，找经理谈话，导致至今处理不下去。这在某种意义上是在助长歪风邪气，请问经理怎样开展工作？第四，所谓老客户流失，正说明我们过去客户关系管理不到位，客户成为了个人资源和要挟企业的杀手锏。所以，调整班子，加强客户的制度化管理是正确的，也是必要的。”

林董事长：“对两位经理的免职，如果您事先和我打招呼，我是不会同意的。另外，推行催缴欠款政策也是不可行的，现在很多老客户怨声载道，流失严重，企业损失很大，长久下去怎么得了。”

马总：“免去某经理职务是总办会会议决定的，如果会议决定的事会后还要请示，那么会议的严肃性何在？还要 CEO 干吗？至于催缴欠款，对那些只想吃饭不想给钱的主儿，难道您真的欢迎他们？”

对于林董事长的无端指责，马总还有很多话想说，但他有些寒心，毕竟话说到这个份儿上，再干下去已毫无意义了。

马总走那天恰好是元旦，许多当初满怀希望支持变革的同事前来为他送行，那情景颇有些悲壮。马总回头望向他为之付出 8 个月心血的企业，突然想起公司人力资源部张小姐告诫他的话“欲速则不达，您最好悠着点儿。否则，吃香蕉的‘猴子’没被管住，看‘香蕉’的人反而被打跑了”。那时，他重拳推行变革正在关键时刻，如今回看，一切竟被她言中。马总回转身，坚定地迈开步子，虽有些沉重，但却再也没有回头。

新年的第一场雪悄然降临了。不知是在为马总的“出师未捷身先死”送行？还是为“胎死腹中”的变革而哭泣……

第四部分：

建立信任，拓展伙伴

第一节　崔哲：轰轰烈烈的变革

某芯片封装制造企业成立于2001年，当初只是一个小小的作坊，阎总从一台吹瓶机起家，渐渐做大，营业额节节攀升，达到3亿元人民币。阎总认识到企业要发展，需要在更加规范的经营轨道运行，进行规范化的管理，提高生产效率，降低企业成本，赢取更大效益。

为此，阎总付出了许多心血，请了不少管理人员，做了很多，却是每每失败，一线员工流动很大，质量事故频频，客户投诉不断，使得阎总大伤脑筋。

中秋前夕，阎总通过各种渠道，向业内搜索，试图寻找一位既有先进制造经验又有经营思维的人才来充当顶梁柱，盼其以能够引领企业在日益激烈的竞争中获胜。后经人介绍，一位曾在台湾某光工作长达10年的经理崔哲被相中。交谈了几次后，阎总决定让其上马，并许诺可以全部招聘新的管理干部，全权由他进行一次大规模的生产管理改造。

入职一个月后，改革如期启动，崔哲对公司进行了一次大洗牌，对原有的管理干部全部清洗，全部换上从外招募的管理干部，同时对原有的生产流程进行再造，对员工进行培训，感觉一切都在朝好的方向前进。

崔哲忙于整个公司的变革，他认为既然阎总请他来，是来解决问题的，只要到时候给出好的结果就行。以前他也是这么干的，自己的上司也非常认可。但是，随着时间的推移，变革带来的问题也越来越多，特别是管理干部不满崔哲的管理风格，动不动就骂人、侮辱人，管理团队动荡不安，生产质量和产能始终无法达到目标的数据。

阎总看到报表，也是焦虑，但总得不到崔哲的及时沟通，发信息有时也不回，忍无可忍的阎总终于在一年零九天后宣布崔哲离开公司。

思考：崔哲为什么失败？

第二节　与上司沟通的五个方面

对于每一个开局的领导来讲，信任的核心在于沟通，前思科中国区总裁林正刚在其书《正能量》中指出沟通不畅是很多企业最大的内耗之一，这也意味着沟通是提升企业生产力的一个有效途径。对于一个空降兵来讲，沟通是您走向成功的一个有效入口。

因此，对于我们来讲，我们需要清晰地知道沟通的内容、沟通的顺序以及沟通的技巧。让每一次沟通都富有成效。

一、关于业务状况的了解与判断

对所面临的业务形式以及所面临的挑战与机会达成共识。这种共识将成为今后所有工作的基础，在此基础上思考您的上级主管的角色和您所需要的支持。这是您所有工作开始的源头，比如，您认为新的组织是属于转型期，而您的上司认为是整合期，这个是非常大的差异。转型期需要更多的理解，甚至需要人事的调整来帮助您提升执行力，达成目标；但是整合期，需要的是对于业务模式的洞察。在分歧下，可能您的上司并不认为团队出了问题，而是大家不知道未来的目标，您的首要任务是找到组织的目标，而不是执行；这一切决定未来给予您的支持，绩效目标如何制定。这个沟通需要等到足够的时间，至少需要一个月，您才可以正式地和您老板谈业务判断，并且这样的沟通也不能只有一次。

二、关于工作期望

阐明未来的工作期望并就此达成共识。就短期和中期目标，时间安排以及成功标准达成共识。期望的基础是您对于环境的判断，您认为的目标，未来 2～3 年要实现的目标，以及近期您的关键措施。理解上司给您的期望，予以有效的回应，并融入您的计划之中，让您的计划成为您上司工作的一部分，而不能脱离开来，最好运用 OKR 的工具来帮助您和领导直接理清工作期望。

三、探讨与主管有效沟通的方式

判断新的上级主管的工作方式并找到相协调的方法、时长、间隔等。有的老板喜欢邮件沟通，有的老板就喜欢打电话，有的老板喜欢面对面谈话，有的人喜欢正式的沟通，有的人喜欢随意的沟通。曾经我到一个公司拜访，他跟上级主管说陈老师来了，要不中午一块儿吃饭，老板就立刻回了：最好不要搞得这么随便，不要动不动就吃饭，安排一个正式的时间进行沟通。这个老板显然是喜欢正式沟通，所以一定要确保知道老板喜欢什么样，然后去做，免得会有这样的状况发生。

四、关于所需关键资源

您所需要的关键资源取决于您所面临的形势和不同的时间点。关注潜在的兴趣点，寻求互利和共赢，把资源与结果联系起来。因此，我们在沟通资源的时候，首先提出来的是您能够为您的老板带来什么，您的目标是什么，您的行动方案是什么，目前您有什么，要达成这些目标，您还需要什么？在谈关键资源时尽量循序渐进，您要知道，您上司的资源也是有限的，谁能够给他带来最大收益，他就给谁。另外，记住关键资源是争取来的，不能乱要资源，要来的资源要有结果，不然，下次要资源就难了。

五、关于个人自我提升以及需要主管给予的帮助

最后讨论这个职位您会获得怎样的成长，不要只关注硬技能，职务越

高，软技能就会变得越重要，如：关于文化、政治的判断，商谈，联盟，冲突处理等。对于新来的您，从上司那里得到您的不足，比得到夸奖更加重要。有时候您的上司会批评您，而这种批评往往能够更好地帮助您，让您融入这个团队，让大家觉得您上司是一视同仁的，不是因为您的到来大开绿灯。因此，要很好地领悟您的上司的批评和表扬。

这个谈话展开几次不重要，但是顺序一定是从上到下的。您别上来就说非常感谢您给我的机会，我也希望在这个岗位上做得很好，我也希望在这个平台能有更好的发展前景，要先作贡献，后谈提升，这个顺序一定是从上到下的。同时，沟通的时间点要把握好节奏，战略性的东西不是一上来就能谈的，不要不到三天就对您看到的问题发表意见，一开始您需要更多的是聆听、表扬和思考。

沟通力是领导必备的能力之一，尽可能地利用情感与目标来进行沟通。在面对一个问题时，发现问题只解决了问题的10%，剩下的90%需要更多人的合作。找问题容易，但让对方接受问题并积极配合解决，是对空降兵的一大考验。另外，在和人沟通中，语气、动作、表情和穿着，都会表达出一个人的态度和情绪，这些无声的语言有时比发出的声音更有力量。在一场交流中，70%的沟通来自肢体语言和语气，只有30%取决于内容。因此即便是出自好心的批评，也要用正面的表达，提供建设性的改善方法，而不是负面情绪的宣泄。

第三节　与上司建立关系必须做的五件事

无论什么原因您和您的新上司走到一起，与上司建立良好关系是事业开始的基础，取得上司的信任是您最重要的工作之一，因此，我们需要在五个方面进行行动。

第一：在建立工作关系方面承担全部责任。

不要指望上级主管主动接触您，给您时间，给您支持。一开始就要主动去建立关系。首先，主动向领导汇报工作，听取思路，得到信息，坦诚是第一步；其次，是充分沟通；是尊重您上司的建议和指令，不必关心您的上司是怎么得到他的位置，您应该关心和开始行动的，是怎么在您上司那里取得信任。

第二：尽早并经常澄清双方的期望。

尽早并经常与您的主管沟通期望，特别是当您发现业务存在严重结构性问题而您的主管的认知却不同时。要定期确认双方的期望值没有发生改变，如果形势有新的变化，需要不断确认，确保您的方向符合您的主管的期望内。

第三：探讨目标与关键结果的时间点。

花时间设定目标与关键结果，不要迫使自己在没有确定好目标和关键结果前采取行动，谋定而后动，就是您要先想清楚了，再去行动。我记得最早的时候，我老板说了一句话，对我触动特别大，他说老虎不就是去追东西追不上了，然后再去追另外一个吗？我说您啥意思啊？刚好我的性格就是老虎型的，那时我突然发现这个可能是老虎的一个弱点，要想办法去改进。所以，要花时间和上司探讨目标和行动的计划，清晰地告诉您的上司您的目标是什么，您期待达成什么结果，每一个行动步骤是什么，让他明白老虎是在追求什么。

第四：在您主管认为重要的方向取得先赢。

了解您主管的目标及关注方向，聚焦于您主管认为重要的两三个方向，并讨论您的进展。这一点非常重要，在您空降后的 90 天内，您要坚信您上司所关心的事情肯定是组织关心的事情，也是企业发展所必需的；而且您也要坚信在 90 天内您的执行力会传递您的上司的信心，而不是您的战略洞察力。

第五：从您主管尊敬的人那里赢得好的口碑。

了解可能将关于您和您的表现传递到您主管那里的多种渠道，如果您想要在您老板面前留下好的印象，不要老去表白，您看看老板信任什么样的人，当他遇到一些问题的时候，找谁去询问意见。您最好多做这样的事情，让那些人来说您的好，比您自己去讲要好太多。这是一个策略，您的主管们尊敬的人的好话会提升他的信心，因为，他希望自己没有看错人，特别是新招您进来的领导，他更希望您成功、出彩。

第四节　与上司建立关系不能做的六件事

您的上司对您能否成功扮演您的新角色起到举足轻重的影响，这种影响远胜于任何人。您的上司是您成功的参照点。在组织里对其他重要角色为您的行动做出解释，也控制着您所需的资源。首要任务是您要早在开局期就与上司建立富有成效的关系。因此，首先我们需要懂得哪些事情不能去做，然后，我们思考哪些事情必须做。

第一，绝对不能贬低前任。

不管前任做得怎么样，不需要您来评价，您没必要说这个，对未来工作的开展没好处。就算他再烂，您讲出来也对您也没好处。因为他如果很不行的话，您跟别人讲，这里边含沙射影，老板识人不识人？那样的人还能让他做主管啊？您都根本搞不清楚这件事情会影响到什么，更别说在这个团队里边继续发展。所以这是一个最基本的原则。在领导开局期间，这个错误犯得最多，因为总想着证明我和前任不一样。IBM 来了个新领导，上任以后就说，我跟你们前任是不一样的，我会非常关注你们个人发展，拉拢关系，用这种方式，弄得大家极为反感。大伙都想看他笑话，当然这人在 IBM 待了 6 个月就走了。实际上前任老板跟现在的下属情感是非常紧密的，新领导在讲这件事情的时候，非常糟，就等于已经把自己从别人心目中剔除出去了。

第二，不要远离您的主管。

您是不是觉得“主管帮我是应该的，主管认为我需要的时候他会来找我”。千万别这样，您跟您主管的关系绝对是主导您，您去主动找他，主管肯定不会说您老来烦我，不会的。您来找他，他反而挺高兴的，其实您要确保主动做这样的一些事情，然后您让他了解过程，这个是很重要的。

IBM 前任 HR 负责人讲了一个故事，那个时候做销售的，通常来讲特别关注结果，而对过程忽略了。后来我到了 HR 的时候，老板如果是交给我一个事情，我第一去跟老板，第二我也想把活干好，我就埋头开始干这个事情。然后我没有定期汇报请示，老板也搞不清楚我在干什么。老板好像觉着跟我沟通有点难度，因为我说话太直接。他是做秘书起来的，做了二十几年，所以他说话都是比较艺术的，我就非常直接的，所以他也不好意思找我，然后我就突然发现交给我的任务他又交给另外一个人了。我顿时就急了，我去找他，我说您是什么意思啊，您这件事情不是让我做吗？他说：“我一看你没什么动静，我想你可能太忙没做。”我说：“我快差不多了，您现在又让别人去做，您显然是对我不信任。”后来我们关系就比较紧张，很微妙，然后我上了一个课后才发现，我们两个是完全不同类型的，我是“老虎”，他是“猫头鹰”。有一个个性分析，“猫头鹰”是很仔细的，做事情他希望是一板一眼的，而且他希望打有准备之战，他不喜欢你给他带来惊喜。

而我这个“老虎”是更加关注结果、忽略过程的人。所以后来我就发现如果他是“猫头鹰”，我是“老虎”，我要做的事情就是提供服务，因为反正他不能变，只能我变，因为我是下级。所以我要给他提供服务，多请示多汇报，我就开始在我日历写我要定期去告诉他，我做了哪些事情，然后记着给他汇报，慢慢地，我们俩建立了信任以后，他知道我的做事风格、做事的质量以后，他不需要我来汇报了。但是没有建立这个信任之前，多请示多汇报绝对是最安全的。如果您不知道您的老板是什么风格，至少您要这样做，直到有一天他告诉您，不用来问我这些事情了，那就可以不用了。这块其实蛮重要的，您要确保您在做的事情能够让他有准备、有预期。

第三，不能让您老板感到吃惊。

我们经常想不能用小事烦我们老板，然后自己做，却做不了，到实在做不了找老板，老板也无能为力了。实际上，大家都知道带坏消息的人风险是非常大的，如果我老带坏消息，老板会想怎么就您事儿多。但是您要把握一个度，您不能在最后一刻，谁都解决不了的时候，来找老板。因为到这个阶段，很可能就无力回天了。所以您要让您老板在关键时刻点上知道进展和困难。

第四，不能只把问题带给主管。

不能说“我来找您，我现在有几个问题实在是解决不了”，当然这可能跟公司文化有关系，加入公司第一个培训时，当您跟您的上级主管沟通时，您至少要带两三个方案去。思路是：这是问题，然后根据我对这个问题的判断以及看到的情况，我做了哪些事情，我觉得我们还可以做这两件事情，然后我们拿这个东西去探讨。即使最后出来的东西跟那两件东西没关系，您也不能空手去，不能空着脑袋进去。所以您要确保当您有任何问题需要找领导的时候，把问题和几个方案一块儿带过去。

第五，跟您的上级主管沟通的过程当中，千万不要去背流水账。

您一定要想他关注的方向，从对方的角度来思考这次我应该怎么充分利用沟通的时间。流水账是让人对您的能力有误判的一件事情。通常我们觉得老来汇报流水账的人没什么大前途。其实您可能还有很多的能力，但这个会让别人对您误解。

第六，您改不了老板，只能改变自己。

如果您的沟通风格或者做事方式跟老板不一样，别想着让您老板去改变。因为即使他愿意为您做一些调整，您也不能期望有多高的水平，因此，您需要改变的只有一个，那就是改变自己。有时候我们会想，这样是不是没有自我的个性了，这个是个错误的观点，沟通的技巧在于能够站从别人的角度去思考问题，而个性是在沟通中倡导的一种特点。这一点对于年轻的领导来讲，尤其是30～35岁之间的，是最容易犯的一个错误。

这里讲个故事：禅宗有一个关于狮子的传说，讲的是狮子完全相信自己已经控制了整个动物王国。有一天，它决定检查一下，是不是所有动物都知道了它是丛林之王。它对自己的地位非常自信，所以决定不和体型小的动物交谈。它径直走到熊的面前："谁是丛林之王？"狮子问。熊回答说："当然只有您了，先生。"狮子大吼一声，表示赞同。

它继续走，遇到了老虎。它问这个身上长满条纹的动物，"谁是丛林之王？"老虎很快回答："我们所有人都知道您是丛林王。"狮子又发出了愉快的吼声。

名单上的下一个动物是大象。狮子在河边赶上了这只巨大的野兽，问它同一个问题："谁是丛林之王？"大象抬起象鼻子发出喇叭一样的声音，一把抓住狮子，把它抛到空中，又摔到树上去。过了一会儿，它从树上把狮子捉回来，在地上猛摔，然后又一次把它举起，最后扔到了河里。当这只大型猫科动物大口喘着气时，大象把它捞了出来，在泥地里来回拖拽，最后用一些灌木把它包裹起来。现在这只狮子身上肮脏又遍布伤口，用力挣扎着才能站起来。它伤心地看着这只大象，说："您看，就算您不知道答案是什么，也不能这么小心眼啊。"

很多领导者就像是狮子。他们并不擅长倾听和仔细观察，检验事实也不是他们的长处。相反，受到自恋情结的驱使，他们创造了自己的事实，只看得到他们想看到的事实。另外，他们也不是很愿意改变。正如丛林传说所展现的那样，改变不是个简单的过程，也不是令人舒适的过程。和狮子一样，很多管理者都坚持着各自的逻辑或无逻辑的做法，与其他人眼中的逻辑一样，他们没有做出改变的任何努力，而是维持现状，即使他们最终会被凄惨地在泥地里拖拽。

第五节　管理您的上司的十个方面

空降兵，即使您是空降 CEO，您还有董事会里的各个董事是您的上司，管理好您的上司是我们有效开展工作的前提。您可以从十个方面着手去管理您的上司。

一、决策：如果您不希望遭到拒绝或被拖延，那么就帮助他一把

您的上司有很多其他的下属，需要做方方面面的决策。因此，如果您一味催促他做决策，他很可能会说“不”。不，这太冒险了；不，我们没有足够的理由；不，现在时间不对；不，这与我们的战略不一致，等等。为了避免这些会毁灭您和您团队热情的“不”字，不如帮他一把。

提醒他上次会谈时达成的意向；

提醒他目标，而不是具体到内容和方式；

提醒他以前因为没有及时决策而遇到的问题；

迅速小结可供考虑的选择和您挑选这种方案的标准；

告诉他您期望他做些什么；

集中于您需要他帮助的那些事项；

准备好事实和数据以避免可能的分歧，用表格和图表帮助他迅速了解情况；

会谈后，书面小结他的决策以确认达成的共识；

最后，决策一旦做出，不论是您的方式、他的方式，或者任何人的方式，您都不要在外批评，您已成为该决策的最佳辩护人和最佳大使。

二、管理他的时间

您可能只代表了他问题的 1%，不要弄得好像它是 100% 似的，您有问

题需要解决，有事情需要处理。但是，当您的所有时间都用来处理这些事的时候，不要期望您的上司也这样安排他的时间。

手上的问题越简单，您就应该越少占用他的时间：准备、综合信息和各种选择、小结，不要混淆最常见的问题和最重要的问题。

事先向他预约几个会谈时间，为了做出最终决策而要另外安排会议，如果需要等待数天、数星期甚至数月的时间才能举行，无疑是让人失望的事。

三、如果您征求他的意见，他总是会有的

上司在被征求指导或意见时，很少会将问题推回给向他提问的人。他们的意见可能并不总是天才式的或富有远见的，但是意见一旦给出，就可能成为一个限制条件：这是否是一个命令呢？所以，如果您不希望您上司的意见妨碍您的进程，那么就降低决策的速度，或者模糊观点，不要急于征求意见。尤其是如果您不需要他的意见，最好就不要去问他。

选择适当的时间以避免耽搁。不仅要节约他的时间，而且要选择合适的时机，如果您在错误的时候提出问题，情况很可能是他会拖延。

为您的会议进行精心准备。首先，优势属于有准备的人；其次，准备能帮您迅速论及中心议题。

在讨论中要先谈整体情况，再谈具体细节，以避免他不能完全跟上您的思路，浪费大量时间。您就先从基本问题开始，提醒他目标是什么，告诉他您目前已经做到哪一步了，以及您希望得到他哪方面的意见。

四、信息不是数据

请将葡萄酿成葡萄酒。您要对市场调查的结果进行分析，而不是像邮差一样将充斥各种数据的厚厚一叠文件直接转交给您的上司。要有选择性和直观性，并将数据分类，突出重点。过度的数据会引起紧张，从而导致否定、拒绝或漠不关心！作为一个空降兵，付您薪水是为了采摘“葡萄（数据）”，并将他们转化成“葡萄酒”，即有用的信息。

不要只给他坏消息，也要给他好消息。如果您只是不断地带来坏消息，久而久之，您自己也就成了坏消息。不要因为您要集中处理问题，而轻视好消息。这样做，只会创造不良的氛围。

确保他不会经常从别人那里获得信息。有时候因为我们羞于启齿或认为不相关，而没有向上司汇报重要信息，但是，其他的人可能会在您汇报之前行动，这样问题就出现了，“我听说……”“您为什么不告诉我……”，这时候您就需要为自己辩解，您可能需要纠正错误的信息。您必须在导致匮乏、失望或焦虑的过少信息量和产生超负荷的过多信息量中，寻求一个平衡点。

取整数。886262.11 和 89 万这两个数字哪个更一目了然？怎样可以使决策过程更快：79.27%∶21.73% 还是简单的 80%∶20%？看一看在过去一年中您递交给上司的所有表格吧。

参与其非正式网络并积极贡献。每一个经理，可能的话，都不只是依靠内部文件和报告中的正式信息来进行管理。有些人使用内部的非正式网络，其他的一些人还有非正式的外部网络，如专家、朋友、商业往来，以帮助他们形成对外界的看法并采取相应的行动。您有您的非正式网络，您的上司也有。为什么不主动让您的网络成为他的一部分，这样您就不需要总是对您认为没有发言权的人硬塞进来的信息进行反驳了。

五、不要只是提出问题，也要提出解决方案

好的领导痛恨两种行为。拍马屁的人们总是告诉他，您有多伟大；而纵火狂/消防员却来告诉他“有一个巨大的问题”，然后接着说“不要担心，我会解决的。”；也有第三种人，叫作“放猴人”，他有了问题会将问题放在领导的肩上，而不是带来解决方案或者至少给出某些选择。

在目标和结果中间，通常都会有差距，有一些选择能缩小这种差距，但必须确定可以做的选择、关键任务、数据、所需的人力和资源。在这些解决问题的步骤当中，您需要您的上司参与哪一个？要明确您需要的帮助是什么，而不是只给上司带来压力“我有一个问题……”，然后将“淘气

的猴子”（指棘手的问题）扔给他。

六、不要想当然地认为，他和您知道的一样多

如果您想当然地认为领导对你们的项目了如指掌，您和您的小组所有的时间都花在这个问题上，你们掌握了数据、压力点和杠杆点，而实际上您的上司可能一头雾水。他没有您知道的那么多。大多数高级管理人员在参与微观决策的时候，是很危险的。因为他们的参照点通常是他们在过去担任低级经理时的情况，而不是现在的实际情况。如果您需要他的观点、行动，是因为他的涉及面更广，他对组织内的其他部分之间的相互关系有更好的认识，这时候您有两种选择。

一是您用大量他不懂的技术吓唬他，希望这些技术术语能将他吓倒，并迫使他同意您的意见。这或许能奏效，但是这也可能成为交流的障碍，从而导致信任的缺乏。

二是用简化、易于理解的语言，向他提供文章、例子、最佳案例和小结等来“教育”他，帮他达到一个认识。通过创造共识，您缓解了紧张，创造了信任，从而可能产生更好的决策。

七、授权：不断地测试水深

事先确定授权内容并不是一件简单的事。有些公司喜欢采用类似子公司的原则，而不是授权原则。在子公司原则下，您可以做除了明列禁止的事项以外的所有事项。而在授权原则中，“除了……之外，您不得做任何事”。不论采用的是哪一种原则，对您是否得到了授权总会存在某些疑问。

您有两种选择，一是保险起见，不断征求您上司的意见，但这可能会导致出现瘫痪、瓶颈，甚至断送您的前途，因为您的上司可能认为您不能够承担责任；二是您承担了太多责任，做出了决策，而事后发现这并不是该由您决策的事项。有一个“测试水深”的策略，尤其适用于没有先例的事情或方向。

八、不要承诺您无法兑现的事情，保持信任关系

信任并不是一夜之间建立的，取决于对方的可预见性：他的言行、他是否履行他的承诺。同样，如果您的上司经常改变主意或者前后说法不一致，您也不可能完全相信他。您也希望自己不要被别人认为不可靠，自己答应的事却没做到，或者冷不防地给他人带来坏消息。不要承诺您不能够完成的日期。如果您认为对您的要求太多，那么坐下来重新讨论优先顺序，让您的上司参与其中，这样就可以形成一个共同的优先考虑，并避免不良的意外。如果您的工作是负责一个特定的方向，那么您也要负责坏的结果，并加以改善。让您的上司参与风险的讨论和评估，并就关键指标达成一致，这样您和他都不会感到意外。例如，虽然销售额不是一个好的指标，但未来订货量或订单数可能是好指标；存在银行里的现金额不是好指标，但提前三个月的现金流量可能是好指标。

九、管理文化方面的差异

有一种叫权力图的问卷，可以帮助参与者确定他们自己的文化（即他们推崇的价值观，这种价值观决定了他们的特定行为），并确定其他管理人员的情况，并讨论在团队中进行交流和领导的作用。简而言之，我们的调查确定了四种类型：

喜欢控制事情并引进流程、重视“现在”的人；

关注员工并重视对人的影响的人；

关注事情结果并从关键行动开始的人；

关注创意、建立概念性框架的人。

当然，在“管理”上司时，您应当知道他的个人取向，以及您个人的偏向。如果您是程序导向型，您提出问题的时候会非常系统有序，列出正反两方面的观点，以及按时间顺序排列的各项任务等。而如果您的上司是行动型，他可能会感到厌倦，在这种情况下，进行概要总结、强调关键行

动和结果会比较有效。

十、不要疏于文件记录，它会降低信任

如果您假设上司会检查您所写的和所说的并进行更正，那么我们就可能会在起稿时懒散起来。表格没有完成、文本没有校对、要去的地方没有事先考察、拼写没有检查、信息缺失……由于您没有对列举的事实、论据、备忘录、辅助文件、拼写等做最后的检查，您肯定需要再做改动，更正错误。不久，上司会要求您提供更多的事实和数据，您会看到更多的修改。而不久，您所拥有的授权就会消失。

上司和下属之间要能更好地开展工作，并不仅仅在于领导，它还涉及对上司的“管理”，应该触发双方做出更佳的表现、更快的决策和取得更多的成就。

沃尔玛公司需要整合下属 20 家分子公司的采购业务，以迅速降低运营成本，并稳定现金流。这是既得利益最集中、矛盾也最突出的地方，稍有不慎，就会车毁人亡。所以，负责推行战略采购的运营总监王炜就多了一个心眼。他找到董事长，征求他对战略采购的指示意见。董事长和先前一样，把胸脯拍得山响。

运营总监不敢疏忽，就跟董事长商量说，战略采购如果能够成功的话，每年会节约采购成本 3000 多万元，董事长您能否拿出 1% 的时间直接参与和支持这件事。董事长想都没想就答应了，别说 1%，就是 5% 都行。运营总监说，我只想占用您 1% 的时间，您看我给您排一个“董事长参与计划”如何。

运营总监给董事长算了一笔账：假定您一年工作 300 天，每天 10 小时，这样一共是 3000 小时，其中的 1% 就是 30 小时。我们打算把这 30 个小时分为 30 次使用，每次 1 小时，包括关键时刻出面决策 12 次，听取项目汇报 10 次，参加培训 4 次，灵活安排 4 次。

董事长虽然感觉被运营总监算计了，可毕竟一言既出，也就不好变卦。于是在一年 52 个星期中，差不多每 1 个半星期董事长就按既定的计划

出面1次，每次1个小时，为战略采购工作撑腰打气。个别不明就里的员工感觉非常奇怪，董事长何以对一个项目支持和重视至此！

其实，很多时候，领导对您的开局不是不支持，而是不知道如何有计划地参与和支持。这种“算计”领导的方法有趣而有效，比空谈“一把手工程”好多了。通过有效地对上司管理，您不仅仅获得难得的支持，同时也为您腾出足够多的时间来完成自己的目标。

第六节　询问与发表意见的平衡

询问与发表意见的技巧能够指引您与他人（如您的上司、同事）开展有效的交流。运用这些技巧，您能够准确表达自己的想法以及深入了解他人的想法，同时，避免不必要的误解。

一、询问

询问有助于找到突破的途径。在询问的过程中，询问方可以发现并了解对方对某个问题的想法，即对方得出这些结论或实施这些措施的思维过程。询问并非随便问些问题，而是为了试图全面了解他人的思考过程，包括：

（1）他的想法是基于怎样的资料得到的；

（2）他是怎样得出某一特定猜测的；

（3）他得出的结论以及得出这个结论的依据是什么；

（4）他正在采取的措施以及采取这一措施的原因是什么。

全面地了解这个思考过程能够使您的谈话更有重点、更加有益和富有成效，它有助于您：

（1）厘清问题；

（2）把某种特定的背景纳入考虑范围；

（3）给出有重点的建议；

（4）公开地交流。

二、发表意见

发表意见能够使您在分享、检测以及调整您的想法和见解的过程中，提高您的推论的正确性。发表意见包括向他人展示您的猜想、结论和行动方案，以及向他人阐述您是如何得出的。总而言之，发表意见涉及与他人全面地分享您的思维过程，以使您的论述更加简单易懂。

按以下的方式发表您的想法，能够在多方面提高您沟通的价值：

（1）要使您说的内容更加准确、清楚、简单易懂；

（2）要使自己善于听取他人的意见；

（3）要使他人更多地参与到策略的共同商讨以及拟定中；

（4）要提高您所说内容的可信度以及真实度。

表4－1中的策略有助于您在与上司的交谈中正确运用询问和发表意见的方法。

表4－1　　与上司沟通的交谈策略

策略	例子
找出支撑您上司观点的资料、经验以及推论	实际情况是什么样的？您怎样看待这种情况？ 是什么让您有这种想法？ 同类的事情以前发生过吗？这与您现在看问题的方式有关系吗？ 您现在在想什么？
鼓励您的上司提供例证和细节	能够花一点时间帮助我了解整个事件吗？ 有什么事例能够证明……？ 他究竟说了什么，您记得吗？ 您能够想起的确切时间吗？
陈述支持您想法的资料、经历以及推论	我想分享一下我的想法以及得出这些想法的依据，…… 我曾经有过……的经验 这是我得出结论的依据：…… 您的……讲话，让我想起…… 您在陈述这件事时，我想到了这些……

续表

策略	例子
举例说明您的想法，即使这些例子的假定的	现在举的这个例子，我曾经验证过它的可实行性，…… 让我来讲得更详尽一点，试想一下您…… 我将为大家举一个例子，但是我们首先要明白，…… 这个例子与我们现在正在讨论的问题多少有些不同，……

与上司沟通是个复杂的过程，一方面您希望从他那里获得有效的信息并且准确地传达您的建议，同时，您希望你们的沟通是在愉快的环境下进行的，不同的沟通方式、沟通技巧带来的效果是不一样的，企业家林正刚指出：一个沟通能力强的人，应该具备三种本领。第一，能将复杂的事情用简单的语言说清楚；其二，能让对方感觉碰上了知音；其三，用的语言都是阳光的、积极的、鼓励式的，最终的效果是让对方感觉很好，对自己也充满信心。

同时，我们也需要知道，什么时候该发表意见，什么时候不该发表意见，著名的物理学家爱因斯坦说过“成功 = 勤奋 + 能力 + 少说”。这里的少说不应该是不说，而是有效地说，他指出：如果您的话不起作用的话，您就不必去说。对于开局期的领导来讲，夸夸其谈也是一个致命的问题，您需要对您所说的每一句负责，中国有句古话，说出去的话等于泼出去的水，是收不回来的。

第七节　建立伙伴关系

要实现成功开局，每一个领导都需要考虑以下三个方面：第一，建立一个影响力策略，影响谁以获其支持？谁最有可能支持或反对革新？如何说服骑墙派？第二，以适当的顺序在适当的人群中造势。第三，注意正式和非正式的力量，这些力量可能来自专家、信息渠道、优势地位、诸如预算或奖励之类的资源控制、个人的忠诚。因此，对于每一个空降兵来讲，为了确保成功，首先需要区分组织中的三种阵营，谁是您的支持者，谁是您的反对者，谁是骑墙派。政治家马基雅维利说得很明白：既得利益者的反对永远是坚定的，而支持者总是比较温和的。

一、您的支持者

支持者会赞成您的决定，为您的工作带来便利，可能因为他们尊重、欣赏您，也可能因为您的工作可以增加他们自己的利益。应当从以下各类人中去识别您的潜在支持者：

（1）和您对未来的规划一致的人，如果您正寻求改变，就去找那些极力主张改变的人，比如那些希望获得您提拔的人。

（2）已经悄悄地小规模推动变革的人，比如一个正在探索新的方式来减少浪费的工厂工程师。

（3）还未能适应新环境的组织新人。无论其支持您的理由是什么，不要把这些支持想得理所当然，仅仅去发现支持是远远不够的，您必须巩固和培育它。

二、您的反对者

反对者是指无论您做什么都会反对的人，他们可能认为您是错的，也有可能是因为下列其他原因否定您的议程：

（1）安于现状。他们抗拒改变，因为这可能会危及他们的地位或改变那些既定的关系。

（2）怕显得无能。他们害怕由于难以适应您提出的变革而带来的无能感，或有不称职情况发生。

（3）对个人价值的威胁。他们认为您促进的变革可能会颠覆传统意义上的价值观，或奖励不适当的行为。

（4）对权力的威胁。他们害怕您所建议的变革（如从组长决策变为团队共同决策）将剥夺他们的权力。

（5）对主要盟友带来消极后果。他们担心您的议程将对其关心或负责的人产生消极后果。

遇到阻力时，您应尽力找出背后的原因，然后再确定别人是不是反对者，了解反对者的动机，您才有应付他们论点的方法。

您有可能会发现自己能说服一些早期的反对者（例如，您可以帮助反对者发展新的技能从而解决他们对无能的恐惧）与此同时，千万不要浪费宝贵的时间和精力去试图说服那些铁杆的反对者，这一点至关重要。有些人不喜欢您，而且永远也不会喜欢您，而您对此毫无办法。我们当中绝大部分人至少在理智的情况下都会意识到这一点，但是我们往往表现得好像我们能够赢得所有的人。但是在谈论某个特定的人的时候——另一位领导者、一个老板或者一个客户的时候——令人吃惊的是您可能完全没办法做任何事来改善你们之间的关系。您可能让对方想起了自己不喜欢的某个人，或者是另一种情况——您做了他们不喜欢的事情，他们不打算忘掉这些事情。

这个事实中令我吃惊的地方在于领导通常会在这样一个人身上投注多少关注。著名领导力专家王涛所著的《Tribal Leadership》一书中所说，关注活着的人，不要试图唤醒那些死人。在某些情况下，死人是您——在那个人的眼中的死人。对于那些不喜欢失败的领导者来说，他们花了百倍的精力在那些已经恶化的关系上，却忽略了那些等待您领导的人。

三、可劝服者

“可劝服者”是指那些“摆动选民”：那些对变革的态度尚未决定或根本就漠不关心的人，以及那些您认为一旦理解和维护了他们的利益就能将其说服的人。一旦确定了谁是可劝服者，您应当立即弄清他们摇摆的动机。不同的人受不同的东西驱动：地位、财产保障或财富、工作保障、与同事在社交和职业方面的积极关系以及应对全新而富有刺激性挑战的机会。

找到支持者、反对者、可劝服者这三种关系是建立良好伙伴关系的关键，您需要针对不同的人采取不同的策略和方式，用雷锋的话，对待敌人要像秋风扫落叶般的残酷无情，对待亲人要像春风般的温暖。因此，我们要制定相应的策略来巩固支持我们的人，说服骑墙派，打击反对我们的人。

第八节　十种方式提高您的说服力

优秀的领导人往往能够说服人们分享他们的视野，努力加入团队中，并产生所希望的结果。对于开局领导来讲，有不同意见是非常正常的，任何一个变革都需要经历从理念、到意愿、到知识、到能力、到巩固的阶段，不同人的需求和问题都是不一样的，我们需要巧妙地利用说服力，来达成效果。下面有十个提升说服力的小技巧。

一、调用共同利益

强调对于集体利益的支持将反映出重要的价值观，例如，“我知道您关心员工的专业发展。您对于通过审批程序推动培训预算的帮助将使整队人处于我们行业的领先位置，同时对于您所负责的团队的建设也大有裨益”。

二、始终以较小的承诺开始

试试向人们索取一些较小的承诺，对于一些人，最初同意适度的承诺更容易随后达成更广泛的承诺。一开始，对于他不同意的观点，可以邀请他给您一点时间，主要是讲解和沟通，很多问题在于对于您的误解，所以沟通后从较小的承诺开始，您可以逐步地赢取更多的支持。

三、把“蛋糕”做大

把您的想法按一系列相关的问题展示出来，而不是单一集中起来。通过这种方式每个人互惠互利，达成合作的机会便会增加。

四、给人们对预期的挑战提个醒

您期望他人听取建议，但免不了有人反对。正视他人反对的点，并有证据地反驳那些反对您建议的薄弱论点。如果他们听到您的巧妙回答，可能会消弥误解和质疑，在往后的工作中对那些声音免疫。例如：“我知道您老板是担心活动的费用，我们可以，解释给她听，我们能够以此创造收入。”

五、为人们提供可以用来说服他人的脚本

编造一个脚本，让支持您的人可以用同样的故事去和他人讲解，并赢取潜在的支持者。例如，说：“从这个项目得到的额外收入，将会带给年终奖 10% 的增长”。

六、公开要求人们的承诺

私下做出承诺可以留给人们一些退步的空间，只要有可能，可以在一些正式的会议或者宴会上要求更多公开的支持和承诺，您也可以借助咨询顾问的力量，帮助您更好地主持会议，引导大家去承诺。

七、使用互惠的权利

在开局期间，您所有做的都是付出，帮助不同的人达成他们的目标，无论是大是小。在中国文化里面，当您积累的人情越多，您未来开展自己的工作的时候，就越容易，用您手中的权利为自己创造一个良好的外部环境。

八、参与谈判与协商

要说服一个特别固执的人，就要练就一套高超的谈判本领。问他想要

什么，以此来换取他对您项目的支持。但不承诺这么多的话，您就没有资源来执行您的方案了，如果适当的牺牲能够换取更大的回报的时候，不必在意一城一池的得失。

九、营造一个公平的决策过程

如果这是公正程序的结果，人们更有可能接受一个困难的决定。当他们认为决策过程合法时，决策者已经从他们那里获了深思熟虑后的支持和公平的声誉。

十、让人们参与到问题的共同诊断中

您提出问题，让人们参与到组织问题的诊断中，并鼓励其他人表达他们真正关注的东西。然后，总结和重复您所听到的。这个过程表明您正在关注和倾听，并且让每一个人都感到他的建议在未来的方案中会得到体现。不过我们需要牢记的是，只有大家都能接受的方案才是最好的方案，可能与您最初的预期有些差距，不过，只要方向对了，路途遥远一点是没有问题的。

在职场上，对于一个空降兵来讲，说服力是一项重要的能力和策略，只有我们能够理解他人的需求，并将其固定在这个需求上，其他的事情就是如何去说服别人。不用担心，用好技巧，您总能找到一个办法去说服别人！

第九节　“空降兵”需要说出的三个字

有三个字，很有魔力，很动听，“空降兵”都会说。并非“我爱您”，而是“我错了”。为人夫者与为人妻者都知道，彼此之间说这几个字可以比表达爱意更能产生情愫。如果“空降兵”及时对自己的团队说这三个字，他们就会建立起信任，走上一条更好的道路。

简单的一句“我错了”，是“空降兵”最难以启齿的，也是他们最有必要学会的。因为，在开局期间我们会犯错误，而且经常犯错误，如果我们不能承认自己的错误，就不能正确地对待未来和团队！

就在全球金融风暴刮得猛烈之时，艾伦·格林斯潘（Alan Greenspan）几乎说出了这句话，不过并不彻底。作为被尊崇为全球经济增长的大师，这位美联储前主席2008年秋天在美国国会作证时说他“万分震惊，难以置信”，但并不是他的举措出了差错。他承认：“是的，我已经发现了一个漏洞。我不知道这一漏洞有多大，或者会持续多久。”当加州众议员亨利·瓦克斯曼（Henry Waxman）直截了当地问：“您错了吗?”，他闪烁其词地回答道：“部分吧。”

如果“空降兵”不能及时承认自己错了，他永远也不能纠正错误，改变方向，重新取得成功。否认错误的时间拖得越长，后果会越严重。向股东和债权人隐瞒坏消息，同时提供过于乐观的预测，已经导致许多空降兵下台。即便给他们提供一个纠正错误的好机会，有些人会觉得承认错误如此之难，以至于他们会让自己陷入更大的困境。这种由于曾经的成功而滋生的傲慢自大是众所周知的。强势者会开始相信，他们可以超越规则，那些适用于普通人的规则并不适用于他们。这就是官员们陷入麻烦的首要原因，因为他们用自己的权力去压制批评。他们从未不说“我错了”，因为每个人都竭力掩盖错误。

幸运的是，有一些更好的领导者，他们并不认为自己一贯正确。吉列公司（Gillette）的前首席执行官吉姆·基尔茨（Jim Kilts），说自己是“经常不正确，从未不确定”。他做事果断，但也时刻准备根据新的信息改变方向。

华为的任正非坚持自我批判，对于自己做错的事情总是敢于承认，敢于自我批判，2017年，任正非在华为心声社区的一封道歉信，深深触动了华为员工的心，也让世人看到了任正非对人才的尊重和珍视。在道歉信中，任正非的关键词为“寻找加西亚”，并写道：“孔令贤，一切都不是你的问题，是公司错了，回来吧，我们的英雄！”

当然，我们不希望“空降兵”三番五次地被迫说“我错了”，我们期待领导者能够运用良好的判断力。最好的领导者会在自己周围聚集很多比他们更聪明的人——至少在某些事情上更聪明——以便对自己可能犯错误的风险予以管理。他们会进行对话，权衡事实，听取意见，然后做出更明智、不主观的决定。

第十节　诊断您与上司的匹配度

在开局初期，重要的一步是您要对新角色里面临的商业情景和您的老板达成一致看法。在开始新工作之前或是在上班第一天的时候，您就应该确保你们站在统一战线，努力做到意见一致。这样，您的起点将更加有利于您的发展。

您可以使用下列问题作为形成统一战线过程中的指导：

(1) 创业期、转型期、整合期、维持成功期——哪一种过渡情况是您期待在新角色里遇到的呢？为什么？

(2) 什么情形暗示您需要您的老板的支持呢？打个比方，如果您希望能够维持成功，您希望老板通过提问提供不间断的现实测试呢？还是希望老板能帮您做出明智的防御性决定，避免犯下严重错误呢？

(3) 您的老板认为您在转型期会遇到什么样的情况？为什么？

(4) 您的老板对于商业环境的定义暗示了他或她对您的什么期望？

(5) 您和您的老板对您在新业务上遇到的情形和做出的预测存在差异吗？是什么原因造成这些差异呢？您和您老板有没有就您的新职位进行详细深入的讨论呢？您对您的新组织、新单位或者新团体有没有存在着误解呢？

(6) 您和您的老板对商业业务的定义存在分歧吗？要想更好地取得一

致见解，您该怎么做？

任何一个领导，都有自己的学习方式、沟通方式、影响方式和决策方式，对于每一个空降兵来讲，都要了解自己上司的具体工作方式，分析自己的工作方式，并进行有效的调整，使之能够有效地匹配您的上司，从而建立良好的信任。

一、第一部分：学习方式

（1）在您看来，您的老板更喜欢哪种学习方式？您的老板主要通过硬数据、事实和分析来学习吗？或者他是通过收集软数据、与人交谈及深究别人的想法来学习呢？

（2）您自己的学习方式是什么呢？它有多符合您老板的学习方式呢？你们的差异体现在哪些具体方面呢？

（3）假如您和您老板的学习方式不同，您该怎么适应他或她的方式呢？

二、第二部分：沟通方式

（1）在您看来，您的老板更喜欢哪种沟通方式呢？您的老板有没有设立“门户开放”政策呢？职员们可以随时畅谈自己关注的问题吗？您的老板是否更喜欢通过电子邮件、语音留言或者便条沟通呢？

（2）您自己的沟通方式是什么呢？它有多符合您老板的沟通方式呢？你们的差异体现在哪些方面？

（3）假如您和您老板的沟通方式不同，您该怎么适应他呢？

三、第三部分：影响方式

（1）在您看来，您老板更喜欢用哪种方式影响人呢？他主要是通过推举法吗？即设定目标，奖励实现目标的人。还是通过牵引法呢？即用一个共同的启发性的远见来激励人们。还是两种方法相结合呢？

（2）您自己更喜欢通过什么方式影响别人呢？它有多符合您老板的影

响方式呢？你们的方法在哪些方面有所不同呢？

（3）假如您和您老板影响他人的方式不同，您该怎么适应他的方式呢？

四、第四部分：决策方式

（1）您的老板更喜欢什么样的决策方式呢？他是不是听从博学的人的意见然后作出决策？您的老板有没有试着争取达成一致意见呢？他是否结合多种方法呢？

（2）您个人更喜欢哪种决策方式？它有多符合您的老板的决策方式呢？你们的方法在哪些方面有所不同呢？

（3）假如您和您的老板的决策方式不同，您该怎么适应他的方式呢？

……

重要的不是您知道你们的差别，而是您采取了什么行动。当您领导觉得和您沟通没有障碍的时候，也就是你们建立信任的第一步。同时，您用您上司的思考模型去考虑问题的时候，您更能理解并提出有效的解决方案。

第十一节　创建人际网络图

创建一个人际网络图将帮助您识别您的组织的影响力结构并将其分类。有意识地弄清权力关系可以帮助您注意到机会、薄弱环节和未开发的方向，这样您可以更有意识去获取支持，从而实现自己的目标。

下面的例子中描绘了一个虚拟业务部门成员间影响力的大小和流动（如图 4－1 所示）。

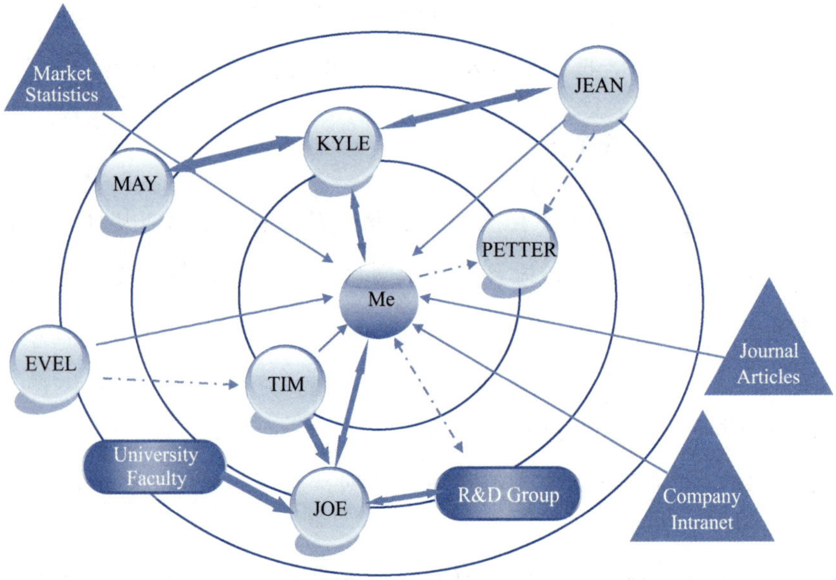

图 4－1　人际网络图

图上的环：

* 内环：对您所指优先事项有直接影响的网络成员；
* 中环：对您所指优先事项有所影响，但不是直接影响的网络成员；
* 外环：对您所指优先事项只有很少影响的网络成员；
* 环外部分：所要使用的关键资源（这里不指人而指文章、网站、新闻服务等）

网络成员：

代表现有的和潜在的网络成员，有下列图形表示：

* ○：人；
* □：与您互动的组织或其他实体；
* △：资源，如书籍、期刊和网站。

对于目前的网络成员：用不带阴影的图形表示，而对潜在的网络成员（可能对实现您的优先事项产生积极影响但目前又没有投入的个人和团队）用带较轻阴影的图形表示。

表示很少交流（每少于每月一次）

表示偶尔交流（超过每月一次）

表示频繁交流（超过每周一次）

箭头表示交流的方向，箭头指向在互动中获取价值或信息一方。如果双方是互惠互利的交流，则使用双箭头标出。

您处于中心，而其他个人、小组或资源跟您的距离显示他、她或它对您优先权的影响或给您的优先程度。

方向的箭头表示影响力的流向，也就是说，谁影响谁或什么影响什么。箭头的宽度（或权重）表示影响的规模或强度。

请注意，影响力可以双向流动，依具体情况而定。

专栏4-1　　不懂行的空降兵如何生存

34岁的小郑刚刚从北京大学光华管理学院毕业，带着“北大MBA”的光环，经人引荐，进入了一家小型国企做销售总监。这是一家以销售为主导的企业，在这样的企业里，销售总监的地位仅次于CEO。空降到如此重要的位置，让小郑从一开始就处在了风口浪尖上。

但这还不是最致命的。小郑作为一个空降兵，对公司的业务模式并不清楚！小郑也知道自己的短处，所以想尽快和大家打成一片，以便对公司的销售情况和销售模式有更深入的了解，尽快上手。但是，事情并不像他想的那么简单，他能感觉到销售部上上下下对他的轻视。很明显，大家都认为，只有理论没有实际销售经验的他驾驭不了这群业务人员。

小郑为什么会这么想？当然有他的理由。比如，销售部门搞活动从来不带他，连中午吃饭都让他独来独往。另外，即使他主动找业务人员沟通，大家也都有意避开他。这让他很纳闷，也很迷茫。

于是小郑开始了解情况。小郑的前任吴总监据说是清华大学金融系的高材生，此人一点架子都没有，和基层业务员一起摸爬滚打，带病和同事一起谈客户，病情严重的时候，甚至自己给自己打点滴，也不请假上医院。在吴总监的带领下，从1999年到2007年的8年间，公司迅速成长为业内领头羊。并且，公司的中层管理者都是吴总监一手提拔上来的。据说，公司有现在的规模和成就，与吴总监的个人能力和人格魅力有很大的关系。

摸了底之后，小郑暗暗叫苦。他知道自己性格内向，给人的感觉根本没法和吴总监相比。现在，大家都在为吴总监的离职感到惋惜。小郑这样的人能带领大家往更高的目标迈进吗？大家都没有信心。销售部员工都想孤立小郑，让他知难而退，尽快离职。

公司 CEO 也很清楚这些情况，但小郑是她自己请来的，这么快撤掉小郑，自己会很没面子。同时，她也知道吴总监这样的人才可遇不可求，工作做得好，还能和员工打成一片，无论找谁来接替他，都会遇到销售部员工这样那样的抵触。她也愿意给小郑机会，期待他能扭转局势。但是，眼看着小郑“有名无实”的现状，她也不知道还能撑多久。

讨论：小郑如何才能打破这个僵局呢？

第五部分：

塑造团队， 开创未来

第一节　周东雨：用心塑造团队

让我们来看看周东雨的故事，她是一位住在中国台北的死理性派，是不善应付不确定性而想把更多的信息抓在手里作为救命稻草的典型。周东雨一直疲于应付周遭人事，却发现随着她职位的升高，这些不确定性也越来越严重。

一、小团队的“异常事件管理”

周东雨从小就是一个非常文静的女孩子，她很少在公开场合说话，她感到自己不喜欢洋娃娃，对男孩子的玩具更感兴趣。长大后，她对电子产品很着迷，也喜欢摆弄小工具，所以周东雨的朋友经常来找她帮忙安装电脑程序。周东雨在学校的时候很喜欢理科，因为她觉得只要努力掌握公式和题型，就会得到好的成绩。她不喜欢文科课程的主观性，题目多变，无法套用公式，很难掌控好临场发挥。她也总认为学文科的学生更懒惰，因为在她看来社会科学比理科简单。对于她来说，更多的信息意味着更大的确定性，她执著于细节，因为她觉得只有这样才能解决更大的问题。

周东雨在台北读完高中，是她们班里唯一一个在大学选了电子工程专业的女生。大学毕业以后，她在台北一家知名的芯片制造公司找到了第一份工作，在那里待了三年，主要负责内存芯片和其他电路系统的设计。到了第三年，周东雨已经可以带领一个 7 人的芯片设计师团队，负责公司的芯片创新。

此时，周东雨的职位是经理，但她却感觉不到自己所发挥的作用，因为她的团队成员自主性很强，周东雨只需要提供有关芯片设计的基本技术指导。每当遇到困难，她必须亲自参与才能把事情搞定，这更像是“异常事件管理（Management by Exception）”一样。其他时间里，团队中的每个人都能把握好自己的时间节点并且很顺利地完成目标。所以，在她初任管理层的这段时间里，周东雨仍可以专注于自己所喜爱的设计工作，偶尔给团队一些方向指导。

二、管理大工厂的不适应

随着芯片公司的迅速成长，公司开始了与内地市场的贸易联系。两年前，公司决定在深圳建造工厂以降低生产成本。公司的空降兵找到了周东雨，询问她能否出任工厂的管理层。一方面，周东雨觉得这个想法很有吸引力；另一方面，她从没有去过台湾岛以外的地区，管理经验也仅限于一支程序员的小团队，她感到不踏实。

经历内心的冲突和思考之后，周东雨还是说服了自己，接受了深圳工厂的管理工作。这家工厂生产芯片制造的所有零件，共有 360 多名年轻女工。这些女孩子年龄都在 18 岁到 22 岁之间，每天工作 13 个小时，从早上 8 点到晚上 9 点，中间只有两顿饭的休息时间，下班后住在工厂附近的宿舍楼中。她们的工作是在流水线上拼装某款特定产品，全是手工劳动。这项工作的技术含量不高，岗前培训一般只需要花几小时。

周东雨接手工厂管理之后，很快就意识到这些员工与她在台北总部带领的团队是完全不同的。过去手下的 7 位程序员都能很自主地完成工作，除了技术问题以外，很少需要她在其他方面指导或操心。工厂可就不同了，这些女工大多都是“外来务工者”，不仅要每天长时间地工作，也需要克服许多其他的困难，来对付每日重复的劳动。工人们的工资是计件制的，工厂不会设定上限，她们在车间里多加班几个小时都是允许的，也是普遍的。因此，她们几乎一整天都没什么多余时间可以学习其他东西。

周东雨在深圳的头几个礼拜过得很艰难。回想在总部的时候，几乎没有什么员工流动，手下的 7 个人从她接管团队到她离开一直都跟着她。但在这里的工厂，前三周，367 个员工中已经有 40 个离开了。她每天都要面试新人，这种处境让周东雨感到很不安，担心工作质量会因此下降，她甚至感到自己不能很好地掌控工作资源，而她过去从未有过这种感觉，另外，周东雨开始越来越频繁地和员工沟通谈话，这也是她很不适应的。

三、接踵而至的挑战

第一桩难题在周东雨到工厂的第三天就出现了。

对于外来务工者来说，手机很重要，在她们的长时间劳动中，这是和家人朋友沟通的唯一方式。这天，一个女工哭着冲进周东雨的办公室，因为另一个工人把她的手机抢走还摔坏了。她不停地哭诉她所有朋友的电话都在 SIM 卡里，现在无法联系到他们。周东雨花了三个小时安慰她，并帮她一起联系家里人和朋友找回遗失的号码。想不到过了没多久，另一个女人跑进她的办公室抱怨自己被一个工友骚扰，准备辞工……

类似的情况一发不可收拾地找上了周东雨，她想找到一个方法可以让办事效率更高。周东雨想到，如果她能帮助所有的女孩都解决各种问题，员工流失率也许会降低，甚至完全没有员工流失，这样自己对工作资源就能掌控得更好了。

于是从第三个月开始，周东雨决定将每天晚上的 6 点到 9 点设为咨询开放时间，允许任何人拜访并就工作上的困难与她交流。就在周东雨宣布的那天，就有超过 100 个女工带着各种问题接踵而至，多数问题都和工作没什么关系。持续了几天以后，周东雨显然打不起精神了，因为有时咨询时间会持续到晚上 11 点。

四、老板给的启发

终于，周东雨的老板注意到了生产效率的下滑。太多时间被花在咨询和沟通上，工人们也没有过去守纪律了。于是他把周东雨叫来恳谈。

“周东雨，发生什么问题了？生产效率降低了 15%。这些咨询开放时间是怎么回事？”

“老板，每个月我们都有 11% 的员工辞工。我想把流失率降低到 1%，通过了解他们的问题并提供帮助，我想我可以做到的。”周东雨有备而来，她从文件夹里拿出一些报告并作回答。

“周东雨，在工厂里，辞工很正常。外来务工者远离家乡总是会有很多辛苦和不适应的方面，每个人都会想寻找更好的工作，所以很难留住人。这和您能否解决每个人的问题无关。”老板说。

“我明白，但无法掌握第二天我的员工能否正常上班会让我感到紧张和不安，另外，这对公司也不好。”她回答。

“周东雨，您在这里的工作是确保零件装配的效率。只要这项任务能做好，您不需要关心谁来做这些事。这和您以前的团队不一样，公司培训那些工程师花了很多的时间和金钱，如果他们离开对公司的损失很大。但我们这里不同，必须记住这是一个数字游戏，您有 367 个工人，只要她们 90% 每天都能做好，您的零件仍然能按时装配。如果您每个月有 50 个工人辞工，那也就是每天两三个人离开，只要确保每天招募并培训两三个新人，就 OK 了。您觉得还有问题吗?”老板这样说，并继续补充道：“周东雨，我很尊重您想要帮助她们的想法，这是好事……但是对于她们大多数人来说，这个工作只是暂时的。工人们并不能在您的部门开拓真正的事业。而且，现在我们在这里装配零件，如果有一天成本提高了，我们也可能会不得不搬去菲律宾或孟加拉国。此时此刻，我们尽力就可以了。作为经理，您不应该纠结小细节问题而看不到大图景，否则您只会失败的。我相信您的能力，周东雨……但是只有凭借您的判断力，您才能成为一个好的经理。您再好好想想吧，我相信您会认同我所说的。”

那天周东雨想了很多，她暂停了咨询开放时间，提早回家。一开始她还有点不解，她反复思考老板说的话，思索自己错在哪里?

五、“信息控”的转变

这些事彻底改变了周东雨看待管理的方法。过去对于她来说，掌控好自己的资源和员工是理所当然的事情，她早已经习惯这么做了。她在总部带的团队很小而且纪律性很强。就像她说的，只需要处理异常问题。但在深圳的工厂里，周东雨第一次遇到了管理上的更多不确定性，这样的情况让她从一开始就很紧张和不安，因为她把她自己的工作能力与能否留住员工挂钩。她以为与每个员工谈话、设法解决她们的问题就可以留住她们。但是，对于周东雨来说这是一个全新的工作环境，这里的理念和尊重员工的方式都和她原本的工作环境大相径庭。她原本的信念和想法不仅效率更低，而且也不被上司或员工接受，她的想法在这个工作环境里是没有道理的。这就是周东雨的职业困扰。

周东雨第一次意识到，一个好的空降兵所要做的不是获得更多的信息或知识，而是判断。只有好的判断力才能帮助空降兵更有效地应对不确定性强的环境。周东雨在接触组装工人时，需要意识到自己不仅没有精力处理所有的问题，而且这些问题对于大目标而言也没有意义。尊重生产线工人的同时，她更需要对公司的大目标负责。过分地，不对称地关注与目标不相符的某些细节，显然也会给出一些错误的暗示，让工人们觉得她更关心的是与员工交流，而不是生产率，这也是生产效率降低的原因。

几天之后，周东雨彻底取消了咨询开放。她意识到这对挽留员工并没有帮助，相反，这让许多人花更多时间来交流新的工作选择。在接下来的六周里，周东雨变得更关注生产效率，同时也可以处理高流失率所带来的其他不确定性强的挑战了。

周东雨在工厂待了两年，最终工厂关闭了。她的老板说得对，当成本效益没有优势的时候，公司就会寻找另一个地方建厂。周东雨觉得自己可以理解管理意味着什么，以及如何做决策了。她学会去利用有限的资源和不确定性来做出最好的决策。如今，周东雨已经不再是一个“死理性派”，她有了更开放的思维方式，不会对不确定性感到不安，因为她总可以处理得很好。

现在，周东雨在一家跨国公司的北京办事处从事管理工作。她管理着一个由15个销售人员组成的团队。她承认她在深圳学到了很多，这段经历改变了她看待管理的方式。她变得更加实际，也不再对模棱两可的事情感到不舒服。她明白了一个优秀空降兵真正重要的素质：在有限的资源和信息下、以最佳效率做出准确的判断。

思考：周东雨在开局中的挑战是什么？

第二节　团队衡量的五个标准

为了成功开局，您的开局也许会让您陷入一个从头建立团队的境地。更可能的是，无论怎样，您会继承一个现有团队，并在此基础上建立团队，因此，您必须理解如下事宜：

（1）知道投资在团队的什么地方，何时发展，何时增加，何时让队员离开；

（2）考虑您接任团队的不同表现水平，也要考虑政见（可能有些队员希望得到您的工作）；

（3）要了解团队中谁是谁，每个人充当什么角色，以及团队内部动态如何让运行的；

（4）运用您的洞察力来做一些有益于团队结构改变的事情；

（5）要认识到在您转变的时候，您的团队也在转变。

为了以上的措施能够得到有效的实施，对于团队公平的评估是基于事实，并且有效的。您也许会发现您见到每个队员时对他们形成了第一印象，别忽视了您的早期反应，但是，要退一步来做个更正式的评估，要根据以下标准来考虑每个成员，您衡量团队的标准必须是一致的：

第一：能力，解决团队成员能不能干的问题，这个成员有做这份工作的技术能力和经验吗？

第二：意愿，解决团队成员愿不愿意干的问题，这个成员能够把精力和注意力放在工作上吗？或者面对团队的挑战会让他身心疲惫，想要逃跑吗？

第三：精力，解决团队成员有没有精力干的问题，这有两个方面的含义，一是他的体力如何，有些工作需要长时间加班或者需要高强度的体力才能完成；二是他面对压力的状态如何？有些工作需要面对压力，团队成员是不是有足够的精力和注意力从事工作，面对团队时他是不是显得筋疲力尽或者逃避挑战。

第四：诚信，解决团队成员愿不愿意跟您干的问题，您能相信这个成员的话吗？他能始终跟随吗？很多时候，这个成员不愿意跟您干，但是他愿意跟组织干，您要清晰地知道您需要什么，以及目前这个成员在团队中的作用。

第五：协作，解决团队成员愿不愿意跟团队干的问题，这个成员能和团队的其他人相处好吗？能够支持集体决定吗？能够有效地参与并且支持团队的工作？

开局的领导要牢记，对于下属一致性的标准非常重要，您需要设计同样的问题，在同样的场景下考察您的同事，不能因为“晕轮效应”或者个人偏见，对于不同的人采用不同的标准。

对于标准的运用及权重，我们需要根据不同的项目、不同的时期来决定，极端一点的案例，比如说初创期，建造飞机这种大件的时候能力的纬度就显得更重要，其次是诚信问题，这个诚信更多可能是组织上的，那么其他方面可能少一点。但是，到了维持成功期，能力纬度的重要性就要降低，团队就显得更加重要。因此，开局的领导要根据实际情况来调整，考察人员标准一致，但使用标准要有权改变。

很多时候团队的作用还是非常重要的，公司里的一个团队和篮球场上的一支篮球队其实是一样的。打篮球时，后卫不能脱离整个团队独来独往，不同位置的队员需要按照战术安排紧密配合，互相支持，这样才能赢得比赛。

在我们的工作中，市场人员需要帮助产品部门寻找产品的合适定位，要为销售部门提供潜在的客户信息，而管理者会承担起教练的角色，为整个团队制定合适的战术。你们能够想象，篮球教练在布置战术时只是一对一地与每个队员单独讨论吗？那样的话，后卫不知道前锋在想什么，前锋不知道后卫的助攻策略，球队不输球才怪！我们需要找到合适的成员完成共同的目标，团队的价值正是如此！

第三节　构建您的团队的五种策略

在开局期间您需要做的是诊断您的团队，首先清晰地理解要完成您的目标需要的能力，为了达成您的目标您需要什么样的人才，哪些人才是您团队已经有的，哪些人才是您团队现在没有但短期内您可以去培养的，哪些人才是您团队没有短期内又无法去培养的，您需要去引进或者外包给顾问公司的，并且您也要了解外部市场，这些能力外部的供给怎么样，是否有合格的人才而且又是公司的薪酬所能够承受的。

不过，仅仅了解能力还是不够，同时，您也要清晰地知道您目前的团队的状态，需要考察其他四个方面，精力够不够？意愿够不够？诚信怎么样，值得您去信赖吗？能不能够融入新的团队？我们还需要根据组织所处的周期来最终决定我们团队构建的策略。

一旦您已经评估了您队员的能力、意愿、精力、诚信度以及团队精神，您就准备确定如何解决问题。您所观察到的以及行动单子上得到的见解会帮助您确定下一个策略。

第一：保持位置。队员在他自己的工作中都表现很好，能力出色，愿意干活，精力充沛，值得您去信赖，团队精神不错。如果您继承的团队都是这种人，您非常幸运，好好地珍惜和关爱他们吧。

第二：保持并且发展。时间允许的话，队员需要发展。能力还没有达到组织发展的要求，但是短时间内是可以学习和培养的，同时，如果他愿意从事目前的工作，富有激情，值得您去信赖；

第三：调到另一个职位。如果队员是一个很强的表现者，但并不是要从事需要最多的能力或个人素质的工作。有三种方式您可以去做，第一种，另外一个岗位更加需要他的能力去弥补，而且他也愿意去尝试；第二种，目前的岗位他不适合，相对于另外一个岗位来讲，他更适合另外一个岗位；第三种，就是他对另外的岗位具有强烈的意愿，短时间您无法找到合适的人选，您可以尝试，如果这种能力的培养并不需要很长时间的话。

第四：观察一段时间。队员需要观察，需要个人发展计划。三个月您仍然无法作出明确的判断，比如团队精神，到底是个人动机问题，还是有其他的原因，不要急于下结论，如果这种员工不是很多，或者他目前并没有对于团队的塑造产生很大的影响的时候，看一看，观察一下，或许是个非常明智的选择。

第五：更换（低优先级）。需要更换队员，但是不紧急。或者因为能力，或者因为诚信，或者因为团队等，您需要更换您的团队，但是，有一个人总比没有好，况且您还没有找到合适的人选，或者您调整他的策略并没有想好，您需要慎重地思考调整他带来的后果，您采取什么方式最有利于他本人和组织的需要，千万记住，您的调整是出于您对组织的爱、对于他个人的爱，如果您有私心，结果只会伤人又伤己。

第六：更换（高优先级）。团队成员应尽快更换。如果您已经无法忍受低绩效，无论是什么原因，能力、意愿、精力、诚信还是团队，马上更换是您唯一的选择，那就马上去行动，不要犹豫。

构建团队是个困难的事情，作为转型期的领导来讲，一开始并不是您的目标，三个月您已经意识到您的团队开始和您一起变化的时候，您需要的是团队的稳定和团队的认可，或许您有权利干掉所有人，但是记住，您干掉的不仅仅是他们，同时也是您自己！

在这里我们需要铭记鸭子和老鹰的故事：鸭子绝不是老鹰，它就是鸭子。如果您把鸭子送到老鹰学校去，您不但会让这个鸭子急，老鹰急，大家都急，为什么鸭子飞不高？鸭子只会游，鸭就是鸭，如果您要鸭去做老鹰很会做的事情，鸭子只有白白着急。如果您把鸭子送到老鹰学校的话，连老鹰都急了，因为这些老鹰希望能够在天空中翱翔，但是还要等那只鸭子，鸭子不仅飞不高，而且鸭子还不想飞，鸭子只想摇摆着走路。

您想硬是把鸭子变成老鹰，这样没有用的，以前我有太多这样把人放错位置的经验了。不是把老鹰送到鸭子学校，就是把鸭子送到老鹰学校，假设今天我们把鸭子送进老鹰学校，这个鸭子通过所有的考试，就去参加老鹰学校的毕业典礼，全部都是老鹰了，它得到毕业文凭了，结果鸭子通过考验，轮到它上台去领毕业证书，当然走路还是摆啊，讲话依然是个鸭子，那当它领到毕业证书的时候，它就这样告诉您：嘎嘎，嘎嘎，嘎嘎。

它拿着毕业证书上台，走路还是摆，看起来也是鸭，声音还是鸭，大家一起照相的时候，它怎么看都还是鸭，就不是老鹰，永远不会变老鹰的。我们真要这样去训练鸭子吗？把鸭子放在老鹰的位置的时候，所有的人都急，鸭子急，老鹰急，公司也急。

同时您也要记住，作为空降兵，要能够近距离地去观察员工，观察的目的不在于去控制他们，而是找到员工的长处，把员工放在适当的位置上发挥所长。

美国曾经有一位伟大的篮球队教练，他叫古登，很会带大学篮球队。他说过，这些篮球队员进入大学校队，只要是在我的队里一段时间，投篮的准度就有所提高。因为我会好好观察队员，在练球的时候就会看他们投篮的状况。任何一个球员都有一个他最喜欢、命中率最高的投篮点，我会仔细观察他在哪儿投篮最准，一旦找到这个人投篮最准的那个点，我就会把这个球员叫过来，然后和他一起拿一支粉笔在这个位置画一个圈。古登说，我必须要让每一个队员都能够在球场上成功。这很重要，身为领导，就是把球员放在最该放的地方，要做到这一点一定要先知道他的长处。

记住：让每个人发挥长处、取得成功是您进行团队整合的最核心！

第四节　塑造您的团队的七个误区

谁也无法替您塑造团队！对于很多领导来讲，塑造团队是一件困难的事情，但无论如何我们需要避免以下误区的发生：

第一：一潭死水还维持现状的团队。

团队没有任何的变化，士气低，内部勾心斗角，战斗力差，90 天了您还想通过您的努力去打动和改造每一个人，您错了！我们需要非常清楚地知道，我们的作用是创造客户和绩效，而不是改造每一个人，您不应该花费宝贵的时间在错误的人身上。在 90 天内要决定谁留下谁离开、在 6 个月内与关键的利益相关方沟通您的计划。

第二：看到了问题，但没有采取任何措施。

您看到问题的所在，您可能一时忽略，或者您的重心还没有调整过来，但是不代表您不采取任何措施，要及时地解决团队的问题，避免不断扩大，一个马失前蹄会导致一个帝国的覆灭。

为了实现您的目标，您需要把前任那里继承来的团队塑造成一个高绩效团队。例如，如果您想替换某些人，而您的短期业务又暂时离不开他们，那么您可以引进一些合适的新人，平稳过渡之后，再考虑正式调整。

第三：没有同时处理好组织的一致性和团队重组。

您还没有了解具体的环境，没有确定您的目标，没有确定战略、组织、系统、技能的一致性，就开始雇用新的人，这是一个非常错误的决定，每一个雇佣的人我们都需要确保其能够提高我们的能力，达成我们的目标，确保能够发挥他们的作用。如果不能够做到这一点，意味着您还需要时间，在您组建团队之前澄清在战略、组织结构、系统和技能上所做的改变，确保您雇佣了正确的人。

第四：没有留住好员工。

好的员工永远不愁工作，但好的员工经常被受伤，他们或许不懂得怎样和上司沟通，或许不懂得办公室政治，或许不知道如何适应新的领导风格，但好的员工能够有效地帮助解决很多问题，特别是掌握关键技能的员工，我们需要识别出优秀的员工，并且认可他们的能力，尊重他们的专业，关心他们的未来，激励他们更好地发挥作用，关注他们的优点，让高绩效者知道您认可他们的能力。

留住一个好员工远比去寻找一个新员工所付出的精力和成本要小得多。当您的员工开始主动离职的时候，基本上都是从好员工开始，您需要引起高度的关注，因为老板不希望您的到来导致大批优秀员工的离去。

第五：在核心团队成员就位之前举行团队建设活动。

您的理念没有被接受，您的目标被阳奉阴违，您的方案被打折扣，您的命令被忽略，此时，杀鸡儆猴是一个有效的策略，但是，您忽略了一个核心问题，您现在有自己的团队吗？核心成员到了吗？这些问题是自己造成的，还是其他原因，在哪些人身上存在，当您清楚地知道您需要什么的时候，您需要做的是引进核心团队，这个引进不一定都是从外面请，从内部寻找也是一个有效的方式。

第六：过早制定需要采取行动的决策。

决策是否产生好的效果，在于人的执行，如果没有核心的成员，对于关键决策，您有信心去达成既定目标；如果不能达成，推迟关键决策的制定直到团队的核心成员就位，这可能是个明智的选择，战略和人员之间的关系，永远是相辅相成，但根本是人才，没有人才，战略就是空谈。

第七：事事亲力亲为。

当您重组团队时，请 HR 支持并征询他们的意见，不要自己亲力亲为，毕竟您在剥夺别人的饭碗或者侵犯别人的利益，您的目标并不是他们，而是要创造良好的绩效。但是，没有处理好员工关系，您可能面对的不仅仅是工作业绩，而是团队的所有。记住：送人如送佛，即使是要走的员工，也给他们更多的关心和支持，或向人力资源部争取更好的好处，让人力资源部帮您处理会减少您很多事情，同时减少不必要的冲突。

第五节　员工激励的四个关键驱动力

开局期间我们需要良好的业绩来证明自己，但您不能只靠自己，您必须和您的团队一起，激励员工是您走向成功最重要的一步。受到激励的员工能创造出更好的业绩。因此，管理者要想激励员工，就应该了解这些驱动力以及可以采取哪些举措来满足这些驱动力。

第一：获取。人们总是设法去获取一些稀缺的东西，以增加自己的幸福感。当这个驱动力得到满足时，我们会感到高兴；反之，则会觉得不满意。这个驱动力往往是相对的（我们总是拿自己与别人进行比较），而且是难以满足的（我们总是想得到更多）。

第二：融入。许多动物都与自己的父母、亲属或种群建立密切关系，但只有人类把这种关系扩展到了更大的群体，如组织、社团和民族。“融入”驱动力得到满足，人们就会产生热爱、关怀等强烈的积极情感；反之，则会出现孤独、愤世嫉俗等消极情感。在工作环境中，当员工为自己是组织的一员而感到自豪时，他们的激励度就会大大提高；而当组织背叛了他们时，他们就会士气低落。

第三：认可。我们都渴望了解周围的世界，于是提出各种理论去解释各种事情，并且提出合理的行动和应对措施。当事情看上去毫无意义时，我们会感到沮丧；而寻找问题答案的挑战，一般会让我们充满激情。在工作环境中，员工所做的工作如果具有挑战性，并能让他们成长和学习，他们就会受到激励；而当他们所做的工作看起来毫无价值或毫无前途时，则会士气低落。

第四：防御。在面对外来威胁时，保护自己，保护我们的财产和成就、家庭和朋友、思想和信仰，是我们的天性。这种驱动力根植于“斗不过就逃”的基本反应中，这种反应是大多数动物所共有的，但对于人类来说，它不仅表现为攻击性或防御性的行为，还表现为寻求建立一系列制度来推动正义，明确目标和意图，并且允许人们畅所欲言。这种驱动力得到满足后，人们会觉得安全和自信，否则就会产生恐惧、憎恨等强烈的消极情感。

这四个驱动力都是相互独立的，没有主次之分，也不能相互替代。要想充分激励员工，管理者就必须同时满足以上四个驱动力。事实上，每个情感驱动力都可以用不同的组织杠杆最有效地加以满足。理解激励的驱动力后，您需要采取如下措施来达到您的目标。

第一：制定奖励制度。驱动力最容易通过组织的奖励制度得到满足。当然，这还得看组织的奖励制度能否有效界定员工的不同表现，将奖励与绩效挂钩，以及能否给予最优秀的人员晋升的机会。

第二：建立和谐文化。要满足“结合”驱动力，在员工之间培育强烈的同志情谊，最有效的方法就是建立一种促进团队合作、协作、开放和友谊的文化。

第三：岗位设计。满足“理解”驱动力的最佳途径是设计出有意义、有乐趣且具有挑战性的岗位。

第四：绩效管理和资源配置流程。公正、可信、透明的绩效管理和资源配置流程，有助于满足人们的“防御”驱动力。

另外，员工的直接上司对于员工激励度起着与组织政策同样重要的作用。开局期员工虽不指望上司对公司的整体奖励制度、文化、岗位设计或管理体制施加重大影响，但他们清楚上司在自己的影响力范围内确实有一定的决定权。例如，管理者可以在表彰、认可和任务选派上，把奖励与员工表现挂钩。

空降兵只有在组织的制约条件下尽最大努力满足员工的四个驱动力，才能最有效地提高对员工的激励效果，以帮助自己更好地创造业绩。

第六节　团队沟通的九个技巧

对于空降兵来讲，无论是自己处于什么周期，还是管理区域的变化，管理业务的变化，团队沟通是您成功的关键。那么如何有效地进行团队沟通，确保您的团队朝着您努力的路上前进，下面有九个小技巧可供参考。

一、讲故事

波音公司在1994年以前遇到一些困难，总裁康迪上任后，经常邀请高级经理们到自己的家中共进晚餐，然后在屋外围着个大火堆讲述有关波音公司的故事。康迪请这些经理们把不好的故事写下来扔到火里烧掉，以此埋葬波音历史上的“阴暗”面，只保留那些振奋人心的故事，以此鼓舞士气。

二、聊天

奥田是丰田公司第一位非丰田家族成员的总裁，在长期的职业生涯中，奥田赢得了公司内部许多人士的深深爱戴。他有1/3的时间在丰田城里度过，常常和公司里的工程师们聊天，聊最近的工作，聊生活上的困难；另有1/3的时间用来走访5000名经销商，和他们聊业务，听取他们的意见。

三、解除员工后顾之忧

某航空公司总裁凯勒尔了解到员工最大的担心是失业，因为很多航空公司都是旺季时大量招人，在淡季时辞退员工。凯勒尔上任后宣布永不裁员。他认为不解除员工的后顾之忧，员工就没有安全感和忠诚度。从此，该公司以淡季为标准配备人员，当旺季到来时，所有员工都会毫无怨言地加班加点。

四、帮员工制定发展计划

华为是中国科技届的“典范”，每年公司的员工都会有一次与人力资源经理或主管经理的个人面谈时间，在上级的帮助下制定个人发展计划，以跟上公司业务发展，甚至超越公司发展步伐。

五、鼓励越级报告

在惠普公司，总裁的办公室从来没有门，员工受到顶头上司的不公正待遇或看到公司发生问题时，可以直接提出，还可越级反映。这种企业文化使得人与人之间相处时，彼此之间都能做到互相尊重，消除了对抗和内讧。

六、动员员工参与决策

福特公司每年都要制定一个全年的“员工参与计划”。动员员工参与企业管理。此举引发了职工对企业的“知遇之恩”，员工投入感、合作性不断提高，合理化建议越来越多，生产成本大大减少。

七、返聘被辞退的员工

TCL，曾经购买法国汤姆逊公司，中方管理人员到法国后，不去社会上公开招聘年轻力壮的青年工人，而是聘用那些以前曾在本厂工作过，而眼下仍失业的工人。只要工作态度好、技术上没问题，厂方都欢迎他们回来应聘。

八、培养自豪感

阿里巴巴公司创业时，工资并不高，但员工都很自豪。该公司经常购进一些小物品，比如帽子，给参与某些项目的员工每人发一顶，使他们觉得工作有附加值。当外人问该公司的员工："您在阿里巴巴的工作怎么样？"员工都会自豪地说："工资很低，但经常会发些东西。"

九、口头表扬

表扬不但被认为是当今企业中最有效的激励办法，事实上这也是企业团队中的一种有效的沟通方法。新东方就很注意表扬人，创始人俞敏洪如果当面碰上进步快或表现好的员工，他会立即给予口头表扬。此外，俞敏洪还会亲自打电话表扬下属。

这些都是一些有用的技巧，您需要懂得灵活应用，每种方式只有在合适的场景下才能发挥作用，记住：团队沟通的核心在于满足团队成员的需要！

第七节　管理好您的时间

空降兵最宝贵的是时间，我们常发现空降兵自己忙得团团转，而下属却十分悠闲。这里我们将探究一下时间管理（time management）的内涵，因为这涉及空降兵们与他们的上司、同级人员以及下属之间的互动关系。具体地说，我们将讨论三种管理时间：

一是受上司支配的时间（boss imposed time）——用于完成上司下达的工作任务。对于这些工作，空降兵们不能掉以轻心，否则会立即受到直接处罚。

二是受组织支配的时间（system - imposed time），用于满足同级人员提出的积极支持的要求，置若罔闻，也会招致惩罚，尽管惩罚并不总是直接的或迅速的。

三是由个人支配的时间（self - imposed time），用于完成空降兵们自己想出的或者同意去做的事情，然而，其中一部分时间会被下属占用，成为受下属支配的时间（subordinate - imposed time）。剩余时间才属于空降兵自己，称为自己支配的时间（discretionary time）。由个人支配的时间不会导致受罚，因为上司或组织压根不知道空降兵最初打算做些什么，所以就无法对没有完成什么加以惩罚。

为了满足各方要求，空降兵需要控制好工作的时间安排和内容。既然完不成上司和组织交代的任务就要受罚，空降兵们绝不能忽视这两方面的要求。因此由个人支配的时间就成为他们主要考虑的方面，空降兵们应该努力通过最大限度地减少或消除受下属支配的时间，增加由个人支配的时间，然后利用所增加的时间更好地处理上司和组织布置的任务。然而，大多数空降兵没有意识到，他们把过多的时间花在解决下属的问题上。因此，我们将利用背上的猴子（monkey - on - the - back）这个比喻来分析受下属支配的时间是如何产生的，以及上司应当如何应对。

一、猴子在谁的背上?

让我们想象一下：一位空降兵正走在大厅里，这时注意到他的一位下属丽琼迎面走来。当两人相遇时，丽琼向空降兵问好：“早上好。顺便说一下，我们遇到了一个问题。您知道……”当丽琼继续往下说时，空降兵发现此次的问题与他的下属向他提出的所有问题一样具有两个特点：其一，他知道需要参与解决问题；其二，他对情况还不够了解，无法如下属所愿当场拍板。最后，这位空降兵不得不说：“很高兴您能提出这个问题。我现在很忙。让我考虑一下，我会给您答复的。”随后，两人分开了。

让我们分析一下刚才发生的一切。两人碰面前，“猴子”在谁的背上?

在下属的背上。两人分手后，“猴子”又在谁的背上？在空降兵的背上。当“猴子”从下属背上跳到上司的背上时，受下属支配的时间就开始了，一直到该空降兵把“猴子”归还给真正的主人喂养为止。在接受“猴子”的时候，空降兵自愿地变成自己下属的下属。也就是说，他允许丽琼把他变成她的下属，去完成一个下属通常要为上司做的两件事——空降兵从自己的下属那里接过了责任，并向下属承诺报告工作进展。

这位下属为确保空降兵不会忘记这件事，此后将会把头探进空降兵的办公室，喜滋滋地问道：“事情进行得怎么样了？”（这叫监督）。

或者，让我们设想另外一个场景。在会谈结束时，这位空降兵对另一位下属海波说：“好，把这个问题的备忘录给我送来。”

让我们分析一下这个情景。“猴子”此刻还待在下属的背上，因为下一步行动要由他采取，但“猴子”已经准备跳跃了。海波尽职地写好备忘录，并把他放入发文篮（out - basket）。此后不久，那位空降兵从自己的收文篮（in - basket）拿到备忘录，并开始阅读。现在该谁行动了？是这位空降兵。如果不赶快行动，他就会从下属那里得到一份后续备忘录（这是另一种形式的监督）。这位空降兵拖延的时间越长，那位下属就将越感到沮丧（他将会无所事事），而这位空降兵就越感到愧疚（被下属支配的时间将大量增加）。

想象一下同第三位下属碧云见面的情景。这位空降兵要求碧云起草一份公关计划书，并保证向她提供所有必要的支持。临别时空降兵对她说：“需要帮助的话，尽管告诉我。”

现在，我们分析一下这个例子。“猴子”最初还是在下属的背上，但它还会待多久呢？碧云意识到，在计划书得到批准之前，她不可能“告诉”空降兵自己需要哪些帮助。而且，根据以往的经验她还意识到，她的建议书要在空降兵的文件箱里放上好几个星期，最终才能被空降兵批阅。那么，究竟谁背上了“猴子”？谁将检查谁的工作？此时，无所事事现象和瓶颈效应又一次发生了。

第四位下属是李德，他刚从公司的另外一个部门调来，以便启动并最终管理一个新设立的业务项目。这位空降兵说，他们应尽快碰头，为这项新的任务敲定一系列工作目标。他还补充道：“我将草拟一份初步方案，然后与您讨论。”让我们也分析一下这种情况，这位下属拥有了新的工作（经正式任命）和全部职责（经正式授权），但是这位空降兵却要采取下一步行动。在任务完成前，他将背负着“猴子”，而下属则无所事事。

为什么会发生这一切？因为在每一种情况下，不论是有意还是无意，这位空降兵及其下属从一开始就认为问题是两个人的。在每一个例子中，“猴子”最初横跨在两个人的背上。它只需移动一下那只跨错的腿——“唰！”——下属就一下子消失了，留下空降兵照管这只“猴子”。当然，您可以训练“猴子”不要挪动那条腿，但更简单的办法是，从一开始就阻止它横跨在两个人的背上。

二、谁在为谁工作？

让我们来假设，这四位下属非常体贴他们的上司，为了不占用他的宝贵时间，每个人都竭力不让三个以上的“猴子”在一天之内跳到空降兵的背上。在五个工作日的一周中，这位空降兵将要背上 60 只尖叫的“猴子”——数量太多，根本无法一个个地应付。因此，他把受下属支配的时间用于焦头烂额地处理那些“首要事务”。

星期五下午晚些时候，空降兵把自己关在办公室里以免受他人打扰，从而可以仔细考虑一下处境，而他的下属们正在门外等候，要抓住周末前最后的机会提醒他必须“快做抉择”。想象一下他们在等待时会怎样谈论空降兵，“总是卡在他这儿！他就是拿不定主意。一个无法做出决断的人竟能在公司里占据高位，真是想不通！”

最糟糕的是，该空降兵无法采取任何“下一步行动”，因为他把时间几乎都用在满足自己的上司和公司要求做的事情上。为了应付这些任务，他需要自由支配的时间，但是当他满脑子想的都是下属的“猴子”时，他根本没有自由支配的时间。这位空降兵陷入了一种恶性循环。然而，时间在白白流逝（这样说还是轻的）。空降兵通过内线给秘书打电话，让她通知他的各位下属：他只能下星期一上午见他们。晚上 7 点，他开车回家，打定主意第二天回办公室加班，在周末把一切处理完毕。第二天，他精神焕发地早早来到办公室，结果却透过办公室玻璃窗看到最近的球场上有四个人在进行双打比赛。猜猜他们是谁？

原来如此。他现在知道了究竟谁在为谁工作。此外，他现在还意识到，如果他按计划在周末完成要做的工作，他的下属就会士气大增，放开限制，让更多的“猴子”跳到他背上。总之，如同登上山顶后眼前豁然开朗，他猛然醒悟过来：他越是往前赶，就越会落在后面。

他像逃避瘟疫一样迅速离开了办公室。他有何打算？他要抓紧去干一件多年来一直无暇顾及的事情：和家人共度周末（这是自由支配时间的多种形式之一）。

周日晚上，他酣睡了 10 个小时，因为他已经为星期一制订了一个明晰的计划。他打算摒弃受下属支配的时间。这样，他将拥有与他们同样多的自由支配的时间，其中一部分时间他将花在下属身上，确保他们学会这门被称为“猴子的喂养”的管理艺术。

这位空降兵还会剩下大量自由支配时间，不仅可以更好地管理受上司支配的时间，也可以更好地管理受组织支配的时间，从而有效控制这两方面的时间安排和工作内容。这也许需要几个月时间，但与过去相比，回报却是很丰厚的。该空降兵的最终目标是管理好自己的时间。

三、摆脱“背上的猴子”

星期一上午，空降兵故意姗姗来迟，和他想的一样，四位下属已经聚集在他的办公室外，等待他来讨论他们的“猴子”。他把他们一一叫进办公室，每次拿出一只“猴子”，摆在两人之间的桌面上，共同为下属确定下一步的行动。对于处理某些“猴子”来说，的确要费一番周折才行。如果无法确定下一步行动，空降兵就权且让“猴子”在下属的背上过夜，让他或她在第二天上午约定的时间带着“猴子”回来，继续与下属共同探求下一步行动（“猴子”这一夜在下属的背上与在上司的背上一样睡得香甜）。

每位下属起身离开时，空降兵欣慰地看到一只“猴子”趴在下属的背上离开了办公室。在随后的24小时里，不是下属等候空降兵，而是空降兵等待下属。

后来，似乎为了提醒自己中途进行一下有益的活动并不违反规定，空降兵踱着步子经过下属的办公室，从门外探进头去，喜滋滋问：“事情进行得怎么样了？”（在做这件事上耗费的时间，对空降兵来说是自由支配的时间，而对下属来说则是受上司支配的时间）。

第二天，当这位下属背着“猴子”和空降兵在约定时间见面时，空降兵用大致如下的话解释了他的基本原则：

“任何时候我帮助您解决这个或那个问题，您的问题都不会变成我的问题。在您的问题变成我的问题的那一刻，您就不再有问题了。我不能帮助一个没有问题的人。”

“在这次会面结束时，您的问题将与进来时一样由您背着离开办公室。您可以在任何约定时间来请求我的帮助，我们会共同确定我俩中谁来采取下一步行动。”

“一般情况下采取下一步行动的人不会是我，万一是我的话，您也要和我一起做出决定。我是不会单独采取任何行动的。”

在与每位下属谈话时空降兵都遵循同样的思路，谈话一直持续到上午11点左右，这时他意识到他不必关门了，“猴子”已经离开了。当然，它们还会回来，但只有在约定的时间才会出现。他的日程表将确保这一点。

四、把主动性还给下属

通过“背上的猴子”这个比喻，我们力求说明的是，空降兵们可以把行动的主动性（initiative）还给下属，并使下属始终保持这种主动性。我们试图强调一个显而易见而又十分微妙的道理：在发掘下属的主动性之前，空降兵必须保证下属具有主动性。一旦空降兵把这种主动性还回去，他自己就不再拥有，他就能减少受下属支配的时间，增加自己的自由支配时间。

空降兵和下属也不能同时具有同样的主动性。那句开场白“老板，我们有一个问题”就暗含与两人有关，而且就像前面所指出的那样，表示一只“猴子”横跨在两个人的背上，这是一种极其糟糕的方式。因此让我们花一点时间审视一下我们所说的“管理主动性的剖析”。

与上司和组织打交道时，空降兵可发挥的主动性分为五个层次：

（1）等待别人吩咐（最低层次的主动性）；

（2）询问该做什么；

（3）提出建议，然后就采取相应的行动；

（4）采取行动，但立即提出建议；

（5）自己主动行事，然后定期汇报（最高层次的主动性）。

显然，无论是与上司还是与组织打交道，空降兵们应该具有足够的职业精神，不能仅仅限于第一和第二层次的主动性。采取第一层次主动性的空降兵根本无法控制受上司和组织支配的时间——无论在日程安排还是在工作内容上，因而也无权抱怨自己被要求做什么或何时去做。采取第二层次主动性的空降兵可以妥善安排时间，但是不能控制工作内容。采取第三、第四和第五层次主动性的空降兵，两者都能控制，而采取第五层主动性的空降兵具有最大的控制力。

对于管理下属来说，空降兵的工作具有两重性。第一，要禁止下属们采取第一和第二层次的主动性，这样可以迫使下属别无选择，必须学习和掌握“员工的全部职责”（completed staff work）。第二，要确保当下属带着问题离开空降兵办公室时，双方除了商定下次见面的时间和地点，还要对下属应采取的主动性层次达成一致。此外，空降兵应及时在日程表上标明见面时间和地点。

五、“猴子”的喂养

为了把背上的“猴子”与任务分派及控制流程之间的相似性讲得更清楚，我们参考一下空降兵的工作日程表。这种日程表要求遵循“喂养猴子”的五项严格的原则（违反这些原则将导致丧失自由支配的时间）。

原则一：要么给“猴子”喂食，要么开枪打死它。否则“猴子”会饿死，而空降兵则要浪费宝贵时间为“猴子”进行尸检，或者试图使“猴子”死而复生。

原则二：应该把“猴子”数量控制在空降兵有时间喂食的极限之内。下属应尽量为空降兵提供足够多的“猴子”来喂食，但不能超过他的时间允许范围。给一只正常状态的“猴子”喂食不应超过 5 ~ 15 分钟。

原则三：只应在事先约定的情况下给“猴子”喂食，空降兵不应该四处捕捉饥饿的“猴子”，或不分青红皂白地抓到一只喂一只。

原则四：应面对面或通过电话给“猴子”喂食，但永远不要通过邮件来进行（记住：如果通过邮件喂食，采取下一步行动的人就是空降兵了）。当然，“喂食”过程可以包括文件记录，但不能取代“喂食”本身。

原则五：必须为每只“猴子”确定下一次喂食时间和主动性层次。只要双方同意，这些约定在任何时候都可以修改，但永远不能变成模糊或不确定的东西。否则，“猴子”不是饿死，就是最终落在空降兵的背上。

“对工作时间安排和工作内容加以控制”是关于时间管理的一条有益建议。第一步，空降兵可以通过消除受下属支配的时间扩大自由支配的时间。第二步，空降兵应该把增加的自由支配时间的一部分用来确保下属具有主动性，并加以发挥。第三步，空降兵把另外一部分增加的时间用于控制上司和组织分派的任务。所有这些步骤都将增加空降兵控制时间的能力，使他们在管理“管理时间”上花费的每一个小时都能无限增值。

当然，您还需要掌握其他一些技巧，比如，按照事情的重要程度和紧急程度来进行划分，确保您能够有效地管理时间，快速学习，快速成长！

第八节　管理好您的能量的四个源泉

作为空降兵，除了要管理好您的时间外，您还需要管理好您的能量。开局期间，您往往要付出比一个正常的领导人多几倍的努力，才能赢得信任，创造佳绩。因此，时间对您来说总是太短，您一天需要工作 18 个小时以上，甚至更多，但是，这种涸泽而渔的方式是不可取的，因为时间是一种有限的资源。相比之下，能量则不同。

物理学将能量（Energy）定义为工作时可以使用的潜在能力，对于人类来说，能量主要来自 4 个源泉——身体、情绪、思想和精神，通过形成特定的习惯，以上每个源泉都能为人类系统地提供并定时补充能量。所谓特定的习惯，就是有意识地按照严格的时间表进行日常活动，并尽快使它们转变为无意识的、自动自觉的行为。因此，我们需要不断提升我们的能量！

一、好身体产生高能量

首先从对体能的关注开始。营养不良、缺少运动、睡眠不足和休息不够会降低人的基础能量水平，削弱情绪控制力和专注力。然而，现实中许多开局都无法将健康有益的行为坚持下去，因为生活中牵扯他们精力的事太多了。

在一天的工作当中，间或离开办公桌休息片刻。这种休息的好处在生理学上是有依据的。“亚昼夜节律”（ultradian rhythms）是一个 90 到 120 分钟的周期，在此期间，我们的身体逐渐从精力旺盛的状态过渡到生理上的低谷期。在每个周期即将结束时，身体就开始渴望进入恢复期，它会发出一些信号，包括坐立不安、打哈欠、饥饿、走神，但我们许多人都不把这些当回事，继续埋头苦干。结果，随着一天工作的结束，我们的能量储备——剩余潜能——也被消耗殆尽了。

间或休息一下来补充能量能够提高和稳定绩效。休息的质量比时间更为重要。如果您能养成定时放下手头工作休息片刻的习惯，真正做到张弛有度，那么您就有可能在短时间内（甚至是几分钟内）得到很好的恢复。休息的方式多种多样，您可以和同事聊聊工作以外的事，可以打开 iPod 播放器听听音乐，也可以在办公楼的楼梯上下走几个来回。虽然在大多数组织文化中，休息都是不值得称道的，也不符合许多事业有成者的观念，但休息的确给我们带来很多益处。

马修·兰（Matthew Lang）是索尼公司位于南非的一家分公司的董事总经理，他采纳了与法罗相同的一些习惯，包括午后散步 20 分钟。在散步的过程中，兰不仅在思想和情绪上得到休息，在身体上得到了锻炼，而且还会闪现出一些绝妙的创意。这是因为，在散步时大脑不是处于主动思考的状态，这样，原先占主导地位的左脑就让位于右脑，而通观全局、进行富有想象力的跳跃性思维正是右脑的强项。

二、好情绪提高能量的质量

不管外部压力有多大，人们只要控制好自己的情绪，就可以提高能量的质量。为做到这一点，我们首先必须弄清楚自己的情绪在一天工作的各个时段中有何变化，这些情绪对我们的效率有何影响。大多数人都发现，当自己情绪愉快的时候，往往就是绩效最高的时候。相对的，一旦自己不在这种状态，我们的绩效就不理想，或无法有效地领导下属。

不幸的是，如果不定时休息，我们在生理上就无法长时间保持积极乐观的情绪。当面对严酷的要求和意外的挑战时，我们就容易情绪低落，常常在一日内数度产生“战斗还是逃避”的想法，而且动不动就会发脾气、不耐烦，整天忧心忡忡，没有安全感。这种思想状态会耗尽人的能量，在人际交往中制造摩擦。这种“战斗还是逃避”的情绪还让人无法进行清醒和理性的内省。看到这里你是不是感觉“天，我现在就是这种状态”不过，一旦明白哪些类型的事件会引发我们的消极情绪，我们就可能更好地控制自己的反应。

有一个简单而有效的习惯可以驱散消极情绪，我们称之为“买时间”。做深呼吸就可以达到这一目的。慢慢地呼气，持续5~6秒，您会感到身心有所放松和恢复，“战斗还是逃避”的反应也消失无踪。

最后，我们可以学着换一种方式来讲述自己生活中发生的事件，以此来培养积极的情绪。通常，身处冲突旋涡中的人会把自己看成是受害者，遇到难题就怨天尤人。但是，在某种特定情形下发生的事实是一回事，我们如何解读这些事实又是另外一回事，认识到这两者之间的差异是非常重要的。许多人都惊奇地发现，自己可以选择不同的角度来看待某个特定的事件，而叙述这一事件的方式也会对自己的情绪产生重大影响。我们教他们不论在哪种情形下都叙述那些最令人振奋、最能给人鼓劲的故事，当然前提是不否认或粉饰现实。如果想换个方式讲故事，最有效的方法是通过三种新的“透镜”来看待这种情形，而不是以受害者的眼光去看世界。例如，透过反向透镜看一看，他们就会自问：“冲突中的另一方会怎么说？在怎样的情况下他会这样说？”透过长焦透镜看，他们会问：“半年后，我将会如何看待这一情况？”透过广角透镜看，他们会问自己：“且不论这个问题结果如何，我能从中学到些什么？会取得怎样的进步？”每一个透镜都能帮助我们有意识地培养更为积极的情绪。

三、集中思想可以加强能量

许多空降兵认为，如果有一大堆任务摆在面前，就必须同时着手处理，但实际上，这种做法会降低工作效率。一心多用的代价是高昂的，将注意力从一项任务暂时转移到另一项——例如放下手头的工作去回复电子邮件或打电话——会延长完成主要任务所需的时间，最多的会延长25%，这种现象就是所谓的“切换时间”。如果您能在 90 到 120 分钟内集中全部精力去做一件事，然后好好地休息一下，接着再全力投入下一项活动，那么您的效率就会高得多。我们将这类工作时段安排称为“亚昼夜节律的冲刺”（Ultradian Sprints）。

如果您发现自己难以做到专心致志，那么您可以通过制定习惯来减少科技给生活带来的无情干扰。在我们的能量管理项目中，我们首先为高管们安排了一项练习，迫使他们直面分心所造成的影响。我们让他们在不时被打断的情况下完成一项复杂的任务，结果他们说，这种体验和他们的日常经历差不多。

调动思想能量的另一种方法是系统地专注于能够带来最长远优势的活动。人们对于极具挑战性的工作，往往不是干脆避而远之，就是到了最后关头才匆忙上阵，除非事先特意为它安排好时间。与我们合作的高管制定了多种习惯来帮助自己集中能量，其中最有效的一种习惯是每天晚上确定出第二天最重要的挑战，把它作为次日早晨上班后的 OKR。让·吕克·迪凯纳（Jean Luc Duquesne）在巴黎的索尼欧洲分公司担任副总裁。过去，他和许多人一样，一到办公室就立刻去回复电子邮件。而现在，他尽量把每天上班后的第一个小时用来集中处理最重要的问题，结果他发现，常常是到了上午 10 点钟的时候，他感觉自己这一天就已经硕果累累了。

四、精神追求可以激发能量

当人们的日常工作和活动与他们最为珍视的、能够赋予他们意义感和目的感的东西相一致时，他们的精神能量就会发挥作用。如果他们正在做的工作对他们真的很重要，他们通常就会感到精力充沛、注意力集中，并能够持之以恒地坚持下去。遗憾的是，高要求、快节奏的职场生活让人们很少有时间去关注这些问题，许多人甚至没意识到，生活意义和目标的追求也是能量的潜在源泉。不过，如果我们在推行能量管理计划时，一上来就关注到精神层面，它所起的效果可能会微乎其微；只有当参与者在其他几个层面上形成了习惯，并尝到了其中的甜头之后，他们才会明白关注自己更深层次的需求将对工作效率和满意度产生显著的影响。

为了从精神中获取能量，人们需要厘清优先事项，并以此为准在三个方面制定习惯：

（1）做自己最擅长和最喜欢的工作；

（2）有意识地为生活中最重要的方向分配时间和精力，认真工作，关心家庭、健康和他人；

（3）在日常行为中奉行自己的核心价值观。在发掘自己最拿手和最喜欢做的事情时，您要意识到这两者并不一定是彼此重合的。

第一个方面，做您非常擅长的工作时，您可能会得到许多好评，但您却无法从中获得真正的享受。反过来，有些事情是您特别想做的，但您也许并没有那方面的天分，您若想在这些事上获得成功，就得付出远远超于常人的能量。

第二个方面，把时间和精力投入对您至关重要的事项中。在这点上，人们再次表现出矛盾性——口头上说的是一回事，实际上做的又是另外一回事。制定习惯有助于消除这种矛盾。

第三个方面，在日常行为中奉行自己的核心价值观，这对于许多人来说是个挑战。大多数人每天奔波忙碌、行色匆匆，很少能静下心来问问自己：我们的立场是什么？我们想成为什么样的人？结果是，我们总是听任外界的要求来支配自己的行动。

我并不建议人们给自己的价值观下个明确的定义，因为大家所下的定义基本都是俗套。我们都是用一些方法来探查他们的价值观，其中包括问一些让他们毫无准备随口就给出心底答案的问题，例如我会问他们："您对他人的哪些品质感到最为不满？"人们在描述这些他们无法容忍的行为时，往往无意中就流露出自己真实的立场。

例如，如果您非常厌恶刻薄吝啬的行为，那么慷慨大度或许就是您的主要价值观之一；如果他人的粗鲁无礼对您伤害至深，那么替他人着想大概就是您极为珍重的价值观。正像在其他两方面所做的一样，制定习惯有助于缩小您所向往的价值观和您所作所为之间的差距。比如，如果您发现替他人着想是值得褒扬的，而您自己开会却总是迟到，那么您就可以制定这样一条习惯——比平常提早5分钟结束您主持的会议，然后有意识地在下一个会议开始前5分钟到场。只要在这三方面形成良好习惯，人们在职场内外的生活中就更加能体会到有序、满足和幸福的感觉。这些感觉本身就是获得充沛能量的源泉，并且能推动人们持之以恒地遵循在其他能量层面上制定的习惯。

空降兵承受的压力是平常的几倍，管理好自己的能量，不仅仅能够提高自己的效率，作为领导，您同时也会带给您的同事更好的能量！

领导力就是找到每个人的正能量；而在找到其他人正能量的之前，您需要先找到自己的，同时不断发挥它们！

第六部分：

开局之后， 躬身入局

第一节 CEO 的六堂 OKR 必修课

英特尔在安迪·格鲁夫领导下的 10 年为什么能够实现 10 倍速的增长？谷歌在拉里·佩奇领导下为什么能够迅速成为万亿市值公司？字节跳动在张一鸣领导下为什么仅仅用 10 年就能成就万亿市值？这其中奥秘是什么？

在 A 股上市的 5247 家公司中（截至 2023 年 7 月 26 日），超过 100 亿元市值的仅有 1573 家，不到 70%，扣非净利润率持续下滑，资本利用率低下，要实现突破是如此困难，这其中问题出在哪里？

很可能是 OKR 的落地出现了问题。实际上 90% 的 OKR 在中国的落地都不顺利。一方面，OKR 带领部分先进公司一路高歌，持续突破增长陷阱；另一方面，大部分企业的 OKR 却又无法落地，这问题出在哪里？

绝大多数的 A 股上市公司和国内企业还在采用以 KPI 为主导的绩效管理体系，不到 10% 的上市公司股权激励运用是薪酬证券化（Stock - Based Compensation），这区别在哪里？

究其原因，本质是理念、方法及工具。作为 CEO，在数智化时代，从理念到方法、到工具要进行一次革命，德鲁克说动荡时代的最大风险不是动荡本身，而是企图以昨天的逻辑来应对动荡。那么，正确的应对逻辑又是什么呢？

我们将回归到商业本质，重新定义以“拥户”为中心的商业思维，理解 OKR 的增长飞轮，运用 OKR 管理准则、三力模型、三度评价、时间模型、盘点九宫格、360 评价、薪酬证券化、增益值（G 点）、Grows 等工具，实现企业发展“可复制，规模化，10 倍速”。

作为空降的 CEO，开局之后每 90 天都是一种考验，如何带领团队持续地走向成功是每一个 CEO 都必须面对的挑战。

第二节　神奇 OKR：短短十年，成就万亿市值的字节

一、OKR 的概念和起源

（一）OKR 的起源

OKR，Objectives and Key Results 的缩写，即“目标与关键结果”工作法，是一套明确和跟踪目标及其完成情况的管理方法和工具，帮助我们沟通、量化并实现那些宏大的目标。

OKR 始于现代管理教父彼得·德鲁克。1954 年，彼得·德鲁克出版了《管理的实践》一书，他是第一位将管理视为一项单独责任的人。在书中，他讲了一个“三个石匠”的故事。有人让三个石匠分别描述一下自己的工作，第一个石匠说自己是在养家糊口，第二个石匠说自己在做全国最好的石匠活儿，而第三个石匠说自己在建造一座大教堂。很多人都认为，第三个石匠最具有成为管理者的潜质，第一个石匠则很可能一辈子都只是一个普通石匠，而对于第二个石匠，大家往往判断模糊。

德鲁克把关注的焦点放在了第二个石匠身上，他认为大多数管理者恰恰都像第二个石匠一样，致力于成为自己所在领域的专业人士，追求技艺的精湛，并且用这样的标准去衡量和评估他们的下属。技艺是非常必要的，在专业领域拥有一技之长是必须鼓励的，但这就够了吗？

在真实的组织运作中，我们常常发现，管理者过度关注自己的专业水平，却忘记了这只是帮助组织实现终极目标的手段。这就埋下了深深的隐患：各部门为了扩大势力而各自为政，使组织变得异常松散；同时，相互

独立的部门只能从自己的专业角度片面地审视组织的问题，无法与其他部门形成良好的共识与沟通，更谈不上配合协作。

德鲁克指出，“高效能的组织管理必须将所有人的愿景和努力导入一致的方向，管理者必须在正确的方向上投入最大的心力，一方面，他们要发挥最高的专业水准；另一方面，还要把高超的专业技能当作达到组织目标的手段，而不是把高标准本身当作努力的目标”。

英特尔公司的安迪·格鲁夫非常推崇德鲁克的目标管理，1971 年在此基础上开发出 OKR 工作法，将之在英特尔公司推行并获得巨大成功。1999 年，其下属约翰·杜尔把 OKR 工作法引入了谷歌，谷歌创始人拉里·佩奇和谢尔盖·布林在整个团队（当时约有 20 名员工）中采用了它。从那时起，OKR 成为谷歌文化和 DNA 不可或缺的一部分。后来，他们将谷歌的成功归功于 OKR 的帮助，从而获取了许多创新思维、团队中的扁平化层次结构以及高昂的员工士气。“OKR 帮助谷歌实现了 10 倍以上的增长，帮助我们实现了‘组织世界信息’这一疯狂而大胆的使命。在最重要的时候，OKR 让我们按时了完成目标。”Alphabet 首席执行官、谷歌联合创始人拉里·佩奇如是说。

OKR 在谷歌的成功，让许多外国先进公司纷纷开始采用 OKR 框架。其中包括 Airbnb、LinkedIn、Dropbox、Spotify、Netflix、亚马逊、Facebook、Gap、李尔、德勤和 Adobe。每家公司都根据自己的需要采用这种方法。需要注意的是，OKR 的目的并不是解决所有管理和领导力方面的差距。你可以理解为是本身具备高度自驱的团队或者有决心打造高度自驱的团队，通过一种科学的工具，来提高团队生产力，最终实现前所未有的宏大目标！

2012 年张一鸣创立字节跳动，从二十几个人团队开始，运用 OKR 经营公司，10 年后的今天，字节市值超过 5000 亿美元。

（二）OKR 的定义

权威学者保罗·R·尼文和本·拉莫尔特在著作《OKR：源于英特尔

和谷歌的目标管理利器》中给出了 OKR 的定义：OKR 是一套严密的思考框架和持续的纪律要求，旨在确保员工紧密协作，把精力聚焦在能促进组织成长的，可衡量的贡献上。按照这个定义，可以明确以下几点：

（1）严密的思考框架：OKR 并不是简单的每个周期跟踪一下执行的结果，而是要超越数字本身，思考这些数字对你以及组织来说意味着什么。

（2）持续的纪律要求：OKR 代表了一种时间和精力上的承诺。很难想象一个缺乏纪律的公司能推动 OKR 成功进而实现组织成长目标。

（3）确保员工紧密协作：OKR 帮助沟通，促进员工团队的协作，聚焦组织目标，统一团队成员目标，而不是对员工的绩效进行考核。

（4）精力聚焦：OKR 用于认可最关键的业务目标，而不是一些待办事项的简单罗列。

（5）可衡量的贡献：确保对最终的结果可以客观衡量，而不是靠主观评价。

（6）促进组织成长：判断 OKR 实施成功与否的最终标准，就是看是否促进了组织成长。

由此，OKR 帮助企业聚焦战略主目标，使团队上下同欲，坚持围绕主目标奋斗，保持持久的战斗力，不断创新突破，促进组织增长。

OKR 帮助公司对齐战略目标，使公司在“主赛道”上描绘出清晰蓝图：公司目标由管理层根据企业愿景和战略共创，进而被部门共创目标，最后与员工共创个人目标来支撑公司 OKR 的实现。OKR 为合理实施目标提供方法与框架，将宽泛复杂的大目标转换为一个个具体的策略与可实现的关键结果，使企业时刻聚焦发展主赛道。

OKR 帮助构建出公开透明的工作氛围，高效地粘合全员：OKR 使员工能充分了解上一层级乃至最高层级管理者的工作目标，使全员加深对公司发展的理解，促进团队成员信任及合作。

OKR 帮助提升全员执行力：在设立个人目标时，OKR 赋予员工极大程度的自主权，允许员工根据实际情况进行反馈调整。员工从小处着手，可操作性及可实现性均大幅提升，将管理层制定的大目标与策略付诸行动、落到实处；

OKR 帮助激发员工自主性，使全员从“要我做”转变为“我要做”：全员围绕 OKR 开展工作，不再被动接受任务，而是基于自身能力和使命主动出击，以主人翁的心态保持对目标的承诺感。OKR 帮助企业打破传统体制的拘束，激发员工以“挑战自我”的激情开展工作。

（三）OKR 能解决什么问题？

约翰·杜尔在《这就是 OKR》一书中，详细阐述了 OKR 的作用，他把 OKR 叫作“利器”，硅谷的高管们也都说“杜尔老伙计推销的 OKR 真的很棒”，能解决很多问题，比如：

（1）高绩效组织应该聚焦重要的工作，同时清楚什么是不重要的。对于组织、团队和个人来说，OKR 是一种精准沟通的工具，能消除困惑，让我们进一步明确目标，聚焦到关键的成功要素上。

（2）OKR 具有透明性，上至首席执行官，下至一般员工，每个人的目标都是公开的。这种自下而上的协同，将个人贡献与组织成功联系起来，为工作赋予了特定的意义。自下而上的 OKR，则通过激发员工的主人翁意识，促进了个人的参与和创新。

当所有人的目标都清晰可见的时候，沟通成本就会大幅降低。字节跳动成立以来，发展十分迅猛，技术团队也曾在产品经理的海量需求中轻重不明、缓急不分。引入 OKR 后，在共创 OKR 的会议上，各个部门的负责人会把下一阶段的需求先说出来，再一起商量如何协同，并把讨论结果写到 OKR 中，随后公之于众，这极大降低了沟通成本。OKR 的作用就在于，每开一次这样的会议，协同效果就能增进一些。

（3）OKR 是由数据驱动的，定期回顾、目标评分和持续的调整可以让 OKR 充满生机，所有这一切都是基于客观、负责的精神。危险的关键结果会引发某些危害，应使其回到正轨，或者在必要时对其进行修改或替换。

（4）OKR 激励我们不断超越之前设定的各种可能，甚至超出我们的想象力。通过挑战极限和允许失败，OKR 能够促使我们释放出最具创造力和雄心的自我。

OKR 会激励人不断向更高的结果迈进。以谷歌 Chrome 浏览器为例。第一年，当时的负责人皮查伊和团队设定的关键结果是“七天活跃用户数达到 2000 万”。皮查伊心里清楚，达到这个关键结果很难，但是他也知道，不断挑战能力极限也是很重要的。

第二年，皮查伊和团队将关键结果定为 5000 万。您可能要说，前一年的 2000 万都没有完成，这一年定为 5000 万，是不是有点草率了？皮查伊不是这么想的。前一年的失败，让他思考问题更深入。他想要传递给团队的想法是，尽管我们没有达到目标，但我们正在为突破这一障碍奠定基础。

第三年，皮查伊和团队将关键结果定到一个亿。这促使皮查伊重新思考 Chrome 业务的增长点。Chrome 在这一年从只能在 Windows 系统上使用，变成了可以在多个操作系统上使用，从而扩大了用户群。而且，他们还给那些休眠的用户发提醒，提醒他们使用 Chrome。到年底时，他们超额完成了既定的关键结果，七天活跃用户达到了一亿一千一百万。

Chrome 这个案例，体现了 OKR 催人奋进的力量。它让您紧追关键结果，最终结果会超出您的想象。

二、OKR 成就字节跳动万亿之路

字节跳动可能你不熟悉，但我相信只要你拥有一部智能手机，你的手机里就很可能装有这家公司的 App，而且可能每天都用，每天用很久。今日头条、抖音、TikTok 都是字节跳动的产品。当然你可能不屑地说这些我都不用，但飞书、悟空问答、懂车帝、激萌、轻颜相机、搞笑视频皮皮虾、西瓜视频、番茄小说、小荷健康……总有一款 App 活跃在你手机里！

字节跳动成立于 2012 年 3 月，秉承“可复制，规模化，10 倍速”的理念，目前公司的产品和服务覆盖全球 150 个国家和地区、75 个语种。全球范围内，字节跳动旗下产品活跃用户数超20亿，并成为全球首个单季度用户消费超过10亿美元的应用程序。截至2023年6月，TikTok（抖音海外版）全球下载量超过35亿次，全球用户超过16亿人，其中月活跃用户达到11亿人，使抖音整体成为仅次于Facebook和YouTube的全球第三大社交媒体平台，其市值已经超过了5000亿美元。另外，字节跳动创造的里程碑数不胜数，如图6－1所示。

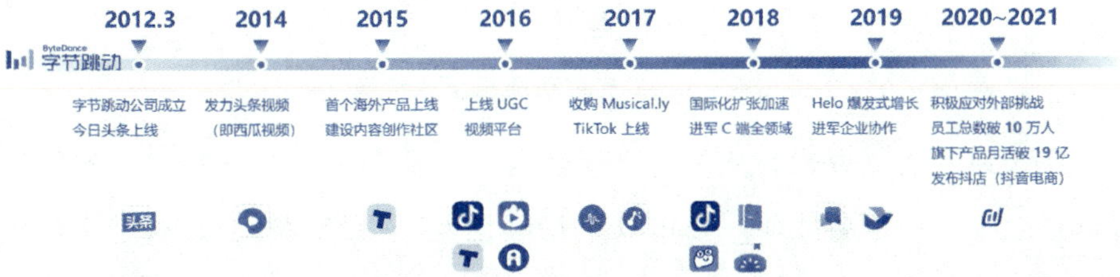

图6－1　字节跳动的业务发展历程

仅用10年从零崛起为全球最有价值创业公司，如图6－2所示。

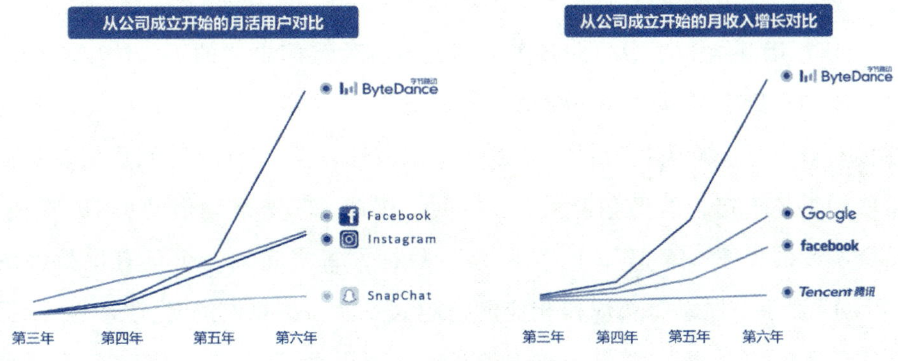

图6－2　字节跳动从零崛起

冲破长期由腾讯和阿里双巨头构成的中国互联网格局；

成为中国企业中极为罕见的全球市场征服者，如图6－3所示。

伴随着字节跳动飞速发展的是张一鸣为它找到的经营管理方法：OKR（Objectives and Key Results）。在公司成立一年后，张一鸣就将OKR引入字节跳动。

图6-3　字节跳动征服全球市场

字节跳动成立以来，从不满足于经营单一业务，而是不断向新的领域发起进攻、随时准备战斗。公司以“持续创业”为经营理念，通过不断拓展新业务来扩大市场规模，塑造以创新精神为核心的企业文化。随着公司不断进入新的业务领域，过往经验的参考价值也逐渐减小，字节跳动急需一个灵活的管理体系来支撑其迅速发展壮大，帮助企业聚焦目标，提高执行效率。

OKR因此成为了字节向各类创新性业务发起闪电战的不二法宝，OKR最重要的原则之一即“70分最好”，其意在于“100分”的目标完成度往往代表着目标实现太过容易，缺乏一定挑战性，而“70分”则代表着目前阶段做得还不错，但仍有较大进步空间。因此，字节跳动借助OKR管理，给企业发展设下一个又一个“70分”目标，每当完成一个具有挑战性的“70分”，字节跳动都会取得相应的跨越式发展。更重要的是，“70分”促使字节不断向前看，保持开拓进取的战斗力，而不会陷入传统企业得到“100分”后心满意足的桎梏。由于公司业务面临多种不确定性，OKR能引导中、基层员工发挥主观能动性，按照实际反馈情况及时调整目标及结果预期，在帮助字节确定大方向的同时，激发员工自主创新的行动，通过个人的“70分”保证员工不会在成果中懈怠。因此，通过OKR目标管理体系保证了字节持续进取，不断开拓的企业文化得以实现。

通过OKR目标管理体系，字节在业务上取得一系列突破性成果。在管理层共创最高级别的目标后，字节的各个部门结合上一级别的 OKR 共创自己部门的 OKR，例如，某一产品负责人制定本季度客户数量增加 50% 的整体 OKR，下属研发负责人可能会制定产品迭代速度提升 15%、反馈收集率达 20% 的 OKR，销售负责人则会制定新客户签约成功率提升 50% 的 OKR。层层细分的 OKR 会促使员工明确自身定位，保持战斗力，推动公司发展。同时，公司不以 OKR 的实施结果论英雄，最大程度上允许员工试错。从早期公司对算法推荐的创新，到 2016 年抖音短视频上线，公司在业务线上取得的突破性成果，无不与 OKR 层层支撑、适当给予员工自由度有关。

在字节跳动公司，很容易知道张一鸣在忙什么。任何员工可以在飞书上直接看到他的 OKR 是什么，更准确点说，在飞书上，任何员工可以看到任何同事的 OKR，以及基本信息、汇报关系。每月员工制定双月 OKR 时（2023 年 6 月改成季度 OKR），都会发生一场激烈的碰撞。比如产品经理这个双月希望达到的核心数据指标，也需要依赖运营的工作，所以就需要双方对齐目标优先级。这样下来，双方就完成了一次从下至上的创造力释放，比起直接从上级获取任务来得更灵活。

三、OKR 增长飞轮：聚焦方向、创造价值与激发使命

OKR 有三大增长飞轮：聚集方向、创造价值与激发使命，如图 6-4 所示。

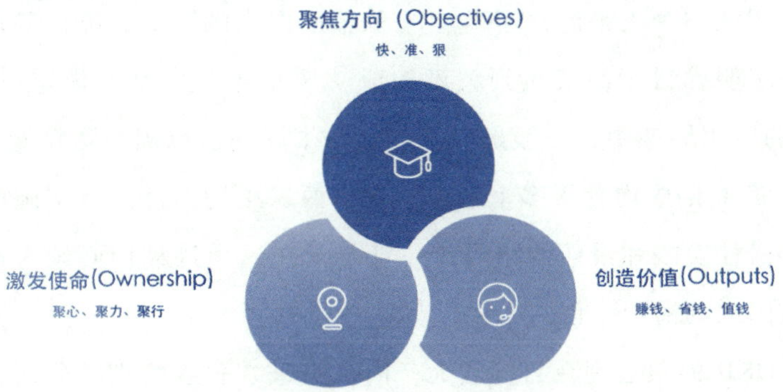

图 6-4　OKR 三大增长飞轮

（一）聚焦方向（Objectives）

在杰克·韦尔奇眼中，企业战略并不是什么高深莫测的科学方法，很多企业的失败原因都归结于过度的思考而没有敏捷的行动：“你选准一个努力的方法，然后不顾一切实现它罢了……。”

在具体实践中，要更好地聚焦方向，必须做到快、准、狠。

快：OKR 的“快”表现在三个方面：一是快周期，面对高度不确定的外部环境，OKR 要求每个目标周期不要超过 3 个月来应对，每 3 个月根据 KR 的完成度来反思，并根据环境（包括客户、员工、供应商、渠道商），市场的变化来调整下个季度的方向；二是快迭代，OKR 要求每周根据市场的反馈来迭代自己的策略与关键任务，给予一线一定或者充分的授权，围绕业务和目标自行迭代各自行动，从而适应快速变化的外部市场；三是快增长，OKR 要求增长是按照“10 倍速”来设计，从 10 倍速的视角来反观我们需要多少时间、多少资源，我们策略是什么？以终为始地制定整个竞争战略和实施路径。

准：“准”首先是做正确的事、做正确而难的事情，但“准”不容易，一是 OKR 要求通过快速的迭代来检验目标和策略的正确性，通过持续的复盘去找出正确的事；二是聚焦：任何企业资源都是有限的。为确保目标实现，必须聚焦。CEO 应该聚焦重要的工作，同时清楚什么是不重要的。对于部门、团队和个人来说，OKR 是一种精准沟通的工具，能消除困惑，让我们进一步明确目标，聚焦到关键的成功要素上。三是在规定时间产出：在 OKR 的应用周期中，一般是以季度为一个周期，以周为颗粒度。在整个 OKR 的时间周期中内含了多个节点，在资源、预期、计划、实施中不断地迭代找寻最佳实践和最佳的路径，并且要求在这个周期内必须有产出，从而倒逼出团队的潜力、创造力。

狠：OKR 的狠表现在目标宏大、内在突破、自我管理。公司目标要宏大，团队目标要宏大，个人目标也要宏大，只有对自己狠一点，才能最大限度地激发组织、团队和个人的内在动力；OKR 强化的是内在突破，OKR 始终认为内在突破带来的动力要远远大于外在的压力，能创造出不一样的产出；最后 OKR 通过业务与目标的牵引，员工自行管理自己的任务，围绕目标与关键结果来自行调整自己的行动，全力以赴去完成。如果未能完成，就通过反思与复盘来调整策略与任务，从而推动目标的实现。

（二）激发使命（Ownership）：聚心、聚力、聚行

“激发使命”则是 OKR 管理的核心哲学。只有 OKR 是自己的，才能最大程度激发内在潜力。

- 聚心：OKR 的制定不是单一从上往下拆解，从下往上地对齐帮助企业/团队成员从认知上统一，行动上统一；同时也是检验 OKR 是否是自己的一个标准，只有每个组织、每个团队和个人都将自己的心思、自己的时间围绕 OKR 来展开，这个 OKR 才真正属于自己的 OKR；
- 聚力：强调不同职能/角色可以一起协同完成任务，打破部门墙，提升决策/执行的敏捷度；同时 OKR 的拥有者会千方百计地调用聚集身边的资源，包括领导、团队、客户、朋友等为自己目标所用，舍得下面子来支撑目标的实现；
- 聚行：相较于传统 KPI，OKR 更加注重个人主观能动性的发挥，可以很好地激发个体在组织中的活力。同时 OKR 不是散养，制定了 OKR 就等着收获，而是通过日回顾、周回顾、月反思和季复盘来将行动聚集起来，确保每一个 OKR 都能得到最大限度的实现；

（三）创造价值（Outputs）：赚钱、省钱、值钱

企业是以盈利为目的经济组织。一切经营管理活动的起点和终点都应该是为组织创造价值。具体来说，每一个 OKR 都需要为组织创造价值，而价值的衡量标准主要就是三个：一是为公司赚钱、二是帮助公司省钱，三是让公司变得更加值钱，这既是衡量组织每一个 OKR 创建的关键依据之

一，也是我们制定 OKR 和判定 OKR 是否科学的核心标准。凡是背离这三者的 OKR，都是对公司资源的浪费。

这里以某家公司的品牌为例，看看如何实现品牌为公司创造价值。

刚开始 O：极大地拉升公司品牌形象与江湖地位；

KR1：每双周一次邀请 10 位院士举办沙龙；

KR2：和国内十所 985 院校建立联合碳排放实验室；

KR3：和十位吴晓波同级别的网咖合作推广；

当品牌负责人制定出如此宏大的 OKR 时候，他认为如果三大 KR 完成，必将帮助实现 O；但是作为公司品牌负责人，三个 KR 除了花钱外，支撑起公司品牌形象了吗？经过反复讨论，最后改成了：

O：极大地拉升公司品牌形象与江湖地位；

KR1：销售从商机到第一次回款周期从原来的 90 天降低到 75 天（省钱）；

KR2：高端的产品从单价 30 万元提升到 45 万元（赚钱）；

KR3：参加 6888 付费培训的人数提升到 100 人（赚钱）；

四、OKR 与 KPI 的区别

一个企业存在的最大理由是为客户创造价值，而为客户创造价值不但需要优秀的人才，也需要不断地激发人的活力，所以，以客户为中心，就要形成价值创造、价值评价和价值分配的正反馈。OKR 与 KPI 的主要区别如图 6-5 所示。

（1）OKR 以使命为驱动，为什么制定 OKR？为什么执行 OKR？为什么挑战 OKR 是源自组织、团队和个人内在的使命与动力？源自对于上级目标的理解与认可，源自对组织和团队的认同。KPI 和 OKR 的动力来源不一样，KPI 以绩效驱动，完成 KPI 的动力在于拿到自己的绩效工资和绩效奖金，而 OKR 的制定主要围绕如何支撑组织与上级的目标而展开，思考的是我如何去支撑组织和上级的目标，而 KPI 思考的是如何最小化目标来保证

图 6-5　OKR 与 KPI 的主要区别

绩效工资或绩效奖金的可靠性，因此 KPI 制定总是在博弈的过程中，每一个员工尽可能地保护自己利益不受损而最小化指标结果；

（2）OKR 聚焦于目标，KPI 聚焦于指标；目标源自对客户、对市场等的判断，源自企业的方向，源自自身内在的动力，做正确的事；而 KPI 聚焦于指标，围绕指标来开展工作，忽略了指标的方向性和价值性；

（3）OKR 自下而上，每一个下级思考如何制定自己的 OKR 来支撑公司和上级 OKR 的实现，这是个自下而上的过程，充分激发每一个下级部门或个人的自主性和创造性；而 KPI 是自上而下的过程，根据上级的 KPI 进行层层分解，确保每一层级的 KPI 累加起来要超过上级的 KPI；在实践过程中，我们也看到 KPI 也会听取下面的意见，但一旦确定下来，下级必须接纳上级的安排；

（4）OKR 是价值导向，每一个 OKR 必须为组织创造价值，每一个 OKR 都必须符合赚钱、省钱和值钱的判断标准；而 KPI 是结果导向，以结果作为最终衡量功劳的标准，而不关心该结果是否真正为组织创造价值；

（5）OKR 是持续改善，KPI 是持续跟踪的；OKR 持续不断地设立挑战性目标，因此，OKR 是个持续追求卓越的过程，不断地改善、挑战；而 KPI 一旦制定，通过持续跟踪来确保 KPI 的实现，而不去反思和复盘 KPI

的准确性和适应性；

（6）OKR 强化实时辅导，通过持续的“一对一”辅导来提升员工的能力和意愿，激发员工内在动力，根据每个周期 OKR 的实现情况来不断发现员工的长处和不足，持续提升；而 KPI 是事后辅导，一个年度 KPI 结束后才正式辅导一次，忽略员工在日常工作中的能力、能量与挑战；

（7）OKR 是量化目标，每一个目标都有对应的策略，以及策略可衡量的标准，通过量化的数据来跟踪、回顾、复盘、评价来判断目标的正确性、挑战性和一致性等，做正确的事；KPI 是量化指标，通过量化的数据来判断 KPI 的完成度，忽略 KPI 背后的逻辑，是正确的做事。

第三节　躬身入局：CEO 的 OKR 才是 OKR 的灵魂

一、CEO 在 OKR 中的角色和职责

领导与变革领域教父人物约翰·P. 科特在《领导变革》说过：“变革只有在卓越的领导而不只是优秀的管理的推动下，才能有效实施。”领导是盘古，OKR 是斧，想要开天，缺一不可。

安迪·格鲁夫说，我笃信“只有偏执狂才能生存”这句格言。我不记得此言出自何时何地，但事实是：一旦涉及企业管理，我相信只有偏执狂才能生存。作为 OKR 的发明者，他非常明白 OKR 将“聚焦方向、价值产出和激发使命”整合在一个工具里面所带来的挑战。作为 CEO，如果不能偏执，即使是企业管理神器 OKR，也无法推行成功。

“涌现”这个词非常好，全身心参与 OKR 的成员比较少的时候，CEO 看到的变化比较单一，但是当使用的人越来越多的时候，甚至是全员，OKR 带来的价值就“涌现”出来，各种各样的创造力、创新和价值结果喷

涌而出，作为 CEO，我们要做的是开放、鼓励、入局，不必给组织与员工设限，哪怕装配一线的员工，他们中“兵王”也会层出不穷，您要做的是“偏执”地让全员参与。

在 OKR 的推行案例中，我们观察到失败案例中有 70% 以上都存在相同的问题，那就是 CEO 不能躬身入局。有一些企业在引入 OKR 过程中可能只是口头上一句“你去用用看看，用一段时间来汇报”，或者可能非常重视中基层和员工的参与，要求他们掌握 OKR 管理工具，理解其中的原理，但 CEO 自身却并不参与 OKR 的实际执行过程。这样运转中就会逐渐凸显一些问题，包括企业战略目标拆解偏差、修正不及时，部门与部门之间目标不对齐，导致基层之间协作变得越来越困难。同时，中高层对于 OKR 的效果也会存疑，毕竟顶层目标不对齐、不透明，OKR 的执行就流于形式，最终被无奈放弃。

字节跳动的张一鸣，从一开始就不遗余力地在企业内推行“Context, Not Control（对齐，而不是控制）”。为了充分发挥集体智慧的力量，打造理想中的分布式决策中心，他每季度都会提前预留两天时间，用于与团队共创，构思自己的 OKR，制定结束后即在飞书上发布，员工们都可以直接面向公司的 OKR 来规划自己的 OKR。同时，为了纠正“Context”在不同层级的理解偏差，字节定期举行 Boss 面对面会议，让员工和公司高层直面沟通对齐。多种举措之下，让字节的开放文化深刻影响了员工的日常做事方式和思考方式，人与人之间更加信任，协作更加顺畅，优秀的人才也就能最大限度地发挥自身价值。所以 CEO 躬身入局，是引入 OKR 的必要条件。为了最大化发挥 OKR 的价值，CEO 应该积极践行和推动 OKR 实践，保持沟通和协作，与团队共同努力，确保 OKR 与整个组织的目标和愿景保持一致。同时，他们也应该保持反思和改进的心态，根据实际经验，调整 OKR 方法和管理方式，以持续提高 OKR 在企业实践的效果。

在推进 OKR 实践中，CEO 应该扮演以下角色和承担相应的职责：

战略决策者：作为公司的首席执行官，CEO 应该参与制定公司的战略目标，将其与 OKR 相结合，确保 OKR 对公司整体战略的支持和对齐。

目标设定者：CEO 应该制定公司级别的 OKR，并确保它们具有挑战性、可衡量和可操作。这些 OKR 应该涵盖公司的关键指标和关键结果，并能够激发员工追求卓越的积极性。

OKR 宣导者：CEO 应该向全公司宣传并解释 OKR 的重要性和价值，并确保员工理解和接受 OKR 方法。他们应该通过内部沟通、公司会议等渠道，不断强调 OKR 的目标导向和结果导向的思维方式。

资源支持者：CEO 应该为 OKR 实践提供资源支持，包括资金、技术、人力资源等。他们应该确保团队能够获得所需的资源，以支持他们在 OKR 实践中取得成功。

OKR 评估者：CEO 应该实时评估 OKR 的实施情况，并向团队提供反馈和指导。他们应该定期与团队进行 OKR 评审，了解进展情况，并确保目标的完成情况得到正确的评估。

文化塑造者：CEO 应该通过言行树立榜样，塑造学习、创新和成果导向的 OKR 文化。他们应该鼓励团队成员尝试新思路、追求卓越，并倡导团队之间的合作和知识分享。

二、张一鸣如何领导并推动 OKR 的实施

作为字节跳动的创始人和 CEO，张一鸣在领导和推动 OKR 实施方面发挥了重要的作用。以下是一些他在 OKR 实施方面的领导行动和推动方法。

（一）树立榜样

张一鸣本人对 OKR 非常重视，并且亲自参与制定和持续回顾。在字节跳动，想知道 CEO 在忙什么太容易了：任何员工在飞书上都可以直接看到他的 OKR 是什么。更准确地说，任何员工可以看到任何同事的 OKR，以及基本信息、汇报关系。“能看到一个人的工作计划，意味着你知道 TA 这

两个月的主要精力会放在哪些事情上，一目了然。”

在每两个月的“CEO 面对面”、部门业务沟通双月会上，张一鸣会公开讲自己的 OKR 进度，如图 6－6 所示。“他会给自己过去两个月的 OKR 逐项打分，没做好的地方都会直接告诉大家，对哪项业务不满意也会直言不讳，从不遮遮掩掩。”张一鸣会对公司的重要决策、战略方向甚至遇到的危机作出梳理和解释。字节内部推崇“不要包装结果，不要向上管理、投 leader 所好”；鼓励群聊不要单聊；文化价值观中的核心一条是“坦诚清晰”，底层逻辑就是追求信息的高效流动。一次，一名员工在双月会上发表了激烈的意见，直指管理层和张一鸣对业务不重视不关心。大家讨论是否要把会议纪要按“原文”直接发出去，张一鸣也在现场，他要求把意见原封不动地发给部门全体员工。

图 6－6　张一鸣向全员发布自己的 OKR

（二）强调目标导向

张一鸣强调目标的重要性，一直将追求宏大目标作为自己的事业。自字节跳动创立开始，张一鸣的目标始终定位为国际大公司。

2012 年，张一鸣和团队开始讨论国际化，在为公司取名“字节跳动”

的时候，也想好了 ByteDance 这个英文名，2015 字节发布首款国际产品；

2017 年，张一鸣表示自己要运营的是一家全球化公司，要参与全球互联网基础设施建设；

2018 年，张一鸣接受清华大学专访，表示希望今日头条能够真正实现全球化，超过 50% 的用户来自海外；

2020 年，张一鸣宣布组织架构调整，担任字节跳动全球 CEO，重点放在海外市场，完善全球管理团队。

同时，他不断鼓励团队成员以有价值的结果为导向，设定具有挑战性的目标，并支持他们去超越自我，创造更大的价值，追求卓越的成果。

（三）推动跨团队协作

OKR 的实施需要各个团队的协作和目标的对齐，张一鸣积极推动不同团队之间的沟通与合作，以确保整个组织在追求共同目标的同时，发挥各自的优势。字节跳动没有 CFO、CMO 或 CTO，14 名高管直接向 CEO 张一鸣汇报，涵盖公司所有职能，扁平化的管理下，普通基层员工到“王座”之间的汇报关系只有 3 到 4 级，全公司共用技术、国际化、商业化、审核及销售团队。

（四）提供资源支持

张一鸣致力于提供团队所需的资源和支持，帮助他们实现 OKR 目标。他鼓励团队成员不断学习和成长，并给予充分的支持和激励。

（五）建立学习与创新的文化

张一鸣鼓励团队成员不怕失败，建立一种积极的学习与创新的文化。他鼓励团队成员尝试新事物，不断挑战自我，并从失败中吸取教训和经验。

三、CEO 参与 OKR 应避免的问题

（一）作秀心态

作秀，即将 OKR 的引入作为公司管理的一项政绩工程，活动热热烈烈参与，实际行动寥寥无几。需要 CEO 关注的是，在每一个环节中，都应该躬身入局，通过高管团队的示范效应，形成一种文化和机制，嵌入组织基因中，成为组织的”肌肉记忆”。OKR 管理是笨功夫，需要日复一日，持续推进，所谓久久为功。

（二）断断续续

即对于应以身作则参与的各项 OKR 管理活动，有时间就参加，没时间了就不参加，不是将其作为一项重要的管理活动高度重视，在必要的场合坚持排除万难也要参与，而是视其为可有可无的一个环节而已。

（三）浅尝辄止

即引入 OKR 时兴致勃勃、满怀期待，运转一段时间后，如没有看到短期效果就意兴阑珊、满是失望，进而怀疑 OKR，公司的 OKR 体系落地也就戛然而止或草草收场。

（四）急于求成

很多企业在引入 OKR 之后，希望在一个周期内大显神威、立竿见影，这种想法可以理解，毕竟谁都盼望早点见到效果，但任何一个理念或工具的引入，要发挥持续有效的价值，都需要战略定力。根据上书在其他企业的落地经验，一个公司能够坚持 4 个周期（每个季度为 1 周期）后，不仅 OKR 体系能在组织内沉淀为自运转的机制，也能逐步显现出 OKR 工具对于组织经营成果的巨大价值。

第四节 构建体系：结硬寨，打呆仗，方能步步为营

曾国藩，作为CEO您可能不会感到陌生，他立德、立功、立言，达到了古人所说的三不朽的境界。而他的一生，一直在逆境之中，他本身也不是什么天赋异禀之人，梁启超评价曾国藩并没有超群绝伦的才华，在当时的著名人物中，他被认为是最迟钝愚拙的一位 。而就是这样一个人，却取得了难以望其项背的功业，这是什么原因呢？“ 天道忌巧”，人生要有笨拙的功夫 。曾国藩用兵，很少有出奇制胜的战例，他有自知之明，不高估自己的能力，不低估对手的智商，由此发展出了一套“扎硬寨，打呆仗”的笨工夫，稳慎徐图，稳扎稳打，反而一步步地在与太平军的作战中占尽了上风，后期更是势如破竹。

企业经营管理也是如此，从来没什么“一招鲜”，也没有“一劳永逸”的解决方案，因为企业的经营环境处在不断变化之中，这就要求组织能够敏捷适应，其基础是构建一套能够顺应VUCA[①]环境和数智化时代要求的管理体系。OKR这一神奇工具，要在组织中最大化发挥价值，也需要能够构建整套的管理体系和落地机制，步步为营，久久为功，而不是图一时新鲜，上几次课、喊几句口号、浅尝辄止就可以的。

一、结硬寨、打呆仗的标准打法

从英特尔，到谷歌，再到字节跳动，无数优秀企业的实践证明，OKR要真正落地并发挥效用，离不开一整套管理体系，离不开将共创、对齐、

① VUCA是Volatile（不稳定）、Uncertain（不确定）、Complex（复杂）、Ambiguous（模糊）的缩写，用以描述已成为新常态的、混乱并快速变化的商业环境。

跟进、复盘、评价与辅导的六步法中每一个步骤的扎扎实实做到位，如图6－7所示。

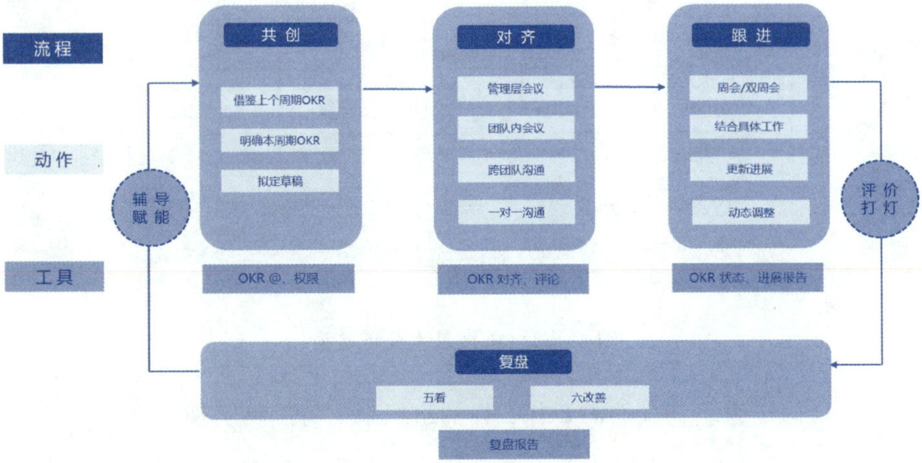

图6－7　OKR六步法

（一）集体共创

1. 战略解码

OKR的BLM模型是上书在IBM的BLM模型基础上发展出来的，旨在更好地制定OKR中的O（目标）和KR（关键结果）。对于每一个OKR来说，思考的起点是聚焦10倍速增长，O决定方向，KR决定执行。其基本分析路径如图6－8所示。

在这里，我们要注意几个问题：

（1）聚焦增长：我们是否都同意、理解并能齐心协力地聚焦于10倍速增长？

（2）牢记发心使命：我们为什么存在？

（3）价值观：对于我们来讲什么是最重要的？什么是我们决策的基石？

（4）确定战略：包括客户选择、价值主张、价值获取、活动范围、持续价值增值点。

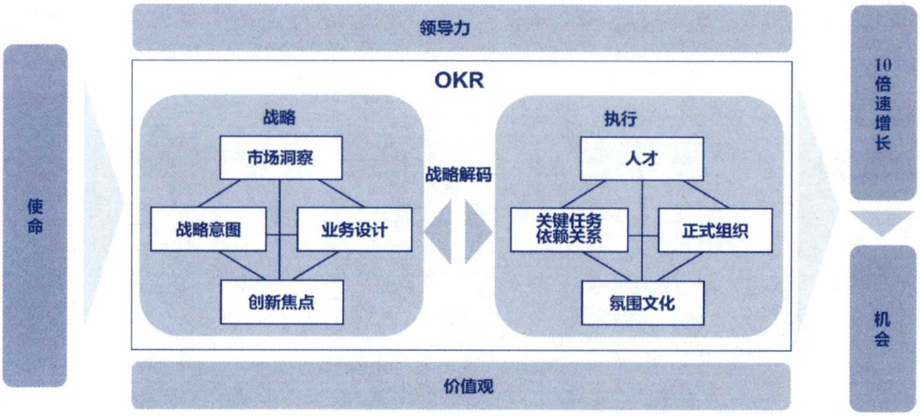

图 6－8　OKR 基本分析路径

（5）确定组织：我们需要什么样的组织来支持战略实现？

（6）盘点人才：我们的人才现状是什么？我们该如何发展我们的人才来支持战略实现？

（7）文化与氛围：10 倍速增长需要什么氛围？我们采取什么措施来构建文化与氛围？

（8）领导力：建立强有力的领导班子，推动组织 10 倍速，我们面临的挑战是什么？

2. 集体共创

CEO 要明白，好的 OKR 意味在未来做正确的事，所以多花时间进行 OKR 共创是非常有价值的，一方面共创意味更好地信息对齐，二是队伍的培养，三是更积极地参与激发更多的使命感。

红军时期就有这样的传统：让战士参与讨论，真正理解战术任务，在失去上级指挥的时候，才能阅读战场，做出正确的决策，这是军队的核心竞争力。

在共创的过程中，首先，确定公司级年度、季度 OKR 并向全员公布；其次，围绕季度级 OKR，组织共创各个部门和员工的 OKR。这个过程需要充分的碰撞和沟通，确保每个 OKR 都聚焦价值创造的，并能支撑上一级

OKR 的实现，如图 6－9 所示。

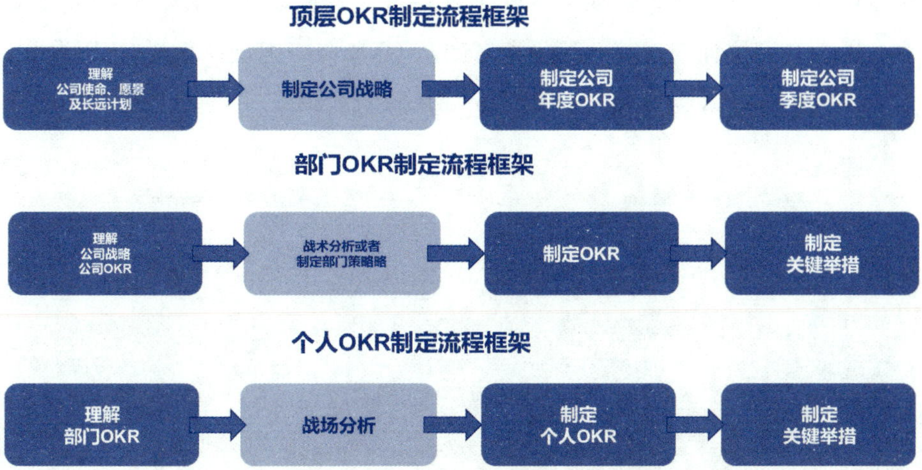

图 6－9　三级 OKR 制定流程框架

通过 OKR 集体共创，有利于借助科学的引导技术，在系统严谨的分析框架下，帮助团队深度理解公司战略目标的背景、对组织的重要意义以及期望达到的效果，并清晰目标达成的路径，抬头看路，目光长远而清晰坚定。

（二）二维对齐

公司 OKR 确定后，OKR 对齐至关重要，是 OKR 成功实施的核心要素之一。各部门要开始拟订自己团队的 OKR ，团队 OKR 要做垂直对齐和水平对齐。

垂直对齐：每一层级的员工都要思考自己的重点工作如何支撑上级和公司 OKR 的实现，只有自下而上层层聚焦于上级 OKR，才能真正实现“力出一孔”，千军万马朝着同一个方向“攻击”。同时，作为 CEO，要理解到该工作的重要性，一旦下属的 OKR 偏差，所做的努力将白费，多花些时间与下属进行沟通，甚至一对一辅导共创，确保所有下属的 OKR 都能聚焦于公司 OKR 和上级 OKR。通过自下而上对齐，可以清晰地呈现出目标实现的全路径，帮助全体员工理解目标，管理者全面掌握情况。

水平对齐：在部门级别 OKR 水平对齐中，体现在整体效率产出上，遵循各业务单元相互嵌入、业务时间节点匹配、业务逻辑互补、共同服务受众、进行高度协同与连接并确保所有团队 OKR 以组织最高级别 OKR 为准。

HR 团队 OKR 对齐的示例如图 6－10 所示。

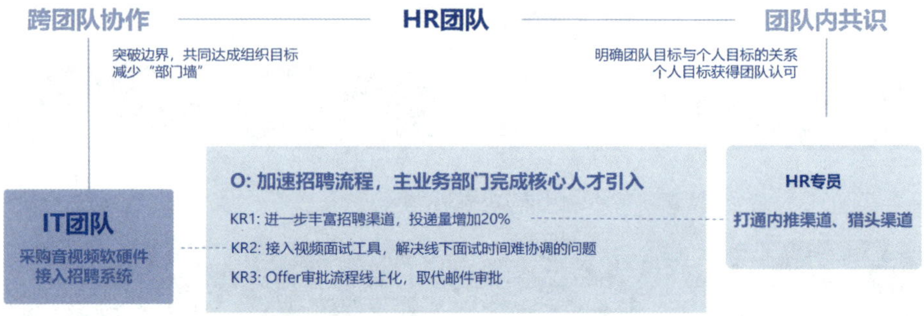

图 6－10　HR 团队 OKR 对齐

（三）四会跟进

跟进也叫回顾，化被动为主动，采取分层分类的方式，即不同管理层级和个人采用“日（晨会）、周（或双周）回顾会、月回顾会、项目回顾会”等不同周期会议，及时防范风险，解决问题，养成以终为始的工作方法，推动 OKR 落地执行，持续实现目标。回顾的核心在于自我反思，自我批判，通过差距分析来调整自己的策略、任务以支撑 OKR 的实现，这是个灵魂的考验。对于 CEO 来讲，自己率先垂范，自我剖析，才能真正引领大家找到根因。

CEO 也应该知道回顾的重要性。顺丰创始人每个工作日都和高管团队开早餐会的，用来回顾昨天从客户和运营的问题；持续跟踪、敏捷调整，持续反馈才能确保目标一步一步不偏差地实现。

每种类型的回顾的重心也是不一样的，日回顾重点在客户和运营的反馈，及时解决所有存在的问题，项目回顾聚焦在项目的进程上，周回顾重点在上周（双周）任务实现情况，是否支撑其 KR 的实现和下周任务安排；月回顾重点在 KR 的完成度的差距的根因分析，以及对于下一步行动要进行的调整。

在开展周会时候，要把握好如下几点：

常态化紧密结合；

与日常工作结合；

信息充分同步；

围绕最重要的事情进行讨论

（四）三度评价

每一个周期的 OKR 要进行三度评价，分为完成度、努力度和困难度来展开。

完成度依据每一个 KR 的完成情况和权重复合而来；

努力度是根据团队或者个人对于 OKR 努力程度来展开的，可分为没有努力到全力以赴五个等级来展开；

困难度是根据资源和外部环境来考虑的，这个可以结合信心值来评价，100% 的信心值是没有困难，70% 的信心值是困难，50% 及以下的信心值是非常困难。

以季度为周期对 OKR 进行评价，依据“完成度、困难度、努力度”三个维度对 OKR 达成情况进行综合评分，满分为 1 分，最低分 0 分，如图 6－11 所示。

颜色	红色	黄色	绿色
完成度/难度/努力程度评分	0~0.3	0.4~0.7	0.8~1.0
含义	代表差距很大，反思我们是否努力了，还是目标定得过大。	代表还有些差距，需要反思我们是否全力以赴了，是否还有更好的解决策略和行动	代表完成得不错，但需要反思目标是否定低了，特别是当KR的完成进度超过了100%

图 6－11　OKR 三个维度评价

OKR 的评价是帮助我们调整策略、界定能力和反思聚焦，来帮助我们更好地人、事、物匹配。对于每一个个体来讲，OKR 的评价是一个自我批判的过程，不断地找到差距，激发自己不断突破的过程。OKR 的评价不能用于绩效评价。但对于 CEO 来讲，整体的 OKR 评价的结果如果完成度过高，是不是我们的目标设定得太低？如果完成度过低，是否我们的目标脱离了我们的实际资源需要，特别是努力程度特别高的情况下。对于每一位 CEO 来讲，我们需要更清晰地结合三者的评价来赋能团队，激发团队。

（五）五步复盘

图 6－12　OKR 五步复盘

复盘最核心的是复盘方向，持续不断地保证组织在做正确的事情，制定出正确的策略，并且沉淀成果，让下一个季度站在上个季度基础上前进，这里说的不仅仅是数据，更是组织的能力，CEO 应该明白，只有组织能力更强，才能支撑更大的发展。如果每个季度组织能力都能够比上个季度提升 20%，实现 10 倍速增长仅仅需要 12 个周期，也就是 3 年。

第一步：回顾目标，当初的目的（或期望的结果）是什么？要达成的目标 & 里程碑是什么？

核心法则：分清目标与目的：目的是为什么（why）要做，目标是要做成什么样（what）的结果；确定目的之外，最好同时确定可量化的目标或有里程碑性质的标志；事前所提目的、目标不清晰，复盘时追补清晰，便于对照，提高下次定目标的准确度。

第二步：评估差距：Highlights（与原来的目标相比），Lowlights（与原来的目标相比）

核心法则：设定实事求是的氛围，坦诚而深入地研讨，不应指责、抱怨和撇清责任等；回顾过去，重现当时当地的情境，厘清过去实际发生了哪些关键事件以及关键事件是如何发生的；找出成功之处（亮点）和可提升之处（不足），这其实是在定义问题，便于复盘的推进。

第三步：根因原因：成功关键因素（主观 & 客观），失败根本原因（主观 & 客观）

核心法则：对成功的剖析和对不足的分析同样重要；分析成功因素时，多想想客观的；分析失败原因时，多深挖主观的，包括检视是否是因目的、目标设定明显有误才导致的失败，否则原因分析可能围绕错误的目的、目标展开。

第四步：形成决议：结合当前重点，确定各 OKR 的行动决策

核心法则：要结合公司经营环境变化、资源支持及前一周期 OKR 推进情况，综合分析后，决定上一周期各 OKR 是继续、中止还是加强，并明确是否启动新的 OKR。

第五步：沉淀成果：沉淀上周期推进 OKR 的有益实践，形成推广案例，沉淀为组织知识

核心法则：要发掘公司推进 OKR 的有益经验，尤其是在前期，优秀经验的沉淀有利于增强团队信心。

（六）1V1 辅导

正确的“一对一”辅导将最大限度地提升员工能力，改善意愿，激发内在动力与心流。心流（flow）在心理学中是指一种人们在专注进行某行为时所表现的心理状态。是一种将个人精神力完全投注在某种活动上的感

觉。心流产生的同时会有高度的兴奋及充实感。CEO 通过 1V1 的对话，激发起员工对于事业的热爱，心里的念头就像一条钢铁洪流，浩浩荡荡但是又井然有序，势不可当，追求专业的极致，同时又聚焦目标，喷涌而出但是又不会四处洒落，而是汇聚成一条水龙，冲荡开一切泥石沙砾，创造、奋斗、整合，忘掉挑战不可能过程中的困难，不屈不挠地实现 OKR。

OKR 的辅导必须是正式的，每一个 CEO 在每个周期结束后至少给每位下属预留一个小时时间进行“一对一”的辅导，并且提前做好功课，交流下属的优点、不足和需要改进的地方，这个沟通必须是正式的、私密的，并且是留痕的。CEO 必须知道，您在下属辅导赋能投入的时间决定了他们的成长和战斗力，如图 6 - 13 所示。

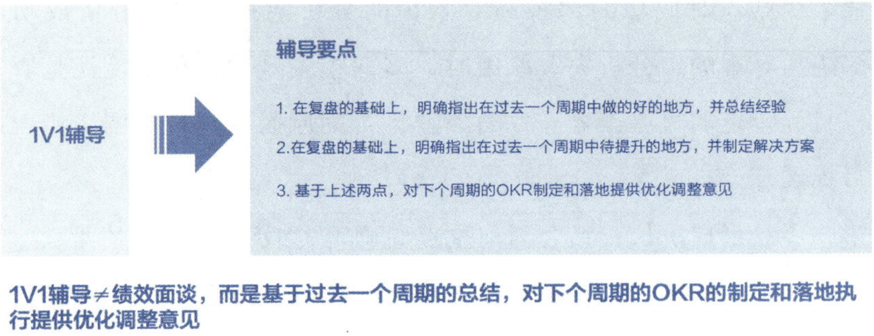

图 6 - 13　OKR 的 1V1 辅导

辅导常采用 GROWS 模型：厘清目标，反映真相，心态迁善，行动计划，实现卓越，如表 6 - 1 所示。作为 CEO 您可以参考执行。

表 6 - 1　　1V1 辅导的 GROWS 模型

	Grow Questionnaire	参考说明
厘清目标（Goal）	你的目标是什么？ 这次对话你想要达成的结果是什么？ 会不会有任何挑战或机会？ 该如何确认你是否达成目标？	我今天找你来谈最主要目的有：谢谢你在过去这段时间……我观察到你的积极用心……这两个月或三个月来，我发现你在（工作绩效、人际关系、工作态度）……，想借由我们今天的谈话，让我们一起来探讨原因和如何改进……

续表

	Grow Questionnaire	参考说明
反映真相（Reality）	目前的状况是什么？有没有任何障碍存在？是否缺少了一些东西？差距在哪里？	你认为发生这种状况，原因是什么？ 除了这个原因以外，还有哪些可能的原因？ 根据你刚才的分析，只要能够解决这些问题，就不会再发生同样的状况了吗？
心态迁善（Ownership）	促使员工在心态信念上产生正面、积极且相关的调适； 员工心态与达成目标的关系； 需要调适哪一方面？ 要具备什么态度？ 是否表现正面、积极的心态？ 信心值如何变化？	我能够体会到你的心情。 我了解你刚才所说的。 你认为怎么做，会变得更好？ 你认为怎么做，可以解决这个问题？ 你认为用什么方法可以避免这种事情重复发生？ 这些方法的优缺点是什么？ 如果这个方法不可行，你还有想到其他的方法吗？
行动计划（Workplan）	你选定哪一个方案？ 下一步你要做什么？ 你需要什么协助？ 你会如何追求进步？ 你会采取什么样动来克服障碍？	这是一个非常好的方法，所以接下来你会怎么做？ 有没有什么地方需要我的协助？有需要帮忙的地方要让我知道？ 我相信只要你做了……你一定可以顺利解决问题……是不是？
实现卓越（Start - up）	始终保持创业者心态，持续改善，实现卓越	您在哪方面做得非常不错，我们一起将它做得更好

除了构建 OKR 整体的运营机制外，还有其他配套机制需要跟上。

一是保障机制，包括高管团队辅导能力的提升、OKR 内部教练队伍的打造、员工赋能以及优胜劣汰机制的建立。要严肃活泼，团结紧张，才能催生出持续向上的内在动力；

二是激励机制。要使 OKR 成为内生机制，配套的激励是必不可少的。如何构建激励机制，特别是借力资本市场，运用薪酬证券化来提升增益值（G 点），填补自我肯定需求差距。

二、字节跳动 OKR 实践六步法

在字节跳动，OKR 已经形成了完整的周期执行机制，在每个时间节点，OKR 的标准动作都有清晰的规定，如图 6－14 所示。

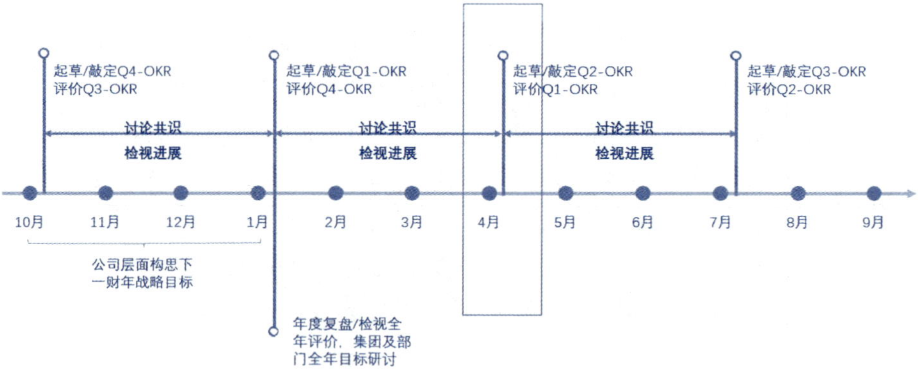

图 6－14　OKR 实践六步法

字节跳动在执行 OKR 实践中的六步法如下：

（1）制定顶层战略目标：确定组织的顶层战略目标（Objectives，O），在整体战略中明确公司的愿景和使命。

目标应该是鼓舞人心、充满挑战的，能激发员工潜能，并驱动组织持续前进。

（2）定义关键结果：将战略目标细分为关键结果（Key Results，KR），确保 KR 可衡量、具体明确、具有挑战性。OKR 的目标设定契合年轻人喜欢“接受挑战”和“改变世界”的心态，它鼓励员工为自己的目标设置承诺性和愿景性两个维度。如果说，“自上而下”的 OKR 是上级基于对下属的了解而提出的目标；那么“自下而上”的 OKR 则是员工的自我承诺和突破。

（3）制定团队和个人 OKR：根据顶层战略目标和关键结果指标，逐层共创团队和个人的 OKR，并保持目标的衔接和对齐。当一项公司战略被公布后，字节跳动对总 O 的承接方式分为三种，顺序如下：

第一种是分解式承接，此时上级的 O 往往涉及多个维度的描述，例如上级 O 为“提高××产品的市场竞争力和份额”，需要产品、市场、销售、人力同时提供支撑。此时对应的业务/职能部门负责人即可将上级的 O 按照自己对应的职责范围进行分解，形成自己部门的 O；

第二种是转换式承接，若上级的 KR 与下级的职责范围直接对应，则下级的 O 可从上级的 KR 出发进行转换，再根据自己的 O 定义相应 KR；

第三种是直接承接，该方式适用于上级的 O 与下级职责范围重合，下级填写 O 时可以直接引用上级的 O。

一般来说，第二种和第三种转换方式多发生在微观类型 O，描述方式较为精确单一，例如上图展示的“加快产品反馈收集和迭代速度”。第一种转换方式以宏观类型 O 为主。

以各个团队的负责人为例，首先是本部门近期最重要的业务；其次是参照张一鸣的 OKR，了解如何从本部门的量化关键结果去支撑；最后是参考其他相关业务部门的 OKR，了解是否有重大项目需要本部门支持。普通员工也是以此类推自己的 OKR，只不过上下对齐之后，指标范围更换为自身岗位、本团队领导和与自身业务有交集的同事。这样，OKR 在字节跳动内就不再只关乎员工本人，而是和工作网络中每个人有关。

（4）设定计划和行动步骤：确定实现 OKR 的计划和行动步骤，明确每个团队成员需要采取的具体行动。

字节跳动的每名员工都有自己的 OKR 记录。在透明化和高效沟通基础上，OKR 记录能让字节跳动内所有人都知道其他人的下一步工作是什么，也清楚其他人过去都做过什么。在查看、沟通的过程中，重复多余的工作被暴露出来，为组织节省了大量资源，员工之间也能及时为彼此提供支持，更好地进行协作。这将让透明的环境更容易产生群体监督作用，也可以方便、合理、有效地随时组建项目团队。

（5）进行周、月、季度回顾：定期进行回顾，跟踪和检查 OKR 目标的进展情况，并及时调整和优化执行计划。

（6）总结与反思：评估周期结束后，对 OKR 执行的整体效果进行总结与反思，分析成功的经验和教训，为下一个周期的 OKR 实践做准备。

张一鸣非常理解团队要做到这些规定动作是非常不容易的，在早期推动 OKR 的实现上，他甚至把推动 OKR 的实现作为他本人的 OKR 来去实现。

在操作上，以下是字节跳动在 OKR 实践中的一些注意点：

目标设定要具体清晰：确保 OKR 目标具有明确的指标和具体的描述，避免模糊性，以便更好地评估和跟踪进展。

确保跨团队协作和对齐：OKR 实践需要保证团队之间的协作和目标的对齐，确保整个组织朝着共同的方向前进。迅猛而至的疫情使不少企业受到巨大冲击时，字节跳动团队通过线上协作，36 小时联动解决方案，飞书助力线上“云办公”，让全国人民观看《囧妈》首映，实现春节档电影首次免费在线首播。首播三天，抖音、西瓜视频、今日头条、抖音火山版四大平台总播放量超 6 亿，总观看人次 1.8 亿。

强调结果导向和自主性：OKR 实践鼓励员工以结果为导向，追求卓越的成果；同时，为员工提供一定的自主权，让他们有更大的自主决策和行动的空间。正因为组织扁平化，小团队被充分授权，被激发出了巨大的潜能，看看字节跳动一长串的产品名单：今日头条、抖音、Tik Tok、飞书、火山小视频、西瓜视频、瓜瓜龙英语、懂车帝、清北网校、剪映等，它们组成了今天字节强大的产品军团。这些产品几乎都做到了同赛道内的国内或国际领先地位，随便拿一款出来都可以和竞争对手的整家公司单挑。

及时反馈和调整：在 OKR 实践中，实时的反馈和调整是必要的，帮助团队及时发现和解决问题，确保目标的实现。与一年或半年设一次的静态 KPI 不同，OKR 强调组织上下层之间较高频率的沟通，需要根据环境变化及时刷新目标、优化路径。这个环境变化包括外界商业社会和技术变革，也包括来自内部的需求：组织架构变动、新人才和技术引入。哪怕内外环境不变，走在行业最前端的精神一旦植根为企业文化，能让员工拥有持续动力和激情，员工的能力会在每个 OKR 周期中进行迭代，让变革的齿轮越转越快。

心态与文化建设：OKR 实践需要建立一种积极的心态和文化，培养团队成员对挑战的勇气和对改变的接受度，鼓励创新和试错。在 2018 年年会上，张一鸣回顾字节跳动的移动互联网和短视频业务发展时，意味深长地说："做很多事情，初始都是很困难的，要调动资源全力以赴尝试很多次，才可能取得进展。现在，我们也有一些产品还不够好，我们欢迎积极吐槽提建议，我们要吸收真正有价值的建议，在重要的事情、正确的方向上要有旺盛的热情、大胆的想象力、坚韧不拔的意志，踏实去尝试，大力出奇迹。"

总之，在 OKR 实践中，对目标设定的清晰性和跨团队的协作和对齐是关键，同时强调结果导向和自主性，并注重及时地反馈和调整。建立积极的心态与文化，促进 OKR 实践的成功执行。

三、落地 OKR 体系应避免的问题

OKR 的核心是理念，就跟武学心法一样，要想大部分人在理念上都达成一致是需要花不少时间的。很多团队施行了一段时间没有看到想要的效果，就直接成为了"OKR 无用论"的支持者，正如跑步，循序渐进，每次进步一点点，才能坚持下去，拨开云雾见天日，守得云开见月明。但是，仅仅靠个人理念认同和努力是不够，CEO 必须建立起 OKR 管理体系出来，才能确保 OKR 能够持续稳定地发挥作用，推动组织持续高速增长。上书数科通过总结国内外先进企业 OKR 落地时间而总结出来的《OKR 管理体系准则》是一个非常有用的参考标准。当然，依据不同团队所处环境差异，存在不同类型的压力，造成 OKR 推行过程容易出现不同程度的"急功近

利”的表现。对此，我们归纳了几点建议，以减轻在大家推行 OKR 过程中“思想”上的压力。

（一）为何出现“急功近利”

根据我们的实践，可能是以下场景导致的。

（1）理解偏差：引入 OKR 时夸下海口，对其短期作用出现过高预期。

只是看过书上的内容，缺少实操，往往出现结果与预期不符的情况。特别是在时间比较短的情况下，要知道一个优质的 OKR 执行周期可能是好几个月，前期大家对于 OKR 本身的参与感没那么强，需要较长的对齐周期才能有所作为。

（2）层层压力：高层领导对于 OKR 负责人推行结果加压，OKR 负责人急于获得结果拿到更大支持。

业务上你已经说服了上级施行 OKR，但是上级也会给予一定的期限，不停地审视 OKR 施行结果是否符合预期，这个过程自然会形成压力。急于给上级展示成果，会导致压力倍增。

（3）执行偏差：OKR 执行过程出现偏差，导致难以出现预期结果。

OKR 负责人理解没问题，然而执行过程中并没有顺着自己设定的目标和策略走。特别是 OKR 体系是需要“先僵化，再优化”，执行过程中容易出现偏差，不去及时复盘与纠偏，最后结果自然难以符合预期。

（二）我们如何避免 OKR 操之过急呢？

（1）给予适当的时间去论证。OKR 增长飞轮构建和运转是需要一些时间的。这种氛围仅仅是短时间的冲刺容易出现后劲不足的情况，毕竟打鸡血不可能成为常态。就跟培养孩子性格一样，这种软性的东西，并不是一顿痛骂或者一顿暴揍就能让对方立马转变，需要通过潜意识持续地引导、思想持续地灌输，才能缓缓修正。我们的 OKR 引入多年，在这个实践过程中，目标也是由小及大，不停审视，逐步变换的。我们的团队氛围，也是在这个长期的过程中逐步形成当前的风格的。高绩效、高业绩的团队，管理理论都是相通的。优秀的团队状态都一样，平庸的团队各有各的不同。

（2）对团队的变化要有个全面分析。前期，OKR 引入的效果不那么明显，特别是细微的效果被忽略，会被看成是无变化，甚至出现负面变化。这种情况下，作为负责人要能争取识别 OKR 执行思路是否存在问题？OKR 理念是否深入人心？大家是否真的在尝试挑战？挑战者是否获得足够的支持和鼓励？通过审视目标和氛围引导，全面分析并保持清醒的认识，才能发现团队的变化和持续推进。

（3）必要的辅导赋能不可缺。很多人引入 OKR 是奔着当“甩手掌柜”去的，毕竟团队都自驱了，大家都不用被推着干活了，管理成本自然会大大降低。然而，OKR 共创对齐过程可能会出现的问题也是非常多的，特别是在前期，OKR 条数多、质量差、无挑战性等现象随处可见。如果没有必要的辅导和铺垫，执行过程容易越走越偏。

（三）CEO 制定 OKR 的常见错误与陷阱

1. 陷阱 1：不能正确区分承诺型与愿景型 OKR

一方面，将承诺型 OKR 设定为愿景型，会增加失败的风险。团队可能不会重视它，也可能不会改变优先级去专注该 OKR 的达成。另一方面，将愿景型 OKR 设定为承诺型，对于无法找到实现路径的团队，会引发防御心理；还会导致团队 OKR 优先级的反转：将本应致力于承诺型 OKR 的资源配置到愿景型 OKR。

2. 陷阱 2：一如既往型 OKR

“在不改变任何现状的情况下就能达成”的 OKR，不是组织真正想要的结果。

3. 陷阱 3：畏首畏尾的愿景型 OKR

从现状出发，愿景型 OKR 应能有效回答：“如果我们有更多的人力和一点点好运气，我们能做到什么？”或者另一个更好的问题：“如果能摆脱大多数限制条件，几年以后，我们（或我们的客户）的理想处境是什么样的?”

愿景型 OKR 设定之初，你并不知道如何达成，这也是为什么称其为“愿景型”。但是，如果不能理解并清晰表达你所渴望的最终结果，你就注定无法实现它。什么是你的客户真正想要的？你的愿景型 OKR 能够超越客户需求吗？

4. 陷阱 4：负重前行

承诺型 OKR 应该消耗一个团队的大部分、但不是全部资源。而一个团队的承诺型 + 愿景型 OKR 的所需资源应超过团队能够获得的资源（如果没有超过，说明该团队的愿景型 OKR 实际是承诺型）。如果一个团队不需要利用全部成员/预算就能完成全部 OKR，说明他们要么囤积了资源、要么没有设定具有挑战性的目标，或者二者兼有。这意味着 CEO 应将人员和资源分配至那些更能有效利用他们的团队。

5. 陷阱 5：低价值目标（无人在意的 OKR）

OKR 必须体现明确的商业价值，能够为企业“赚钱、省钱或者值钱”，否则不应为之浪费资源。低价值目标即使完全实现，也没人在意。

在合理情况下，OKR 是否会在没有提供终端用户价值或经济价值的情况下达到 1.0 分？如果是，应聚焦具体可见的价值，重新定义 OKR。

6. 陷阱 6：承诺型目标（O）的关键成果（KRs）不充分

OKR 包括期望方向、产出和产出衡量标志。关键在于 KR 的设定：全 KR 的得分为 1.0，则目标 O 的得分为 1.0. 在所有关键成果都得分 1.0 的情况下，是否有可能仍无法实现目标？如果是，增加或重新设定关键成果，确保“达成全部关键成果”是“达成目标”的“必要且充分条件”。

第五节 整装队伍：运用三力模型，精准布阵选才

任何伟大的事业都是需要借助人来完成的。我们明确公司的宏大目标

并构建执行落地机制后，接下来的重点就是如何找到能够匹配组织发展要求的人才了，正所谓人对了，事就对了。人才战略的框架如图 6－15 所示。

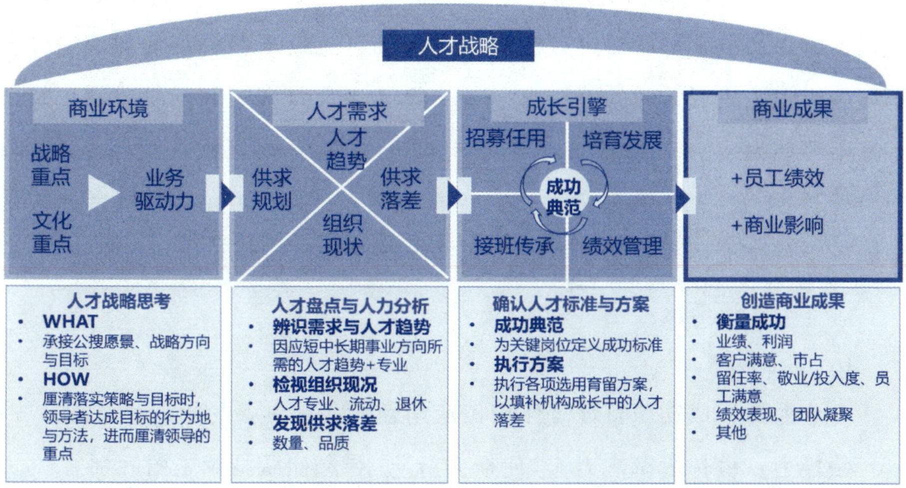

图 6－15 人才战略框架

通电用气公司前 CEO 杰克·韦尔奇坦言，在担任通用电气初级经理时，他有一半的人事任命是错的；30 年后，他依然有 20% 的人事决策是错的。被誉为“全球第一 CEO”的 CEO 要用 30 年才能把他的错误率从 50% 降低到 20%，那么对很多 CEO 们而言，要提高人才决策质量水平的困难有多大就可想而知了。拉姆·查兰曾说：“将合适的人事安排到合适的岗位是任何一个领导者都不应委托他人进行的工作。”雷军在创立小米的时候也讲了一句话，要拿出 80% 的时间来找人。CEO 都应该理解：人找不对，怎么可能有后面的发展呢？人找对了，但不成长，不适应公司发展和核心价值观，又该怎么办呢？

一、三力模型介绍：能力、精力、潜力

对于人才的选用，既要站在当前的视角看，更要站在未来发展的维度看。在成熟的业务模式中，我们可以将注意力更多放在过去业绩和现在匹配维度；如果是创业伊始，大力创新或是开辟第二曲线的业务，那潜力将

是决定性的因素。字节的用人理念是：对比从前的经验，应该更关注人的潜力。

在真实的管理环境中，我们很多 CEO 往往只看重人才过去创造的业绩，招聘新的员工更看重过往的履历与业绩，忽略了新的市场环境、经营环境和组织范式对人才的新要求，虽然投入了大量资源并反复试错，结果总是不尽如人意。市场环境是动态变化的，如何更好地匹配组织需要，CEO 掌握能力、精力和潜力的“三力模型”，并就人才在每个维度的行为或特质进行精准描画，为企业的人才选用育留提供科学框架与指导。

（一）能力

专业能力：成功履行该工作职位或角色所必须具备的知识和技能。

领导力：也称为影响力，“使众人行”，带领团队持续走向胜利。

情商：自我认知能力、同理心和建立良好人际关系的能力。

可移植性：专业能力等在不同场景能够快速产出的概率。

（二）精力

个人意愿：愿意持续为公司发展贡献自己的才能。

身体状态：有足够健康的身体来胜任高强度、高压力的工作。

价值观：认同并践行公司核心价值观，树立榜样。

（三）潜力

正确的动机：具有利他精神与谦逊的个性。

求知欲：不断寻找新的经验、知识以及真诚的反馈。

洞察力：积极地搜集并揣摩信息来规划新的方向。

沟通力：利用情感和颇具说服力的逻辑展现愿景，与人沟通。

意志力：尽管困难重重，似乎不可逾越，但为了达成目标，愿奋斗不止。

CEO 应该明白哪类型人才能够更好地支撑公司战略与业务的需要，参考三力模型找出属于自己公司最为关键的人才标准；界定了人才标准后，除了运用于我们选人的标准，还要对现有人才持续评价。从方式上，可以借助外部专业测评结构，也可以运用 360 评价，具体根据公司实际需要来确定。

根据评价结果，我们可以根据绩效、能力/潜力对人才进行九宫格落位并制定相应的执行策略，如图 6-16 所示。

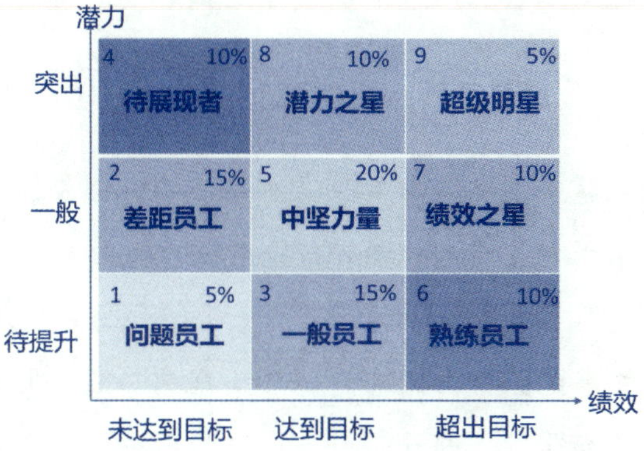

图 6-16　人才九宫格落位

1. 问题员工

问题员工在团队占比约 5%，未达标因其绩效和能力的不足支撑公司目前的业务发展，需要提升能力和提高绩效。

处理策略：分析原因，给予 1~3 个月考察期，根据考察结果给予培训；转岗或辞退。

2. 差距员工

差距员工在团队中占比约 15%，能力一般，绩效存在差距。可能存在环境和文化不适应的问题。

处理策略：分析原因后，给予针对性的培训，重点是提高绩效。

3. 一般员工

一般员工在团队中占比约 15%，绩效达标，能力尚待提高。

处理策略：给予针对性的培训，提高能力。

4. 待展现者。

待展现员工在团队中占比约为10%左右，能力突出，但业绩不达标。

处理策略：企业以核心人员培养，通过针对性的培训，提升为重点核心人才能力。

5. 中坚力量

中坚力量员工在团队中占比约20%，能力一般，业绩达标。

处理策略：保持不变。通过培训或业绩辅导使其提升为绩效之星、骨干员工。

6. 熟练员工

熟练员工在团队中占比约为10%，业绩突出，但是能力尚待提高。

处理策略：给予专业培训和辅导，重点提升能力。

7. 绩效之星

绩效之星员工在团队中占比约为10%，能力一般，但是绩效突出。

处理策略：扩充职责，提升能力。

8. 潜力之星

“潜力之星”员工在团队中占比约10%，能力突出，但是业绩一般。

处理策略：指派更多挑战性任务提升工作的多样性和丰富化，激发工作动力。

9. 超级明星

超级之星在团队中占比约为5%，能力突出，业绩也突出。

处理策略：给予更高难度的挑战，促进快速提升，给予晋升加薪。

总结一下，对于九类人才其采取的针对性管理措施如图6－17所示。

这个人才的盘点最少需要一年做一次，高速成长的企业也可以半年做一次，毕竟人才是企业内部最重要的资本，我们要看到每个人才的投资价值，对比半年前，哪些员工因为成长带来的增值速度比较快，哪些并没有增值，甚至还是在赔钱。作为公司的CEO，时刻盯着人力资本的运营情况

九宫格定位	薪酬调整	奖金系数	人才晋升	人才培养
超级明星	15%~20%	1.5	1年内考虑晋升	基于晋升需要设计培养方案
绩效之星/潜力之星	12%~15%	1.2	1~2年内可考虑晋升	给予更多的磨炼机会，如轮岗、扩大工作职责、授权等
中坚力量	8%~10%	1	保持不变	培训或业绩辅导，使其转化为明星或骨干
熟练员工/一般员工	3%~8%	0.8	必要时转岗	培训或能力提升辅导，使其转化为中坚或骨干
待展现者/差距员工	3%~8%	0.6	保持不变	查找原因，加强沟通，移去障碍，限期内如无法提升，果断放弃
问题员工	0	0	转岗或淘汰	分析原因，3个月内做出处理

图 6－17　对九类人才采取的针对性管理措施

也是怎么都不为过的。

二、字节人才选拔和团队建设实践

辨别关键的、有潜力的人才，找到合适的人才，对于创业公司的重要性不言而喻。互联网公司的创始人在早期应该花一半的时间用于招揽关键人才。“一名优秀的 CEO 同时也得是优秀的 HR，企业成败，关键在人。”张一鸣既是这些识人用人理念的提出者，也是其绝佳践行者。

（一）如果想做伟大的公司，一定要找一流人才

2012 年，张一鸣在搭建今日头条班子时，对自己说：“每当想放低要求的时候，我就提醒自己一定不能往低走，而要往高走，我们要做到出彩，而不是完成事情，核心人员的能力、素质、态度非常关键。”

张一鸣在面试了 2000 多个人之后，建立起了字节强大的人才体系，因此也总结了一流人才的一些特征。

越是高级人才，越看重这五个基本素质：

（1）理性：能够看到问题的本质和核心，不被琐碎的事情所干扰。

（2）逻辑：能够对事物进行清晰、连贯的思考和分析。

（3）自制力：具有稳定的情绪和良好的自我控制能力，能够处理好各种复杂的人际关系和工作压力。

（4）修养：既要有深厚的人文素养，又要有良好的社交能力，能够更好地与团队沟通和协作。

（5）企图心：有对未来的追求和憧憬。

选拔后浪，关注这些特质：

（1）保持好奇心：主动学习新事物、新知识和新技能。

（2）对不确定性保持乐观：对事情的不确定性保持乐观，更愿意去尝试。

（3）不甘于平庸：不是专门指薪酬要很高或者技术很好，而是对自己的标准一定要高。

（4）不傲娇，要能延迟满足感：对现状要踏实。

（5）要对重要的事情有判断力：选什么专业、选什么公司、选什么职业、选什么发展路径，自己要有判断力，不要被短期选择左右。

为了防止人才密度下降，字节跳动设计了严密而高效的招聘体系，其选才的严苛程度和苹果公司有的一比。有个大厂出身的朋友说，他给字节跳动先后推荐了几十个身边的朋友，但只通过了一个。

（二）披星戴月，穿过雾霾去面试

关于人才招聘，张一鸣有一句很有名的模仿芒格的话。

一，永远不要损失人才；二，永远不要忘记第一条。

在张一鸣看来，这个人才一定要到我这里来，到我这里来之后，还要避免他被竞争对手挖走。

在公司业务发展的早期阶段，张一鸣将自己训练成了公司的第一 HR，在构思公司未来发展前景的同时，不断寻找和发掘可以补充业务短板的人。也正是在这一关键时期，张一鸣招揽了日后字节跳动的核心高管团队，包括负责广告业务的合伙人张利东、HR 负责人华巍、技术负责人杨震原、现今日头条 CEO 朱文佳等。正是这些人才的加入，才让张一鸣如虎添翼，并为后来的强势爆发打下了坚实基础。

今日头条早期没有什么资源，张一鸣曾为了挖一位微软前资深工程师，像调查记者一样了解对方。张一鸣不断打电话，打听他的信息。初步了解情况以后，张一鸣想尽办法加上对方的微博微信。他会偶尔点赞、评论互动，提升自己好感度。“前期信息收集越仔细，他越会觉得你对他的工作、公司环境乃至他那个部门的特点都如此了解，这样你和他的对话就能产生共鸣，他对你的信任度会提高。”好几天的调查、两个月的沟通，先交成朋友再开始介绍自己的公司。最终，他在一家咖啡馆成功邀请这位工程师加盟今日头条。

后来，张一鸣总结说：“从 2015 年年初到年底，今日头条员工从 300 多一下增长到 1300 多，肯定不都是我亲自招来的，但还是有不少是我亲自沟通的。如今我夜归大多也是去见候选人，有时候甚至从下午聊到凌晨。我相信并不是每个 CEO 都是好的 HR ，但我自己在努力做一个认真诚恳的 HR ，披星戴月，穿过雾霾去面试候选人。”

（三）衡量人才队伍的两个核心指标

如何填补始终存在的人才缺口？张一鸣在字节跳动长期的人才建设中，始终关注两个指标：

1. 提升人才充足率

它的计量分几个层次：

a. 一年内准备就绪的接班人/管理人员总人数

b. 高绩效人才/全公司人数

c. 高潜人才/全公司人数

d. 战略性岗位上 A 类人才占比

美国企业领导力委员会研究表明，在卓越绩效组织中，高潜人才充足率可以达到 20%，而低绩效组织中高潜人才充足率只有 2%。高潜人才充足率达到20%的企业，其经营绩效比整体平均水平高14%。高潜人才充足率高的企业，在未来能进入整个行业前25分位的概率要比其他组织高出17倍。高潜人才充足率这一指标高的企业不仅仅能赢在现在，更有高概率赢在未来，特别是充满动荡变化、不确定性高的未来。

字节跳动能够高速成长，得益于“人才充足率”这一指标能够与公司营收增长高度匹配。这也不难理解，为什么字节跳动长期招聘，张一鸣亲自参与招聘的原因。重仓人才，就是重仓未来。企业应该重视“人才充足率”指标，将其层层分解，细化到不同的事业部、不同的管理层级，成为各级管理干部重要的考核指标和监控指标。

2. 提升人均效益

关于人均效益这个概念，张一鸣的思考很独特，他在一次演讲中讲道：“中国、印度、柬埔寨的人力成本低，但是人力成本高的美国发展得最好。核心原因是，美国配置优秀的人才。所以核心关键不是看人工成本，是看回报和产出。只要ROI好，薪酬越多，说明回报越好。”那么，如何加速提升人才产出率ROI（人均效益）呢？字节跳动做到了以下几点：

（1）精简组织、冗余部门和业务流程。过低的人均效益，往往意味着组织的过度膨胀和机构臃肿。因此，华为不断压缩平台和支撑人员，压缩非生产人员，同时增加作战部门编制，要确保作战队伍的编制到位。任正非在诸多会议上不断重申，要靠有效的管理，而不是简单一味地以人员规模的快速膨胀来支撑业务发展。

（2）招募顶尖人才到战略性岗位上。不管是哪种类型的工作，优秀者和平庸者之间的产出率差距甚大，高达4倍。著名百货公司诺思妆（Nordstrom）的最佳售货员的销售额是其他百货公司普通售货员的8倍。谷歌的方法就是强化招聘系统和激励系统，确保各个岗位都招募到各种领域的顶尖人才。

（3）要把低产出、低潜力的员工挤出去。亿康先达的一份研究表明，即便是在那些业绩和声誉均在中上水平的企业，也有大约1/3人的能力表现是低于行业平均水平的，大量不称职的人坐上了高管的位置。因此，很多公司都在实践绩效管理中“强制分布”，强制淘汰绩效排名靠后的5%或10%。

（4）加强培训赋能更高技能。要让员工有高产出，就需要持续给员工赋能，让他们以更高的能力、更好的工作技巧，去创造更高的绩效。西南航空和海底捞就是如此，他们搭建完善的学习发展体系帮助员工更快更好地成长，持续提升员工的使命感（愿意干好）和胜任力（能够干好）。把人才充足率和人均效益两个指标放在一起，可以衡量一个公司的“人才密度”（Talent Density）。这个概念是奈飞公司提出来的，张一鸣深受其影响，并由此延伸成字节跳动人才战略的核心内容。

（四）和优秀的人，做有挑战的事

伴随着公司规模的扩大，公司的运营复杂度也会与日俱增。这导致两个结果：人才和文化被稀释；经营管理上开始越说越混乱。为了抑制公司经营管理上的混乱，公司开始强化管理，推出诸多制度和强化流程管控。没有人喜欢繁杂的流程和严格的制度，但是和运营混乱带来的痛苦相比，前者让CEO们和各种偏好稳定的员工感觉好一点。就这样，一个完善并严谨的流程驱动型公司诞生了，规范性战胜了灵活性，留给顶级人才的创新空间大大缩减，很多偏好创新和自由度的顶尖人才离开了，高绩效人员占比快速减低。如果外部经营环境突变，新技术、新竞争者或新商业模式出现，这样的公司将会痛苦地被碾成明日黄花。

保持团队规模小、业务组合简单、运营复杂度低，并不是想做大事业公司的解决办法。如果在公司规模扩大时不强化流程管控，又会被运营混乱所折磨。

该何去何从，有没有第四种选择？

第四种选择：以超过业务复杂度提升的速度提升人才密度。把制度和流程极简化，通过吸引更多高效能员工，让更多高效能员工去抑制公司规模扩大带来的混乱。今日头条把这一点总结为“和优秀的人做有挑战的事”，和优秀的人并肩作战，才能高效解决复杂度高的难题。人力资源部门也是业务部门，要求人力资源管理者在团队建立方面发挥主导作用，确保团队中每个岗位上都有技能匹配的高绩效者。

（五）只用成年人

实际上，字节想招一群拥有超强学习能力、视野开阔、心智成熟的成年人，一起打天下。这种人也许暂时做不到最好，但张一鸣希望他要一直保持从根本上解决问题的心态。这一判断来自“我相信你是愿意去改变的”，他会预设对方向善。人性是一种趋向，是开放的、动态的，是等待被实现的潜能。

这种善不是公益善，而是要带有个人效率价值的善，也就是说，你得为这家公司创造某种助推公司前进的价值。如果不行，你很可能会被替换掉，即便你是业界大佬也没用，在效率面前，资历很可能会成为你的绊脚石。

一位曾出自某大厂地方业务线的重要角色，在字节跳动一重要业务线做高管，工作了小半年，由于个人节奏比较佛系与字节跳动不符，被直接辞退。这些年，字节跳动采取“购并招”方式笼络人才，横向延伸了自己的业务，也横向选择了资本收购的集权模式。这招曾被 Facebook 运用得炉火纯青。

2013 年，瞄准“屌丝用户”的读图应用“图吧”诞生，但很快，创始人张楠携带“图吧”进入张一鸣麾下，负责内涵段子，现任抖音总裁。2017 年今日头条入股石墨文档，它与飞书很像，一年后，被全资收购，两个重庆小伙也成了 ByteDancer。

同年，节字对墙内开花墙外香的海外短视频 musical. ly 平台进行收购，二把手朱俊进入字节系。字节跳动在 2018 年完成对 Faceu（脸萌）的收购案，明星创始人郭列加入字节跳动。2019 年全资收购效率工具“幕布”，创始人任王旭继续担任 CEO，负责“幕布”业务；同年完成对游戏公司上海墨鹍和英国音乐 AI 初创公司 Jukedeck 的收购，深度布局游戏研发和音乐版权领域。

这些公司不算老成，创始人们年轻，但都是成年人，都有自己的市场代表作品。他们往往要比一般人更不拘泥于现状，更具创业精神，也更加独立和叛逆。这对于一家处于急速奔跑中的创业公司来说，无异于天降英才，用外部资源填补自己的短板，“得之我幸，失之我命”。但厉害的人却很难屈服于某一个人，不少创业公司被收购后，创始人都转身进入投资圈，另开门路。如果还留在原来公司，他们通常会被某个人的个人魅力所吸引，进入一家公司，在机制文化和情感牵绊的双重因素叠加之下，高效运转。

张一鸣还很擅长用“邀请制”给字节跳动输血，掌管字节跳动商业体系的张利东、技术副总裁杨震原、负责国际化业务的柳甄……包括前央视主播、现任字节跳动副总裁张羽，他和张一鸣见了三面后，觉得这个人靠谱，可信赖，也受邀加入字节跳动。现在，这里透明高效的信息环境让他啧啧称赞。

（六）处理跟不上的人员

尽管面试严苛，但还是挡不住有看走眼的时候，这种情况在每家公司都一样，应该如何应对呢？张一鸣发过一条微博：团队中部分人不能跟上公司发展，有三点处理原则：

（1）以德为主，德有大问题则须离开；

（2）话说清楚，不含糊，好好说，先鼓励给机会，不要让团队猜测担心；

（3）德具备、才落后或者不匹配的情况，非要给降下的人降落伞，降落伞要有含金量，要替人考虑好。

三、整装队伍应避免的常见问题

（一）只关注 OKR 本身，不关注人

将 OKR 视为解决一切问题的良药，认为只要将 OKR 管理体系引进来就好了，缺少对人的关注。在我们对优秀企业的辅导中发现，OKR 能够更好地发挥价值，很关键的原因是有一支高素质的人才队伍，他们充满激情，心有渴望，满怀理想，愿意为追求挑战性目标而自动自发付出更多努力。优秀人才推动组织高效运转，而不是仅靠 OKR 体系去驱动。

（二）招人是 HR 的事，没干好是 HR 不行

很多 CEO 缺少人才战略的视野，对于人才工作关注不足，将高端、高层次人才的引进看作人力资源部门的事情，自己没有主动去挖掘行业内优秀人才，导致公司发展需要的优秀人才迟迟引进不来，丧失了与同行竞争的能力。要知道，优秀的人才是各家争抢的高地，除物质回报外，他们往往更加注重拟加入公司对自己的重视程度、能够得到的资源支持力度，而这些仅靠人力招聘的同事去沟通，很多时候是起不到吸引效果的。尤其是对于处在初创阶段的企业来说，CEO 的亲自招聘才能得到优秀人才更多的愿景共鸣和价值同频，才能更好地得到优秀人才的青睐。要知道，草创阶段的刘备，三顾茅庐才得到诸葛亮的出山辅佐，才有了三分天下有其一的蜀汉基业。

（三）优秀人才引进来了就以为万事大吉，缺少转身陪跑

好不容易招进来一个优秀人才，在明确其职责及责任后就甩手不管，任其自由生长，既没有战略共识和文化价值观的融入，更没有更多资源的注入，导致新加入的人才水土不服，进而不能很好地为组织创造价值，给公司带来巨大的机会成本和沉没成本，弄得双方不欢而散，给组织也带来很大冲击。在这一点上，华为的 180 天转身计划值得 CEO 认真研究并结合

自身实际扎实落地。

（四）优胜劣汰机制执行不到位，人才流动活力不够

OKR 是人才试金石，自驱、爱挑战、能力强的会脱颖而出，结合公司 OKR 并经过三力模型盘点后的人才达不到公司人才标准的，缺乏坚决优化的魄力，尤其是对于曾经为公司作出贡献的但跟不上组织发展的“老人”，没有系统化的流动机制，导致优秀人才上不来，形成人才“堰塞湖”，发挥不出优秀人才的能量，进而影响到宏大目标的实现。

第六节　科学评价：化个人奋斗为集体奋斗

一、用 OKR 激发员工集体奋斗

（一）CEO 应该理解的绩效管理 7 条准则

作为 CEO，我们应该理解绩效管理的目的主要是识别杰出员工和较低贡献者，公平回报每个人的贡献，激励大多数人，改进低绩效人群和推动集体奋斗；因此，我们需要坚持以下几个原则：

价值导向原则：以价值创造的关键结果为核心，注重核心价值观和团队建设；

公平客观原则：绩效评价过程要严谨，绩效评价结果要客观，评价结果应用要公平；

分层分级原则：控制考核结果的比例，优良以上的比例不能超过组织业务增长的比例。

在绩效管理的实践之中，我们应该理解并尊重以下 8 个准则：

（1）先组织评价，再个人评价，组织评价决定个人评价；

（2）先绝对评价，再相对评价，并以相对评价为主。

（3）完全量化并不能保证评价结果的客观公正。

（4）只有全面深入了解员工工作，才能保证客观公正。

（5）天下没有绝对的公平，但要让员工感知到客观公正。

（6）绩效评价的精细化程度需要与企业的管理实际相匹配。

（7）绩效评价体系的优化是持续的过程。

（8）人员管理和评价是一门艺术，计算器解决不了绩效评价的难题！

（二）传统的绩效管理出了什么问题？

面对不确定性，目标高低合理性评估往往缺乏条件。长此以往将导向对目标的博弈、内部非理性竞争，不愿挑战高目标，引发短期行为，寅吃卯粮，不注重产品价值，伤害客户、品牌和组织；

缺乏对“要执行的前因”理解和认同，实现目标数字的过程中，偏离初衷，捞偏门、走邪路，破坏组织文化。“要我做”，导向僵硬执行，缺乏自发的思考和创新性的改进；

目标分解后做甩手掌柜，缺乏对过程的管理和对团队成员的赋能辅导。往往只能事后纠偏，对组织的伤害难以挽回。

传统的绩效管理出现的问题及回归目的的方式如图 6－18 所示。

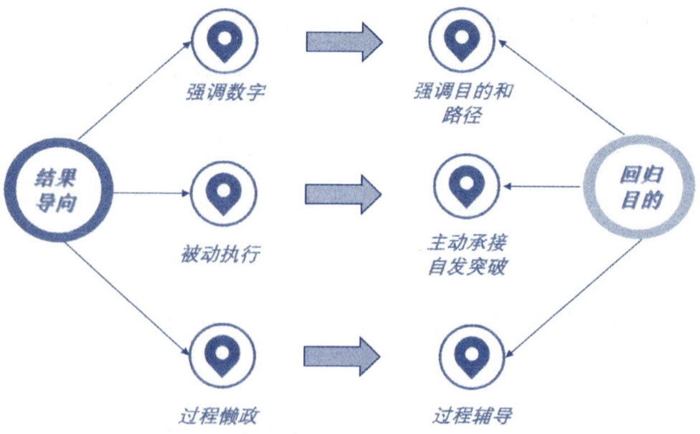

图 6－18　传统的绩效管理问题及纠编

（三）OKR 是如何与 KPI 有机融合的

所有人力资源活动都围绕价值创造、价值评价和价值分配这条价值链展开。OKR 就是在充分调动员工积极性进行价值创造，OKR 无关于绩效评价。也就是说，团队和员工在设定 OKR 时，聚焦的是如何把事情做对、做好，而不是时刻考虑着做好后的回报，回报应该是事情做好后自然会发生的事。究竟是把回报当成追求的目标还是把取得好的成果当成追求的目标，把人分成了外在动机和内在动机两个阵营。正是为了避免过分物质化，OKR 强调目标完成率同绩效评价解耦，做事时聚焦做事，眼睛盯着事，内心有动力，不要被物质回报遮住了双眼和捆绑住了手脚，尽管放手去做，在广阔的天地中尽情发挥，为公司创造更大的价值。

（四）启动 PIP（Performance Improvement Program）

CEO 是整个公司“人力资本”运营的主要负责人，需要认识到人既是资本，在低绩效情形下却拉低了公司人力资本投资回报率。让人离开是个很痛苦的过程，但同时也是每位 CEO 必须经历的过程。如果不能让不产生“资本增值”的员工重新增值或者离开，是极其不负责任的，也可能破坏整个公司的高效率运营。因此，提前介入对于低绩效员工的辅导十分关键。对于不胜任的高管，CEO 需要启动 PIP 流程，坦诚相待，真正帮助他走出低谷并带领团队成功，如图 6－19 所示。但当事与愿违的时候，快速地做出决定，把高管放到合适的岗位发挥他对应的价值将是一个非常明智的选择。

二、字节跳动如何用 OKR 评估团队绩效

字节跳动将 OKR 与团队绩效评估结合的方式有以下几点：

（1）设定清晰的 OKR 目标：首先，字节跳动会根据公司的战略规划和团队的目标设定明确的 OKR 目标。OKR 目标具体、可衡量、具有挑战

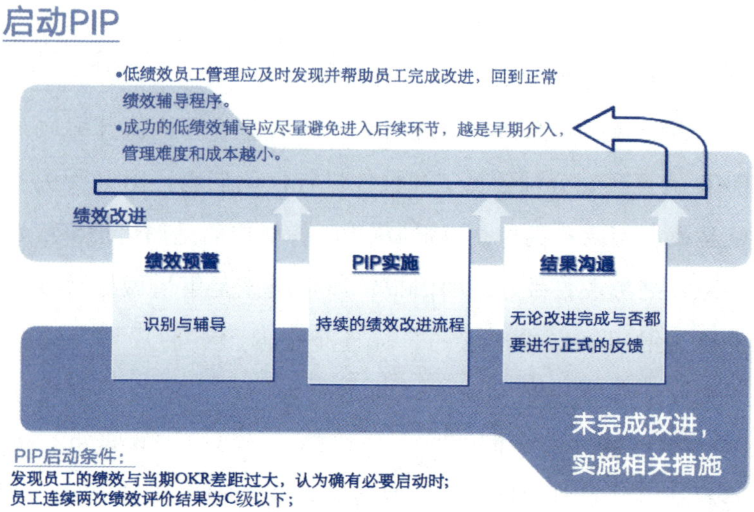

图 6－19　启动 PIP

性，能够激发团队的积极性和创造力。

（2）定期进行 OKR 评估：字节跳动会设定评估周期，通常为每季度。在这个评估周期内，团队成员需要根据设定的 OKR 目标，及时记录并更新自己的进展情况，以便后续评估使用。

（3）360 度绩效评价：字节跳动每半年一次采用 360 度绩效评价的方式，即除了线上自评外，还包括同事的评价、下级的评价、上级的评价等多维度的评估，该评估更多聚焦在价值创造上的确认，以推动更好的协同。这有助于全面地评估团队成员的表现和贡献。

（4）数据驱动评估：字节跳动重视数据的重要性，他们会结合业务指标和成果来评估团队的绩效。通过数据的分析和对比，可以更准确地评估团队的表现和贡献。

（5）激励和奖励机制：字节跳动会根据个人和团队的绩效评估结果，设定相应的激励和奖励机制。优秀的绩效表现可以获得晋升、奖金、股权等形式的奖励，激励团队成员更加努力地工作。

OKR 在这里并非仅仅是一个自上而下拆解的结果，因为它不仅与你的上司有关，还与你的同事、其他部门的同事有关，这是一个网状结构中各个节点的自适应过程。至于结果衡量，在字节跳动是做“360 度评价”——任何人可以对任何人做出功劳评定。组织的流程通常是这样的：

（1）自我评价：员工首先对自己的工作表现进行自我评估，评估自己在工作中的表现、成果和能力，以及实现 OKR 目标的进展情况。

（2）同事评价：员工的同事会根据经验与观察，对其工作表现进行评价。这些同事可以是团队成员、合作过的同事或者直接上下级。

（3）下级评价：员工的下级也会参与绩效评价，给出对上级工作的评价和反馈。这有助于了解上级在领导和指导员工时的能力和效果。

（4）上级评价：员工的直接上级会对其工作表现进行评价和反馈，包括对其 OKR 目标完成情况、工作质量、团队合作等方面的评估。

这意味着，在自评之外，一个员工不仅会获得上级对他的评定，还会收到与他合作过的同事的评定，这让奖惩变得清晰透明。“如果别人对你的工作不认可，他可以在这个时候表达意见。”一名员工表示，这让“向上管理”失去作用。

字节跳动的 360 度绩效评价通过多维度的评估方式，全面了解员工的工作表现和贡献。同时，通过具体、可衡量、具有挑战性的指标设置，促使员工在工作中持续提升和取得优秀的绩效。

“头条每年的营收目标都很高，而且在基数已经很大的情况下，还敢于制定几倍的高目标。”字节跳动前产品合伙人、伴鱼 CEO 黄河曾在接受林军采访时说，但“张一鸣的愿景和目标非常大，所以也使得每个人都极致地努力工作，又有想象力，敢于迎接挑战。”

三、OKR 与绩效考核应避免的常见问题

（一）OKR 的评分直接用作绩效考核

OKR 不要与组织或个人的绩效挂钩。OKR 必须是具有挑战性的，是用来把人们带出舒适区的，因此要明确失败是不可避免的。比如在谷歌，就有两个“OKR 篮子”，一类是要达成的目标，必须在给定时间内完成；另

一类是愿景型的目标，失败率在40%左右。谷歌公司设定的OKR，还跟职务升迁、年终奖多少无关。这是OKR和KPI另一个非常关键的区别，它不是用来给每个人论功行赏的，而是用来给每个人确定前进节奏的。只有这样，每个人才能没有后顾之忧地去追求关键结果。不过，尽管OKR只是一个指引，而不是一个成绩。但由于有的人对自己会过于严格，而有的人对自己又过于宽松，所以制定之后，还需要团队领导来进行干预调整。

（二）实施了OKR之后不再用绩效考核

OKR就是OKR，不影响员工的任何绩效结果，他是完全一套目标管理体系，对员工只有正向的鼓励作用。而绩效考核就是独立的绩效考核，你完全可以让员工如实来反馈日常的所有工作重点，完全根据结果来评定绩效结果。当然，在做绩效考核的时候，你可以将员工的OKR作为一种参考的依据，能帮助你更全面了解他的工作。

（三）缺少"一对一"CFR辅导环节

采用CFR来保障OKR目标和关键结果能够得到持续跟进，CFR指的是对话（Conversation）、反馈（Feedback）、识别（Recognition）。也就是说通过CFR机制，形成组织和个人OKR，可以形成快速的反馈循环，持续改进，不断优化企业的组织结构和资源配置，帮助组织实现关键结果，并最终实现目标。

OKR聚焦在目标与关键结果，重创造价值的结果而非过程，如何升级过程管理，势必需要变革影响目标和结果的"互动"方式，就像球场上球员之间的互动或是场下那些互动（有效就好），于是强调互动、沟通的CFR水到渠成地加入了OKR大家庭。持续性，更多强调过程与结果的统一，而非单纯是目标和结果。

第七节 激励拥户：薪酬证券化，更能聚心聚力聚行

一、从客户到用户再到拥户，商业思维发生什么变化？

（一）从“自我肯定需求”观察激励的实现

依据人的参照依赖心理特征，排除掉随机的和完全非理性的需求之后，将需求分为两类：理性经济需求和自我肯定需求。理性经济需求是每个人在其已掌握信息的基础上做出理性选择后产生的需求。与之相对的是自我肯定需求，它是人在理性经济需求之外的，建立在对自己的主观判断上的需求。

自我肯定需求源于比较，人所进行的比较一般有两种：一种是将自己的现在与过去比，另一种是将自己与他人比。这两种比较加上人对自己的肯定而产生了一种不同于理性经济需求的自我肯定需求。因为人是倾向于肯定自我的，在面对选择时，人更倾向于做出有利于自己的判断，更倾向于认可自己，并期望获得高出平均水平或超出过去水平的报酬或认可。

需求的三个层次如图 6－20 所示。

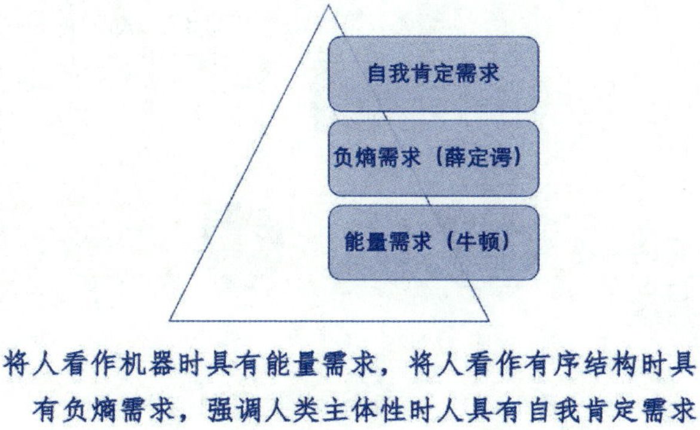

图 6－20 需求的三个层次

CEO必须明白，从组织的视角看，将每个员工的自我肯定需求加总起来，就得到了一个组织总的自我肯定需求。因此总的自我肯定需求必定会大于这个公司当下激励的总供给。这样在可分配资源与人们总需求之间必然存在一个缺口。分配环节的供需缺口对任何管理者而言都是一个巨大的挑战。要维持一个组织的稳定发展，CEO必须想办法寻找资源来填补这个缺口。

自我肯定需求本身不存在善恶之分，是人类的属性，是刚性需求。武汉大学蔡恒进教授对自我肯定需求的定义是：人对自己的评价一般高于他认知范围内的平均水平，在分配环节他更希望得到高于自己评估的份额，这种需求我们就称之为自我肯定需求。当下的产出总是不够分配的，这就形成了一个缺口，CEO就必须用高速的企业发展和（或）资本市场来填补这个缺口。

（二）数智化时代我们的机会在哪里？

我们即将迈入工业化4.0时期，数智化时代的到来，赤裸裸的流量经济已经走到尽头，花钱买流量的模式已经无法生存，商业思维正在发生巨大的变化，人在整个商业生态中扮演最核心的角色，商业从工业2.0时代以客户为中心，到信息化时代的以用户为中心，到今天数智化时代以拥户为中心的跃升，如图6-21所示。

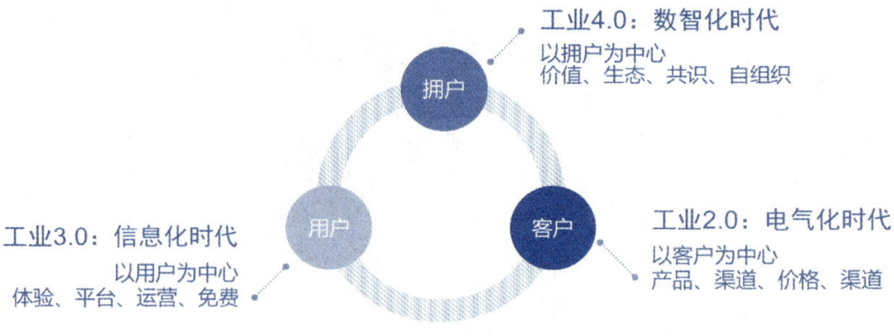

图6-21　从用户到客户再到拥户

客户是为我们服务付费的人，用户是体验我们服务的人，拥户是为客户创造价值的人，商业思维的发展持续地迭代，拥户不再仅仅是交易关系，体验关系，更重要的是拥有者的关系，激励不再仅仅是一个内部管理问题，而是一个商业思维的问题，是整个商业设计的核心所在。

对比商业模式 4.0 和商业模式 3.0、商业模式 2.0 的总结出来三种之间共有 4 种差别，如表 16 -2 所示：

表 16 -2　　三种商业模式的对比

	商业模式 2.0	商业模式 3.0	商业模式 4.0
定位	产品	平台	生态
对象	客户	用户	拥户
竞争	价格	体验	价值
聚焦	卖点	痛点	G 点

（1）定位：商业模式 2.0 在于产品，做一款满足可需要的产品就不愁销路；商业模式 3.0 聚焦在平台，为消费者和商家搭建一个信息对称和交易的平台；而商业模式 4.0 核心是在建立一个生态，生态所有的参与者共同构建一个价值对称和交易的系统。

（2）对象：商业模式 2.0 的对象是客户，强调的交易本身和重复购买；而商业模式 3.0 的对象是用户，强调的是体验和黏性；商业模式 4.0 的对象是拥户，创造者拥有，让每一个生态的价值创造者都成为生态的拥有者。

（3）竞争：商业模式 2.0 的竞争在于价格本身，价格是竞争的最核心的手段；商业模式 3.0 的竞争在于用户体验，如何让用户尖叫，体验好，用户的数量和黏性是竞争的核心；商业模式 4.0 的竞争在于价值，在于如何创造更多的价值持续地增加拥户的价值增益。

（4）奇点：商业模式 2.0 强调的是卖点，独特的销售卖点（USP，unique sales points）可以向客户推销什么？特别是和竞争对手的差异在哪？独特点在哪？卖点越多，在竞争中赢得客户购买的概率就越大；商业模式

3.0 强调的是用户痛点，围绕用户的痛点平台来持续改进迭代，商业模式 3.0 非常强调快速迭代，因为用户的痛点不断升级，如果不能跟上用户的节奏，用户就会喜新厌旧；商业模式 4.0 强调的是增益点（Gain Points，G 点），对比付出的成本，收益的放大比例，带来极致的兴奋，商业模式 4.0 的价值增益是个持续增长的过程。

（三）激励不再是管理，而是商业模式

理解到商业思维的变迁，CEO 重新定义激励不再是管理，而是商业模式，谁是组织的拥户？如何持续科学有效激励拥户？拥户为公司价值创造发挥核心价值的员工，我们在设计商业模式的时候就应该把拥户设计到整个模式中去，并且还必须以拥户为中心去设计，这也是满足“自我肯定需求”的必由之路。

CEO 们应该理解到仅仅靠从客户收费减去支出带来的激励是无法满足核心员工的“自我肯定需求”之和，这个缺口必须通过外部资本市场去弥补，才能更好地激发更大的价值创造。因此，对于每一个 CEO 来讲，要激发组织内在蓬勃的动力，懂得运用股权激励等资本市场工具是商业本身的一部分。

（四）用时间模型选定组织拥户

谁应该成为组织的拥户？这其实是一个投资思维，拥户本质上是为公司创造最大化价值的员工或者相关利益共同体，因此，对于拥户的甄选、考核与退出便决定了整个商业未来的成功与否。每一个 CEO 都建议掌握这个模型——时间模型（如图 6－22 所示）：过去业绩、现在匹配和未来潜力。

对于每一个 CEO 来说，这是一个简单的工具，但需要思考的是企业的拥户在不同时期重心在哪里？是未来潜力，还是过去贡献；拥户的选择是个动态的权变过程，对于不同周期的企业来讲，拥户选择成功决定了企业的成功。

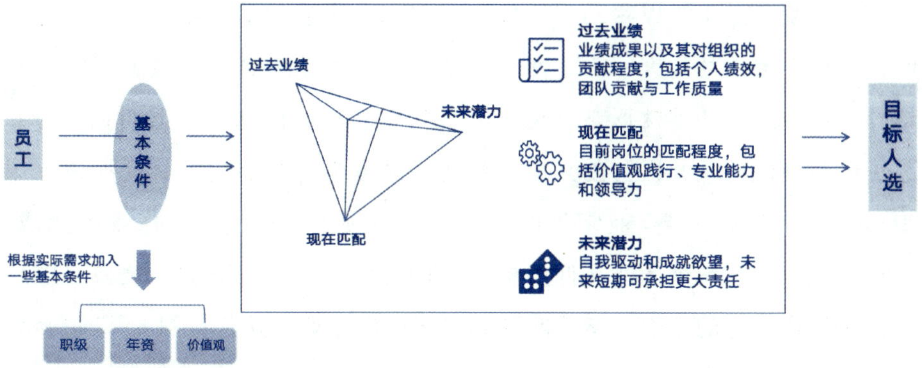

图 6－22　时间模型

二、字节跳动通过薪酬证券化让员工成为拥户

（一）Context，not Control，打造字节高自驱员工

基于价值创造的方式不同，目前业界常见的组织管理模式可粗分为两种：科层式组织与网状组织，二者并无优劣之分且各有极为成功的企业实践，但在组织的规模化扩张过程中，却都面临在思想行动对齐和激励内驱自主方面的挑战，如图 6－23 所示。

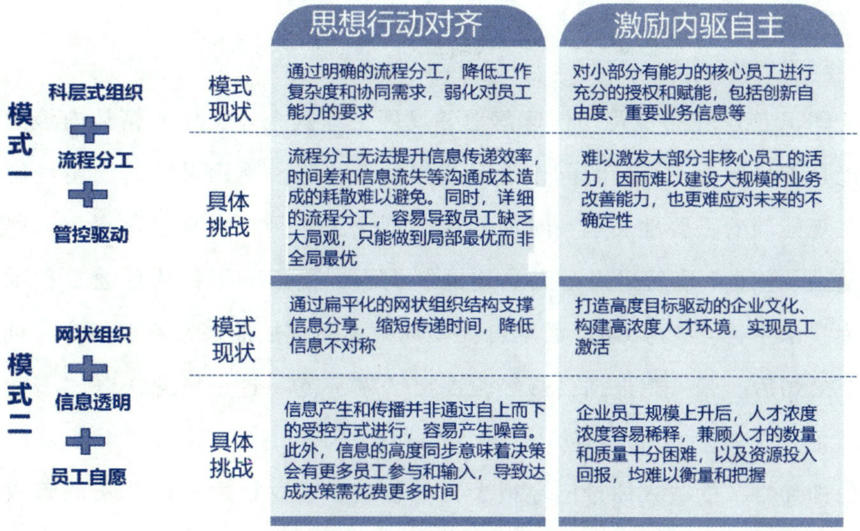

图 6－23　思想行动对齐和激励内驱自主

字节跳动诞生于以移动互联网、云、端为主旋律的数字化时代，这一时代背景下带来的高度不确定性、创新迭代速度快等特征，造就了字节跳动异于传统组织的特殊形态表现：网络组织、高度信息化与透明化、分布式决策与集体智慧共谋共创共识，并透过高度整合数字化工具支撑以上组织形态，以应对许多企业常见的共识难、激励难、规模化运作难的挑战。也正因此，字节跳动才能在仰望星空的同时脚踏实地，形成大规模且能保持快速迭代进化的组织。字节跳动相对于传统企业的迭代如图 6－24 所示。

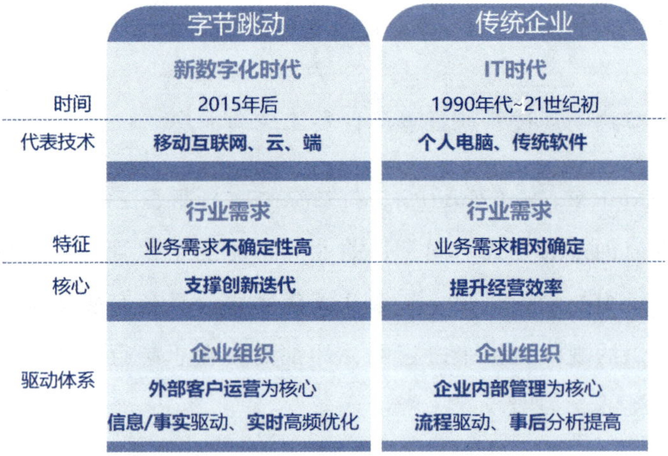

图 6－24　字节跳动相对于传统企业的迭代

OKR 能够在字节跳动快速落地并发展，与其企业文化的精神内核高度匹配是有机融合在一起的。作为字节创始人，张一鸣用早期的人生经历验证主观能动的重要性。这一时期的他，不论工作是否由自己负责，都愿意主动去承担，下班后仍因个人兴趣继续编程，仅用一年就从普通工程师晋升为技术主管。这与 OKR 鼓励自我驱动、不断挑战的宗旨不谋而合。创立字节公司后，张一鸣根据自身经验提出“字节范”这一概念，以“多元兼容”的理念吸引大批年轻人才加入公司。同时，张一鸣仍在不断挑战自我，即使字节的收入体量已经很大，他也敢于设立比之高出几倍的营收目标。在管理模式上，字节取消工号及事业部编制，淡化职级概念，避免员工论资排辈，促进信息交换的透明与流畅。可以说，创始人的个人特质以及公司的企业文化，使字节全员能迅速接受并理解 OKR 这一新鲜概念，促成了其在字节的落地与发展。

2016 年，张一鸣在采访中提到了头条的管理结构：“弱化组织结构、去形式化、灵活调整。在关键问题上是非分明，认真不含糊。多数公司在重大问题上没原则，小事情上没情理——我不希望头条是这样。”张一鸣的底层系统深刻影响着字节的文化，所以 OKR 能够适用于字节。他将字节跳动的管理方法总结为：聪明的人有事做就好管理，把公司的目标分享给大家，让他们知道公司的情况，那么他就会更多地自我驱动。张一鸣曾在《CEO 要避免理性的自负》中将管理方法细化，提出了“Context，not Control”的解决方案。

“Context 是指决策所需要的信息集合，包括原理是什么，市场环境如何，整个行业格局如何，优先级是什么，需要做到什么程度，以及业务数据和财务数据等。Control 则包括了委员会、指令、分解和汇总、流程、审批等。”Context 的特征是：让更多人参与决策，利用集体的智慧；快速执行；充分的外部信息输入；参与感激发创造力；可规模化。在面对重点项目和紧急情况、创新业务早期等情况下也要适当控制，如图 6－25 所示。

图 6－25　Context，not Control

对于创始人来说，他们往往有过成功的经验，尤其在公司早期成功过，很少被人挑战，容易觉得自己英明神武。但随着公司发展情况逐渐复杂，CEO 的精力不足，快速学习的能力有限。“人类在判断自己的理性控制能力时会有一种幻觉，对于聪明理性的人更是如此，常抱有理性的自负。”所以有很多自上而下不切实际的计划，很可能为了追求控制感而反应迟钝，这也就是张一鸣不提倡 Control 的原因。

于是，张一鸣提出，一个好的组织应该是，优秀的人 + “MORE Context，LESS Control”的管理模式，这样就能保证组织内的交易成本最小，并且做出高质量的决策，具体内容包括：

第一，减少规则和审批。

第二，组织结构灵活，拒绝领地意识，能灵活调整汇报关系。

第三，弱化层级跟 Title。

第四，鼓励内部信息透明。

第五，做到充分建立 Context，需要好的内部系统做支持。

为此，张一鸣提出了构建务实浪漫组织，其关键便在于“人才管理”“信息流动”两大子循环有机结合，并通过整合的数字化工具予以支撑，践行“像开发产品一样持续迭代进化（Develop a company as a product）”的企业经营理念，如图 6－26 所示。这当中，人才管理的正循环尝试解决一般企业会遇到的人才自主积极性（Autonomy）不足的弊病，信息流动的正循环则尝试解决共识难（Alignment）的问题，而整合的数字化工具则有助于应对如何将上述两者规模化的挑战。

许多企业的员工常常在“该不该做”与“能不能做”之间，先考虑后者。然而在字节跳动，首先强调的是考虑目标的合理性（该不该做），而不是拿资源与能力的限制作为推脱的借口（能不能做）——如果目标是对的，资源和能力总有办法跟上。因此，字节跳动向英特尔、谷歌的 OKR 目标管理方式学习，鼓励员工“挑战不可能”，设定只有 70% 把握能完成的目标作为行为牵引。这些具有挑战性的目标会由员工主动记录在 OKR 系统

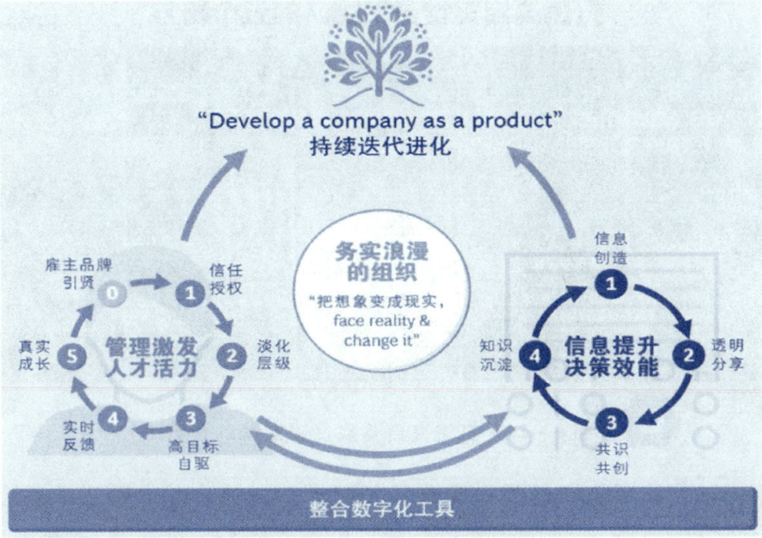

图 6－26　持续迭代进化

中，并透过双月 OKR 会议审视更新。一般企业采用 OKR 时，往往难以做到清晰易用，不仅容易引起员工抵触，也难以将效果具化。字节则通过提升员工使用体验，把 OKR 机制落到实处。一方面，OKR 完全设于线上，移动端和电脑端打通，不但界面清晰完整，易于员工填写，而且和员工 Profile 直接相连，便于相互查看。另一方面，OKR 工具功能完备，员工可以对不同 KR 进行权重设定，利于聚焦工作重点。

字节跳动提倡员工不要过分关注晋升、福利等表面提升，而是自驱地收获真实的能力成长。因此，针对优秀人才自驱学习的特征，公司较多实践“干中学”及“启发式环境”的方式赋能团队。打造高自驱型员工团队的五个秘方如图 6－27 所示。

很多公司把薪酬当作成本，降低成本是头等大事。张一鸣在人才薪酬设定上，提出了 ROI 的概念。他认为，薪酬不是成本而是投资，你把钱投到优秀的标的上，期望的是优质的回报。只要有好的 ROI，薪酬越多，说明回报越好。张一鸣说：“我们主动要求 HR 部门至少每年要对市场薪酬做一次定位，保持我们的薪酬在业内领先。当然如果人力成本很高，反过

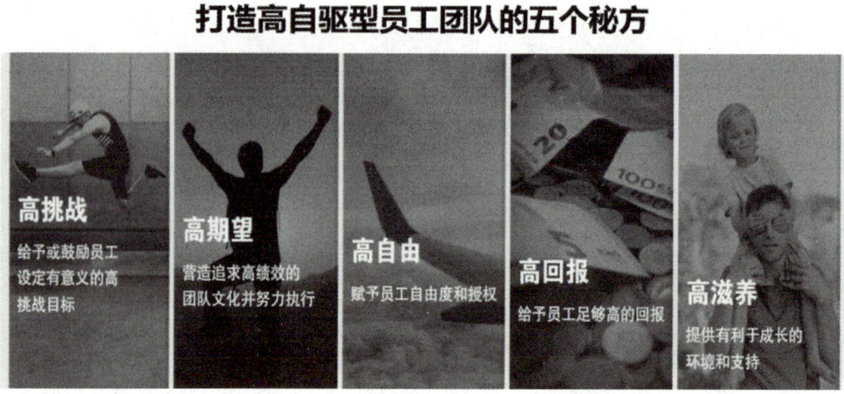

图 6－27　打造高自驱型员工团队的秘方

来也要求公司必须能把这些人配置好、发挥好，这正是一种进取的姿态。”

（二）字节通过薪酬证券化实现拥户

飞速的扩张发展对字节跳动的人才队伍提出了更高的要求。在竞争激烈的互联网行业，如果只是用比同行稍高的薪资，难以弥补自我肯定需求的差距，难以留住和激活高质量人才。人才竞争是所有规模企业的必修课，是商业模式设计的核心所在，字节跳动深谙此理。2019 年 4 月，字节跳动开始了自己的第一期薪酬证券化，允许员工将当年的年终奖以 44 美元/股的价格兑换成期权，覆盖超过 60% 的员工。

虽然是自愿参与，但当时字节跳动处于快速上升阶段，股权买到就是赚到，员工参与的积极性很高。字节跳动的薪酬证券化不仅满足了员工在自我肯定需求，同时也为企业争取了大量的现金流，让字节的版图扩张更加顺利。

有企业曾经做过类似的用年终奖兑换股权的激励安排，然而却不是让员工自己选择，而是一刀切地用期权或者限制性股票代替年终奖的发放，其激励效果并不好，甚至可以说起到了相反的效果。从员工的角度来看公司就是“省钱不发年终奖”，大锅饭形式的一刀切反而让股权价值不能得到员工的认同，所以这其中的“自愿原则”至关重要。

在进行薪酬证券化的时候，确定激励的对象和激励的额度是其中核心环节，字节跳动以让期权与年终奖挂钩的方式巧妙地面对这个问题。

在字节跳动，员工能够兑换的期权上限是自己的年终奖额度，而年终奖额度又与绩效评分挂钩；员工工作绩效越好，年终奖额度便越高，能兑换的期权份额也越多，盈利的空间越大，这等于是用兑换期权的方式放大了原本年终奖的激励作用。

同时，字节跳动还规定必须绩效达到 M 及以上才能参与期权兑换，对参与人群做出了一定限制，以筛选真正对企业未来发展有帮助的员工，并树立价值导向。这个评分不难获得，有资格参与期权兑换的员工超过 60%。

一般来说，我们在进行薪酬证券化的时候，是根据人才在多个维度的综合表现将人才分级，并根据人才等级确定是否应该授予股权激励以及确定授予的数量。字节跳动则是用年终奖数额来代替人才分级，两者本质上是殊途同归的，这样的方式可能适合大多数非公众企业。

但字节跳动的情况不同，一是字节的员工普遍年轻，因工龄涨薪在工资构成中很少存在；二是字节跳动的面试考核及人员内部流动更为完善，能更准确地识别员工价值，员工薪资水平能较好地匹配员工价值；三是字节跳动透明的绩效打分机制，人人都是评价者与被评价者，绩效与年终奖及能兑换的期权额度呈绑定关系，这也在一定程度上保证了字节跳动股权激励的公平性。

（三）字节跳动的回购计划提升 G 点

作为非上市公众公司，员工兑换的期权缺乏流通手段，由公司回购是员工手中期权主要的变现途径。字节跳动基本每年会出台两次回购计划，一般在 4 月和 10 月。

值得注意的是，字节跳动以往的薪酬证券化是建立在企业高速发展的基础之上，股权增值的速度肉眼可见，无须担忧员工回报率与参与积极性的问题。但随着企业发展放缓，各种问题接踵而至。如 2021 年字节跳动经营亏损 71.5 亿美元，是 2020 年的 3.34 倍；抖音的活跃用户数量增长达到瓶颈；上市计划始终搁浅。回购价格的增长缓慢，离授予价格的峰值 195 美元/股还有很大距离，这会严重打击员工对股权激励的信心。2022 年 8 月 31 日，字节跳动将期权授予价较上一轮上涨 9%，达到 155 美元/股，2023 年 4 月 14 日消息，字节跳动日前在职员工的期权回购价格为税前每股 155 美元，与上一次持平。纵然如此，员工换购期权的热情仍不减，员工对于公司未来发展充满共识与信心。

三、薪酬证券化中的常见问题

（一）薪酬证券化是如何培育拥户的？

薪酬证券化，Stock - based Compensation，是将公司部分人力成本通过股权激励工具进行放大的一个过程，通过资本市场来实现员工收益增长，实现员工、公司与股东长期共同发展。传统的股权激励并没有将股权激励的成本放入的薪酬成本，而是当作一次奖金发放。

作为 CEO，满足企业发展与员工自我肯定需求差距，必然之路之一就是通过资本市场来填补这个差距，通过对于高管甚至是大部分人工成本转化成股权，一方面可以减少公司整体人工成本的支出（特别是对于人工成本占比高，或者创业期的企业来讲）；另一方面可以更好地吸引优秀的人才，绑定优秀人才。

（二）薪酬证券化资金来源的增量 + 存量怎么理解？

对于公司来讲，薪酬证券化的资金来源主要是薪酬本身，所以重点是根据企业的发展阶段，薪酬策略与薪酬成本等方面涉及薪酬证券化的来源主要有六种，如图 6 - 28 所示这里重点介绍三种。

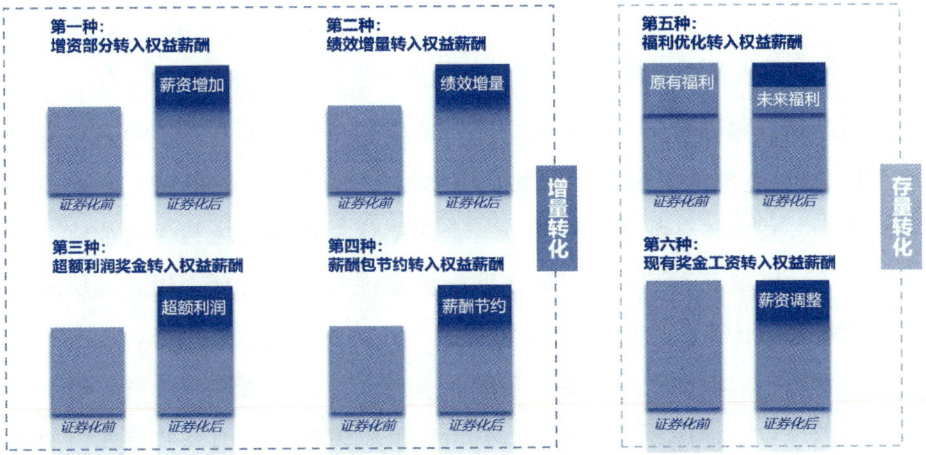

图 6－28　薪酬证券化的六种方式

第一种：将增资部分转移到权益薪酬，也就是股票；这种情况适用于工资定位较低，核心人才吸引和保留困难的企业，将未来 3～5 年的加薪部分转换成限制性股票进行发放，设定相关的组织和个人考核指标，当考核达成了，限制性股票就转为个人所有；这样做的好处，一是实行了差异化的薪酬策略，对于公司关键人才通过加薪来予以保留，其他人员的薪酬成本不必增加过多，从而整体减少薪酬支出；二是通过股权绑定，通过资本市场放大效益来满足自我肯定需要，激发集体奋斗。

第三种：将公司超额利润奖金转化成权益薪酬。公司根据过往的管理数据，设置一个保底的公司经营利润，超额的利润可以按照不同的公式转化为超额利润奖，然后将这部分奖金部分或者全部兑换成限制性股票或者员工持股计划发放给核心员工，从而达到绑定员工长期发展并激发内在动力的需要。

第六种：将现有公司的工资奖金转化成权益薪酬。这类型适用于公司的薪酬定位比较高，员工对公司发展达成共识的公司，将奖金或者工资直接转换成权益薪酬，从而通过资本市场放大效应来激励大家，弥补核心员工自我肯定需求的差距。

（三）薪酬证券化该如何去实施？

薪酬证券化因为是薪酬，我们一方面要让整体薪酬有竞争力，一方面也要避免过于激励与风险，薪酬证券化过程我们建议是小额、高频和持续，成为公司整体薪酬策略一部分。企业要针对资本市场与公司战略，梳理公司人力资源及激励体系，对于薪酬激励进行顶层设计，规划各层级员工股权激励的比重、路径、工具与方法。

第二步是根据公司当年的竞争战略、预算、资本市场的价值等组织实施当年的股权激励计划，对于上市公司来讲还需要符合国家监管部门的合规需要；

第三步是每年年底审视当年整个公司的人力资本投资收益情况以及规划明年收益目标，调整明年整体激励策略与实施方案等。

中长期激励模式示例如图 6－29 所示。

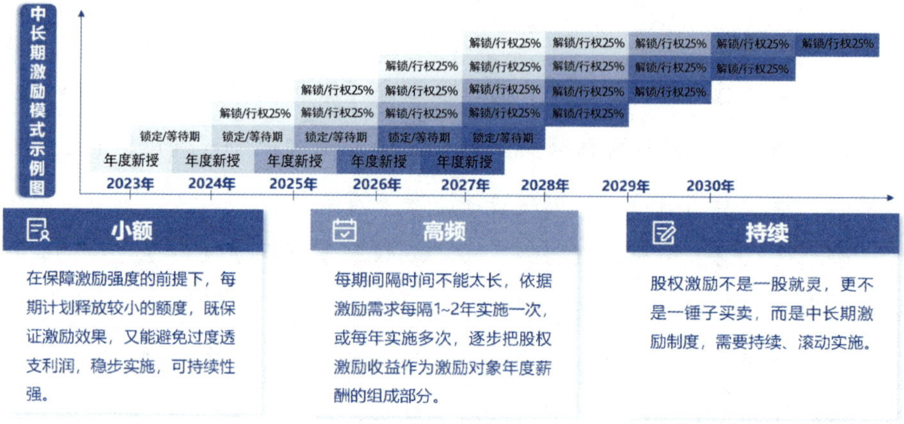

图 6－29　中长期激励模式示例

第七部分：

案例与访谈

案例一：小恒水饺李恒：CEO 如何跟“空降兵”共同成长

创业团队的壮大，如同一座大厦的打造，是在不同阶段由不同类型的人才一层层垒上去的过程。每一层都垒踏实了，这座大厦就稳固了。当公司进入了规模化增长的阶段，一定要有专业人士加入。但如此一来团队和创始人又需要共同面对新的挑战：如何跟空降兵合作，创造更好的业绩？作为“过来人”，小恒水饺创始人李恒对于如何与“空降”高管磨合，以及管理公司高层团队，给出了自己的答案。

一、用好牛人是创业公司成本最低的选择

舵舟：在组织打造方面，您什么主张？

李恒：我先讲一个故事，真格基金有一个知名活动叫真驿站，每年两次组织对创业感兴趣的海内外学子、去真格的被投企业学习，为他们提供一个学习、交流和快速接地气的机会。

有一次他们来到小恒水饺，一名留学生提问，说美国公司喜欢培养“小白”，因为年轻人虽然没经验，但有梦想有激情。而牛人是有问题的，用中国话说就是“老油条”，很不落地，不接地气，但为什么中国公司爱用年纪大的人呢？

我的回答是小白一定要培养，但高层一定要用牛人，为什么？因为在美国，老油条可能没梦想了，年轻人还有梦想，老油条懒惰，小白不懒惰。可在中国是什么情况？中国的老油条有经验、执行力；中国的职场小白呢，没有经验，又会经常迷茫，您灌输他什么是梦想，他不 care，甚至会 diss 您。

培养小白很辛苦，您又要给他梦想，又要教他做事，还要教他做人，这样一比较，用老油条的成本是最低的。

成功的老油条在年轻的时候，是少数有梦想的人，不然他不会成为现在的自己，现在他又有经验了，只是因为职场上的光环，让他们高高在上，不接地气了。那我只需要改变他们一件事——让他们再像年轻的时候一样，再次拥有梦想，而且老油条一旦拥有了梦想，他可以帮您去教育无数个小白。牛人会调整得非常非常快，这是小恒团队三年来被反复证明的事实。

但是，您依然不能放弃给小白员工讲梦想，虽然大部分人是没有的，但您还是要不停地讲，因为您希望通过梦想的共振，把少部分人筛选出来。

二、尊重和关注：和牛人合作的底层逻辑

李恒：我们的首席战略合伙人 Remington，就是典型的案例。他之前是奥美红坊中国区的 COO，6 年时间从职场小白做到外企总经理，之后是真格的高层，负责真格品牌和 500 多家被投公司的投后管理。

他到了小恒水饺，只用了半年的时间，就变成了一个回归梦想的人。刚来的时候，虽然他有心理准备，但还是不接地气。

经历了半年，我天天跟他在一起，不断地应对推演，到现在，他完全成为了一个又帅又有能力，又会教育团队又有梦想，又有资源的一个老油条，多牛掰。

舵舟：您整个过程里是怎么扭转他的？

李恒：我觉得像兄弟一样吧，有一次，徐小平老师也问我怎么挖牛人，我说靠的是人性，管理管的是人。很多人说牛人难管理，为什么？

因为好多人是用老板和管理者的心态去管牛人的，我是用什么来管牛人呢？我用学习者的心态、崇拜者的心态来管老油条。

在工作上，我不是他们的老板，而是跟他们平等的状态，甚至是用小

辈的状态来管老油条，我给了他们足够的尊重。

他们到了这个阶段，在乎的不是钱，而是价值感和尊重感。

您之所以当老板，他是高管，是因为您只有一点不同——您为了梦想，敢打敢拼，老油条是不敢打不敢拼的。除了这个，其他所有方面，他们都比您强。

搞定牛人，您只需要做到一点，把他带到您的世界里，让他知道您的世界是多么的丰富多彩，他就会像您一样去拼搏。而且当他加入您的那一刻，他已经做好了这种准备，哪怕他只是出于好奇。

三、如何跟牛人融合？让牛人要求您，而不是您要求牛人

舵舟：您怎么把他带到您的世界里呢？

李恒：比如说我们的 HR 老大 Remington，她来自万豪，曾经非常高大上，非常不接地气，一个高贵的女子，现在变成了一个非常接地气的女子。

Remington 刚来的时候，也是王者的感觉，结果现在来到小恒这样一个超级接地气的餐饮行业，一开始好多人不理解她的选择。

她刚来的时候，是公司唯一一个经常批评我的人，她批评我就接着，因为她能批评出来的，说明我确实错了，我就改。这也是 Remington 的爽点，一般的老板批评完，要么不爽，要么懒得理，Remington 批判我，我不但接受，还改正。

如果您想让团队好，首先您要以身作则，以非常严格的标准要求自己，就是这个道理，不要总去挑别人的毛病。当然，您也可以去挑别人的毛病，只要他服就行。怎么服？您要让他看到，您比他还努力，做得还好，起码大部分的决定和反对，经过短时间的验证都是正确的。

Remington 的心态转变，其实我并不是去要求她，而是要求我自己。我不会来了公司，拉着雷哥说，您看您身上多少毛病。我每天来了以后，就问雷哥，您看我身上有啥缺点，您说我改。雷哥经常说，他到了小恒，做

得最多的就是批评小恒，我可以做到的让他安心的是，他批评了我就改。

比如说我的时间管理问题，我特别忙，以前老是迟到，但现在开会基本上提前到，让他看到。这个过程，他的心态会一点一点发生变化。

Remington：因为我是以百亿美金 CEO 的标准在要求您。

李恒：雷哥比我大 9 岁，吃的盐就是比我多，他一定是比我强的，我经历的他都经历过，我跟 Remington 只有一个不同，他没选择创业，我当年选择了创业，他选择做高管。

所以，我是没有道理去教育他的，只需要让他了解创业，我只要把他没经历过的这个经历告诉他就好了。

Remington 也会问我，他有什么缺点，我说没有。为什么？因为即使他现在有的那些缺点，也并不是缺点，只是跟创业团队的不符合，这件事上是没对没错的。

我有一个观点，很多事情，只要您不违法，做事就没对错，主要看您选择什么路。Remington 也是一样，我从来不讲他的错，他在我心中，品格是 100 分。现在性格的不同，是因为他之前没创业经历，那不代表错，只是代表没有创业这方面的经验，那就一起磨合就好了。

您给予他们的不是教育，而是尊重加关注，尊重他们过去和现在的性格，去关注他们未来的梦想。Remington 来小恒是为了什么，真是为赚多少钱吗？不，是为了一个梦想，不想认输。

四、空降牛人水土不服以及如何应对

李恒：我和 Remington 的第一次思想交锋，是他来小恒 3 个月以后。Remington 从美国度假回来，加入创业团队之前做好了一切准备，最坏的打算都想好了。

结果他来了以后发现，跟想象中还是不一样，还更糟糕一些，坐在自己办公室里，往后一靠墙皮都会掉。

这些都没什么，主要是创业团队更糟，您会发现每天都有解决不完的事，每天都有头疼的事，管理层之间难免因为一些事情有争执，很多事情都执行不下去。

Remington 跟其他的高管发生过争吵，每次我都是心平气和地来解决，Remington 会觉得很不爽，为什么每次创始人都做和事佬？

差不多 3 个月的时候，他跟我讲，在我们公司感觉很无力，发挥不出来，拳头打不出去，打出去了都像打在棉花上，跟想象中不一样。

当时我就觉得时机到了，我俩就约了一个烤串，我俩的“恋爱”过程全是烤串解决，就在他家门口的小张烧烤。

我说雷哥您知道吗，我没有把您的迷茫当做问题，只是到 3 个月了，该找我说一下了。他要不跟我说，那就真的可能是问题了。

然后雷哥说：第一，我们团队确实不错，但还有提升空间，可以学习的东西不多；第二，创业公司里，真的有好多问题；第三，我感觉我使不出力气来。

我说雷哥，您现在应该有体会了，创业公司跟投资机构、大公司完全不一样，创业就是接地气地解决问题。公司团队履历都很不错，但接触下来发现也很朴素和普通嘛，那是因为被我带着接地气了。

小恒现在还不高大上，为什么这个阶段需要您来？不是为了这个阶段，而是为了下一个阶段。如果在下一个阶段才把您招进来，您就真的只能是一个职业空降兵了，因为团队已经成长得非常好了，这个阶段我需要您跟着我一起成长。

小白的问题是，他可以跟我成长到现在这个阶段，但可能没法成长到下一个阶段。老油条的好处是，他可以在高处，他也可以往下走一走，虽然可能会因为走了回头路觉得很不爽，但往下走一走，做这些事情都是得心应手的。

而且在创业阶段，老油条就是要往下走一走，这是创业所需要的，心态调整好了就行，心态调整不好就只能在高处待着，只能做一个职业空降兵。

曾经有一个公司跟我讲，出 300 万元年薪挖 Remington，可是 Remington 没有去，因为他去了依然是个职业空降兵。他现在到了创业公司，就面临要走回头路的情况，会心慌。

那么现在我只需要告诉他，这个阶段，您应该来往下站一站，他就明白了。这就是老油条的好处。而小白只能在下面待着，往上走不行，您强行把他放上去，最后他还是会掉下来摔死。老油条不一样，一说就明白了，企业处于这个阶段，需要他们下来才可以把公司带上去。

我跟他说的第二点，我说您来了不是来学习的，您的主业是做战略和品牌的，去问您做 HR、做供应链的同事问不出来什么。其实您应该去了解这个行业，了解完说不定您创新出来的东西，比现有的还牛掰，甚至别人过来跟您学。

就跟我当年入行餐饮一样，有人说我没做过餐饮很担心，我说来吧，餐饮行业就需要我们这样不懂的人来颠覆的，您懂了就前怕狼后怕虎了。我一讲，雷哥就明白了。

创业企业就是需要您来创造，而不是您进来以后，直接现成的资源给到您，那我还要您干嘛？这是创业企业跟成熟企业最大的不同。

为什么创业公司起来的高管含金量超级高？因为创业团队出来的人打过仗，而职业空降兵一般含金量不高。

舵舟：为什么一点点升上来的职业空降兵含金量不高？

李恒：不是说一点点升上来的职业空降兵含金量不高，那小恒现在的高管团队都是行业巨头一点一点升上来的职业空降兵啊，他们有他们的优势，只是说他们没在创业企业里打过仗，可能做东西不落地。

我研究过一些公司的职业空降兵，他们的履历是名牌大学毕业，进入一家优秀的企业。他们很稳，从来不跳槽，就一点点升上去，这种人一定是优秀的职业空降兵。

他未来可以去挑另一个成熟的公司，可以拿高年薪，但进一步是很难的事，因为没有打仗的经历。而从创业团队出来的人，他的含金量超级高，这些人创业，投资人愿意投，BAT的人出来，就可以拿到大钱。

Remington：职业空降兵一般都会犯的错误，就是把自己想得太厉害了，分不清究竟是自身能力强还是背后平台赋予的能力强。当您脱离身后大公司的光环后，依然可以成就一番事业，这才是真的厉害。

李恒：雷哥在这里使不出力气，打不出去，很正常，谁来也打不出去，就是需要您来把大家带出这个困境。

创业企业就是一堆困局，需要您这样的人来解救，您能通过您的创造力把这拳给打出去，才是最牛的，什么东西都摆好了您才能做，这就是职业空降兵了，就不叫创业了。

一旦小恒起来了，就是Remington成就了小恒，这才是他加入小恒的价值，也是他的含金量。

这么一说完，Remington就懂了，我们俩交流就没障碍了。这就是老油条的价值，您跟他一次咖啡就能把问题沟通清楚，但是跟小白，别说一次咖啡，十次都没办法解决问题，这次咖啡不超过半个小时，我们顺利地度过了第一阶段。

那次咖啡以后，我们达成了共识，他是以小恒合伙人、董事会成员的身份来的，是奔着小恒成为世界级的中国餐饮品牌，千亿美金的企业目标来的，我们当时就来了几个拥抱，达成共识了。

五、和牛人合作CEO会犯的错

李恒：可是接下来，他又发现很无力，为什么？

我就在想，既然雷哥是战略合伙人，他要有所成就，我应该去协助他，而不是他协助我，我每天都在反思。直到那天跟雷哥去乌镇出差，我们俩聊了一路，我说我终于知道是我错了，雷哥说您哪错了？

我说我没有把正确的人用在正确的位置上。您现在在小恒做市场做公关，但您是做战略的，您下面应该有一个专门的市场负责人。您去让他帮您执行您的想法，您去做战略，品牌是战略的一部分，您不应该天天去纠结门店的海报设计、一篇公众号的推文这些小事。

雷哥的战略是什么？是小恒下一步的发展方向。是融资，是明年开多少家店，明年的预算多少，品牌怎么打，资源怎么整合。我没有把您用在对的位置上，就是企业家的自省，有那么一句话：您让一条特别优秀的鱼去爬树，那鱼只能越来越自卑。

我们回来以后，马上开高管会去调整，把我们所有的 VP 职责分了一遍。

比如我助理，他年轻，有最强的执行力，但是他缺乏阅历和经验，那就去抓实点；我们的营运老大，对一线特别了解，就去负责解决具体问题，人力就管好人力的事，财务就好管财务的事，大家都做好自己份内的事情就好。

雷哥天天跟我在一起干嘛？管产品、管战略、管融资、管方向。

VP 这个层面，核心工作就是开会做战略，具体工作让下边的人去执行，您让一个司令官去带一个排打仗，司令员被崩死了怎么办？

司令官就应该让团长告诉营长，营长告诉连长，连长告诉排长，排长去打仗。我一下子找到了方向，整个战略调整完了以后，我最近特别轻松，所有的人都按部就班，每个人都用到位了，没人跟我说权责分配不对，然后我和雷哥每天都乐在其中地工作。

Remington：这就是小恒的变化，比如他开会，讲得越来越干，虚的东西慢慢就不讲了。以前我跟他说，您不用关心别的公司做得怎么样，就说自己的，别的公司不管成也好败也好，您只是看到媒体报道的表面信息，所以您关心的没什么意义。

李恒：我原来之所以关心太多，是因为我会去看行业，但 Remington 说得对，我们做好自己就行，您获得的信息可能都不是准确的，您就产生不了正确的判断，所以我们现在开会就特别干，以解决问题为导向。

这半年的经历，让我更坚定，在用老油条还是用小白这个选择题上，当然选择用老油条。

小白跟着公司成长，尤其是初创期，非常忠诚，非常努力，在企业小的时候真的很重要，但企业大了，忠诚跟努力是高管的基础条件，决定性条件其实是价值观跟格局。

价值观跟格局这两点不是轻易能培养出来的，如果各个都需要培养，那老板就真的是累死了。

六、和牛人工作：CEO 的关键能力——学习力

舵舟：这么多的牛人高管在，有没有人会挑战您？

李恒：我特别愿意他们挑战我，其实高管没办法挑战我。

第一，我在公司绝对放权，我不会一手抓，所以他们就觉得没必要挑战；

第二，我尽量用时间去验证我的观点大部分是对的；

第三，最近跟一个大佬聊天，他说所有数据分析跟决策，都是为了老板最后做一个主观判断。高管有时候是不敢做决策的，决策了就意味着要担责，而在一开始，谁也不知道这个决定是对是错。

第四，说实话他们的经验比我多，我就要保证我的学习能力够快，他们没创过业，我要保证我在创业方向的格局比他们大。

舵舟：您怎么保证呢？

李恒：第一，我平均每个月会看 10 本书，有时候闲的月份，会看到 11、12 本；

第二，要不断地跟牛人去学习，这是徐小平老师教我的，他经常说您要多找些像我一样能够帮助您的外脑。

我每天的行程，一般不睡懒觉，除非我是从凌晨四、五点开始睡的，才会睡到九、十点钟，前提是上午没事。正常情况下，我是两点睡觉，八点以前起床，先运动半小时，再把这一天内必须要做的事情整理一下，看一下当天的所有新闻。

白天就是工作加见人，晚上写日志，把今天见了谁、他们讲了什么、

引发了哪些思考写下来，还有我今天犯了什么错也记下来，好记性不如烂笔头，包括好的微信对话，我也会截图出来；

第三，睡前我会把这一天所有的新闻——政治的、经济的、时事的——都看一遍，保证我的信息的畅通性，睡觉前，我会再做一遍自省，然后秒睡，基本上都是这样子。

我要保证比我的高管团队每天吸收、思考更多东西。

昨天我们的 HR 老大说，“我发现您学习能力还挺强的，我跟老板跟对了，我发现您时刻都在进步。您也会遇到瓶颈，但您会很快调整过来。”

我今年跟我的团队说，小恒三年了，其实去年是迷惘的，虽然外部觉得小恒一直是在向上发展，但我会直接跟高管团队说，我遇到瓶颈了，有时候我不知道小恒该怎么发展，怎么带团队了，我会跟他们讲我的迷茫。

但这个迷茫不会超过两个月，很快就会调整过来，大家会看到我的表现，不光是嘴上说说，是直接在战略、业务上去体现。

聪明人各有各的想法：如何解决牛人协作问题。

舵舟：您是怎么解决高管之间的合作问题的？

李恒：高管之间的合作，最大的问题其实就两点，第一是信息不对称，第二是由于信息不对称，导致发生了问题以后，相互推诿责任。为什么我可以快速回答出这两点，因为我每天会反思写笔记。

怎么去消除这两点呢，以前我们是周会，一开开一天，其实很难去解决问题，很不落地，为什么呢？因为一周累计的事情太多了，而且是群体做决策，财务参与品牌决策，人力参与运营决策，讨论一天也没用，东拉西扯的，小细节太多了。

现在我怎么办呢？每天花一点时间开一个高管会，互通信息，除非特殊情况，一个会议会开到 1 个小时。

我们现在实施高管每天汇报制，我们 7 个高管，所有人一天结束以后，就您部门的所有问题，发一个工作报告，不是发到大群，是私信我，解决信息不对称的问题。

比如一个跨部门的问题，这个高管没写，那个高管就写了，那我就可以直接找他，您为什么不报？如果他们每一条都能对上，就没问题。

最近我就因为一个问题发了很大的火，这个火发得理所当然，没人敢挑战，原来是会有挑战的，会有推诿，给一些解释。现在就直接认了，为什么？

他做工作报告里就没写，日会和高管日报制就是为了消除信息不对称，没了信息不对称，大家也就不会推诿了。如果还是出现推诿问题，最好的解决办法就是，该罚的时候一定要罚。

原来我心肠好，不罚大家，大家就没这个意识，现在开会迟到就会罚红包，一次600元，很管用，因为我们天天开会，罚了三次再不迟到了，晚一分钟也得600元。

再比如，最近我们有三个部门都在讨论一件很重要的事儿，但没一个人写在工作报告里，一人罚1000元，非常痛快，从此以后再也没人触碰红线了。罚是为了消除信息不对称，一下子，高管之间的协作就协调起来了。

七、管理牛人：首先是创始人管好自己

舵舟：外界点评小恒的管理方式很特别，究竟特别在哪里呢？

李恒：其实每家企业的管理方式都特别，老板有什么基因，企业文化就有什么基因，所以别人的东西，不是轻易学得来的。

小恒水饺如果有什么最大的不同，我觉得还是那句——以严格的标准要求自己，然后再以相同的标准要求高管，就这点其实挺难的。

舵舟：严格的标准一般分几条？

李恒：第一，您一定要足够公平，“公平”这两字看上去很简单，做到太难了，有几个老板不任人唯亲呢？有几个老板不爱拍马屁的呢？

我在小恒经常讲，拍马屁的人在我这，哪怕他是真心的，肯定不会加分，说不定还会减分，为什么？因为马屁没有用，我们要的是公平和坦

诚，这样您才能让大家集中精力去做事。

第二，就是足够诚信，比如说，有的事情我可以不讲，我不愿意讲的，我可以不讲。但只要您讲出来的话，就不能是谎言。

第三，就是直白，我经常说，一个老板，面对您信任的团队，您敢不敢给员工呈现您最真实的一面？我是敢的。

您一定要把您好的坏的全部暴露出来，甚至我让我们的高管相互之间也要完全坦诚，就事论事，不粉饰太平。粉饰太平这种事，在企业里高管之间有时候是忌讳的，觉得都是自己内心的想法，要有自己的隐私。

一个企业最重要的就是高层，他们自己在抗舵，如果他们之前有相互隐瞒的时候，就会有不信任的成分，不信任就会导致企业随时可能翻船。

舵舟：不信任是因为信息不对称导致的。

李恒：所以，我希望大家在工作上、想法上信息对称。我给留面子，我单独批评您，其实越留面子越不对。我表扬一个人永远都是在别人面前表扬，我批评一个人也不会在背后里说别人。

再就是，您要比所有人都努力。这个很简单，您是老板，大家都看着您，放假了大家加班，您去休假了，员工会怎么想？这就是人性，员工会非常不爽，我们打工仔都这么忙，高管说休假就休假？

创立小恒水饺之后，我每年都是大年三十回家，因为我要跟员工奋战在一线，大家都希望能够得人心，怎么拿到这人心？您不要觉得您是老板，就因为您是老板，您肩负的责任应该比高管和员工更多，您应该比他们更努力才对。

舵舟：高管对员工的要求，远远低于员工对高管的要求。

李恒：是的，员工之所以是员工，就是因为他们没您的格局，他们不理解您，他们觉得您是高管，您有权力，您挣钱多，所以高管有点错，他们就会挑您，只不过不跟您讲，只会在团队里传。

比如高管开会，员工发现高管的座位有变化，就会猜测，是不是跟老板吵架了？就会有这样的八卦流出来。其实员工看人特别细，一个高管发生了一点什么，员工就会八卦，为什么？因为您是高管，您高高在上，您的缺点会被放大。

我面试了很多员工，好多人都会说自己离职，是因为遇到了一个傻领导，他不当着您的面说，但在您的背后会说，这就是员工心态。

但高管就不一样了，员工犯了错，您还要包容他，说我是高管，我要带头给他机会。所以，高管对员工的要求，永远都没有员工对高管的要求高，就这个道理，高管是要有包容性的。

然后就是老板的学习能力，您不要总去挑员工跟高管的毛病，多找自己的毛病。您是带头人，您自己的毛病要不断地改正，才能让更多人信服。

大家为什么服我，我们公司的员工是可以直接给我打电话去说高管不好的。员工哪来的勇气，大部分的公司好像都不敢吧，就怕被穿小鞋。

但在小恒，员工能感受到我的精神，老板是公正的，是为了公司好的，我永远都在挑自己的错。我高管出问题了，我最后会跟员工说这是我的错。

公司出了问题，高管把责任推给老板，这是对的，您就应该受着。因为这个团队都是您组建的，谁让您组建的这个团队呢？任何一个人执行不到位，都是老板的问题，我的管理方式是什么呢？好多人都说是如何管理别人，其实我的管理方式是自我管理。

舵舟：你们的高管都是成熟的牛人，年纪偏大，大家应该会关注什么时候套现。

李恒：如果大家都是为了套现上市为目的来的，这个企业就很悲哀。有一个大佬说过一句话，说您是奔着赚钱来的，一定赚不到钱。

您应该是先有梦想，顺便赚钱，您会赚很多钱，如果您先想的是上市或套现，我这个企业一定完蛋。

我们的高管如果是奔着套现来的，那就不要来了，小恒是一家想要成为千亿元美金市值的伟大公司，他们来这是退休的，要奋斗 30 年。

案例二：再谈“空降兵”：另类平安的驾驭之道

中国平安无疑有些另类。“空降兵”空降在别的企业，也许因东西方文化差异、管理理念、企业文化鸿沟等障碍意外“死去”，却能在平安“七步成诗”的土壤中好好“活着”。

阿里巴巴2006年前后大批引进的国际人才基本“集体阵亡”的信息引发关注。但这种“集体阵亡”并非阿里巴巴的独特现象，环顾一大批互联网新贵或是传统行业巨头，中国企业“空降兵”存活率整体不高。

平安却是“两最一好”的特例：时间最早——早在20世纪90年代中期就率先在金融业内引入外脑；比例最高——20年来其核心高管中有一半左右是“空降兵”；存活质量好——“空降兵”在平安发挥作用之外，还因对国家的贡献，有3位外籍高管获得国家友谊奖。

中国平安董事长、CEO马明哲和中国平安公司是如何吸引近半的“空降兵”？其秘籍何在？未来可持续性如何？

天变了，人变了，道亦要变。中国平安怎样变？

一、空降阵容，不只是豪华

不妨先晒晒中国平安的空降阵容，不乏豪华，但不只是豪华。

平安已经不能算一个传统的金融公司了。不少阿里巴巴、腾讯、华为的人空降到了平安上海或者深圳总部的写字楼里。曾经的一个新闻是，平安金融科技的重要平台——陆金所的董事长计葵生，一个典型的美国人，两年前的“空降兵”，因为在互联网投融资平台的探索及对中小企业融资服务模式的成功实践，获得了国家友谊奖，参加了国务院的国庆招待会，此前还分别获得了习近平主席和李克强总理的接见。

说一口流利普通话的计葵生，在金融投资方向拥有超过20年的跨国工作经验，曾任麦肯锡公司全球资深董事、台湾台新金融控股公司运营主管。2011年，计葵生空降平安，这是这位美国人首次在大陆企业工作。他不仅快速适应平安，而且迅速打开局面——用两年不到时间，把陆金所做成P2P业务方向的领导者。截至2014年上半年，成立仅两年时间，陆金所获得超过200万注册用户，金融资产交易规模同比上涨近10倍，其中P2P交易规模上涨超过6倍，陆金所二级市场交易规模上涨近25倍。

同样来自麦肯锡的新加坡人陈心颖，是平安金融科技方向的领军人物之一。她毕业于麻省理工，在麦肯锡主管了近14年的商业科技咨询业务，服务的亚洲国家超过10个，陈于2012年年底加盟平安，先担任集团首席信息执行官，不久又兼任首席运营官。陈心颖掌管着平安的IT科技，带领科技团队迅速开局，成为集团金融科技创新的驱动者。她领导的大数据项目，为前线精准营销和服务插上了科技的翅膀。她还主掌亚洲最先进的金融后援运营平台，使平安的服务效率和品质领跑行业。

平安金融科技业务的其他版块也采用了类似的空降路径。平安万里通，是建立于互联网模式基础上的中国第一个真正的通用积分平台，马明哲挖来了eBay易趣的CEO吴世雄作为操盘手。吴世雄在业内享有“科技营销黄埔军校校长”之称，他曾在英特尔、微软等多家IT企业担任高管。他入职后，万里通注册用户在短期内迅速突破。

最近几年，平安金融科技风声水起。大批互联网、IT界一流人才也空降平安。除了前面提到的陈心颖、计葵生、吴世雄等之外，平安健康险董事长兼CEO王涛来自阿里，是阿里巴巴集团前资深副总裁兼阿里软件的总裁。平安金融科技的总经理罗子斌，来平安前是麦肯锡全球副董事。平安科技的副总经理戎国强，来平安前是华为的高管。

盘点平安高管，平安153名高管中有62名空降兵，包括美国、加拿大、新加坡、巴西、韩国等国的外籍人才，分别来自麦肯锡、高盛、汇丰、花旗、阿里巴巴、华为、新鸿基等国内外一流企业。平安自身培养的干部则有 91 人。总体来看，平安高管中空降兵占比很高。前高盛（亚洲）的主席胡祖六曾评价，平安在人才国际化方面，是中国做得最好的企业。

二、七步如何成诗

平安“空降兵”的秘笈是什么？

熟悉平安创始人兼掌门人马明哲的人士认为，最关键是战略。细观平安，不难发现其在战略上，能够做到同时下多盘棋，且要比别人多看几步。最大的秘诀就在于用人上，确切地说，马明哲善于使用“空降兵”。只要是他想好了的有前景、符合公司战略的新业务方向，便会迅速找来业界最合适的人，尽快打开局面。

一位金融行业分析师说，在不少人眼里，平安的业务庞杂，看起来眼花缭乱，但实际上战略布局非常清晰。一旦完成布局，每一盘棋的执行力都非常强，确保每一颗棋子能够落点到位，就能形成胜局。

也有人说，马明哲总能在市场上找到最优秀、最合适的人。据了解，空降兵的招聘被平安视为一个系统化的工程。一位负责招聘板块的平安 HR 中层介绍，十多年来，平安在人才引进上（不仅仅是外籍高管），摸索、形成了一个固定流程，在内部被称为“七步成诗”。

“步步为营，一步都不能少，因为马总相信，招错一个人，特别是重要关键岗位的人，损失的远远不是这个人几个月的薪水，很可能给公司带来巨大的损失甚至是灾难性的打击”，前述 HR 负责人说。他所说的马总就是马明哲本人，每招一个核心成员，都被当作一个重大项目来对待，从集团最高领导层包括马明哲，到每一层级的直管负责人，都亲力亲为。

据说即使在第一步（岗位任务书），平安在集团层面，以及子公司的核心高管招聘，马明哲都参与得非常深，在启动对外招聘前，HR 要协助马明哲和相关高管，结合整个战略规划和业务发展的方向，以及相应岗位的具体需要，把核心要求以及短、中、长期的计划目标制定出来。而在中间的沟通环节，马明哲可能会花上大半年时间，和目标候选人进行深度沟通，确保其在空降之前对公司战略就有清晰的理解，在战略层面达成共识。

马明哲曾在多个场合谈到其“三顾茅庐”力邀梁家驹加盟平安的故事。退休前是平安集团常务副总经理的梁家驹，曾任保诚亚太区的 CEO，被称为“华人保险教父”，他在平安工作很多年，直至退休。

“我约了梁家驹好几次，希望他凭借亚洲保险业的经验，加盟平安，参与到中国本土保险事业的发展中来。当时是‘非典’时期，记得有一次，我们约在咖啡厅，店里空无一人，我和梁都没戴口罩，相谈甚欢。服务员送咖啡时，都是离得远远的，恨不得让杯子飞过来。”马明哲曾对平安内部人士回忆。

有人戏称，优秀人才是“哄着来”的。正是马明哲亲力亲为地“哄”，让空降兵在加盟初期就有战略共识，避免了空降后的水土不服。

三、“我不怕山头主义”

除了战略，如果说平安有着适合“空降兵”生存发展的特殊土壤，那么，“文化包容和危机感”一定是它最大的特点。

平安的空降兵们之所以愿意来平安，并且能够立足、发展，得益于平安包容的文化。平安的文化，讲求中西合璧，海纳百川。在人的使用上，不拘一格。这些人不管有什么背景、文化、语言、性格等，都能够在平安找到自己的舞台。

1993 年左右，平安尝试个人寿险业务，请来了台湾国华人寿的常务副总黄宜庚，由黄宜庚开始，平安引进了一大批来自宝岛台湾的高管。这批人和本土的队伍快速地融合起来，较早地确立了平安寿险业务的江湖地位。

平安的银行业务起步的时候，马明哲挖来了花旗韩国的总经理理查德·杰克逊。他在平安收购深发展以及两行整合的过程中，发挥了重大作用。迄今为止，这场收购战，依然是中国资本市场最大的一个收购兼并案例。

除了“空降兵”，平安还鼓励其带团队加盟。马明哲曾在他的书中写道，“要给空降球员配置好球杆。这样才能打出一流的球，做出一流的示范。”现任万里通董事长兼CEO吴世雄，就从老东家带来万里通现任COO常琳。而集团CIO陈心颖，带来了一整个麦肯锡团队。目前平安科技核心业务团队中的负责人中的杨一辰、李奕光等都出自该团队。平安租赁的董事长方蔚豪来自于远东租赁，他空降后，也是一支强大的专业队伍跟着他一起过来，迅速形成了完整的人才梯队，快速把业务体系搭建起来。

但这么多不同背景的人，会不会有山头主义？马明哲曾说，我不怕山头主义，因为人要有团队才能充分发挥才干，而且我相信平安文化兼容并蓄，有着极强的融合和吸附力。尤其是空降兵所带来的很多先进的理念，很快也会变成平安文化中新的基因，沉淀下来。

吸引好的人，同时还把好的人的想法、思路、理念吸收为自己的文化，让引进来的人带领本土人才成长，甚至让空降兵本人也在平安得到成长，由此可见平安文化的包容性、吸附力之强。

梁家驹加盟平安时，带来了助手李源祥。他是新加坡人，北美精算师出身，曾任新加坡金融监管官员，英国保诚高管。当时李源祥以寿险董事长助理的身份加盟平安，但经过几年的历练和发展，他先接替梁家驹升任平安寿险的董事长，后来又进一步晋升为集团副总经理兼首席保险业务执行官。他领导的几年，平安寿险业务快速发展，FYP（首年保费）更是首超中国人寿，挑战其行业龙头地位。

与李源祥类似的还有平安副总经理兼CFO姚波。这位同样是北美精算师出身的香港人，来自德勤，2001年以产品中心副总的身份加入平安。10年时间，从产品部副总到助理精算师、总精算师，再切入到财务方向出任CFO，他成为在平安成长最快的空降兵之一。

正是这种文化包容性和吸附力，使得不少外籍高管感觉不到太多的不适应。梁家驹在接受受访时表示，很反感“空降兵”的说法。他说“外面的人进来了，就是自己人，不是‘空降兵’。”梁认为在平安，根本不需要平衡所谓的“空降兵”和内部原来的“老人”的关系和利益。

也正因为平安特殊的兼容并蓄的文化，那么多来自不同文化背景、不同经历的人才会合作顺畅、高效，这在亚洲的企业中并不多见。

此外，从平安20多年发展历程看，平安是有着极强危机感的企业。这或许正是平安战略总能“多下几盘棋、多看几步”的根源。这种文化中深植的危机感，也让平安能够有勇气、有魄力不断任用各行业最一流的人才，通过“空降”不断保持最强的人才水平，在行业瞬息万变的过程中，保持各业务线向国际一流看齐。

四、“能抓住老鼠就是好猫”

“虽然这些年很多大公司也聘请‘外脑’，包括国家‘千人计划’引进的一些人才，但这些人才要不成为‘火星人’，要么与团队毫不相干，成为‘熊猫’，高高挂起。”一家国内著名的猎头公司高管如此评价。

据观察，平安企业文化很重要的特点：简单——清晰的绩效导向；制度化平台——明确的游戏规则；信任与授权——设立清晰的目标，让人才在制度化的平台上发挥主动性。

这些特点让原本具有内在排斥性的东西方文化在平安得以融合，让所谓的公司政治销声匿迹。

“来到这里的一年多，我试过很多以前一直想尝试的新东西，所以，非常有满足感。以前我可能要说服10个人，里面只有1个人会做。”陈心颖曾对媒体表示。相信这是平安空降兵团普遍的感受。

平安给予了空降兵发挥才能的职位和权力。与阿里和其他企业不同，平安的空降兵着陆的位置往往很关键。空降兵在平安，基本没有做顾问的。在平安的集团或者子公司层面，不少空降兵一进来，就直接担任权限很大的某一业务板块的执行官，或者某个子公司的董事长兼CEO，全权负责这个方向的工作，包括人、财、物、架构、体系等，都会在集团系统平台的支持下，授权其充分管理，空降兵对成败负全责。

有了信任和授权，还需要有明确的游戏规则和简单清晰的判断标准。绩效导向、结果导向是平安游戏规则的核心。正如马明哲流传甚广的名言，“不管白猫、黑猫、洋猫、土猫，能抓住老鼠就是好猫。”不管空降兵来自哪个山头，何种背景出身，平安只以结果、绩效论英雄。

正因为有这样简单的企业文化，来自不同文化背景，不同教育、工作经历的人才能合作顺畅、高效。一位在平安工作的干部就说过：“平安的人懂政治，但不搞政治，因为绩效很清晰，搞政治作用不大”。海外“空降兵”们敢来平安，留在平安也是因为这个文化。

万科总裁郁亮曾总结，当年那批蛇口企业是“一种新品种”，应该叫“公企业”。平安也是“公企业”，既非排资论辈的大国企，也不搞 MBO 或老板个人控股，没有山头主义的土壤。以绩效为导向的考核机制、以价值最大化为导向的文化机制决定了山头主义是生存不下去的。在职场中，在排名赛、跑马制面前，一切都得以业绩说话，以数字论英雄。

刚加盟华为的原诺基亚高级副总裁赵科林（Colin Giles）在一次专访时谈到东西方企业的文化差异，无奈地表示，“您问我能不能改变企业文化，我要说那是不可能的，但您同样不能改变外国人的工作思维，如何让两者更好地契合，这也是中国公司需要思考的问题”。

回答赵科林的话其实很简单，山不来就我，我便去就山。如何能让外籍空降们在中国企业落地生根，也许可以看看平安的企业机制和人才文化：做好规则，让东西方人才自由竞争，用人以能，就是答案之一。

案例三：访谈：空降兵如何快速打开局面？

陈俊圣在做宏碁全球 CEO 之前，年轻的时候练过空手道。“除了出拳要有力、准、狠，其实还要练忍耐力，因为有时候会被打的，就是要忍耐。”

提问：还记得履新时的场景吗？

陈俊圣：我在决定加入宏碁的时候就知道当时的情况，去的时候也做了计划，第一个礼拜到第一百天都已经规划好了。这个计划是跟我一个重要的朋友一起做的。进入一个特殊情况的时候，百日计划是非常重要的，至少知道还有一些计划要走，有一些问题可以放一下，有结构地往前走。一百天以后，该做的大概都做到了。

提问：当时最棘手的事是什么？

陈俊圣：我跟宏碁的董事会谈的时候，当时副主席就问我：“您知道宏碁这个情况，您是 2 个月内第 4 个 CEO，这种情况您要怎么做？”我当时用英语解释了孙子兵法。兵是国家大事。要把一个仗打好，最主要的就是“道”，可以致生也可以致死，让上下思想一致，说白了就是中心思想。了解自身所处的环境、优势、劣势，再找到对的人，这是有一定顺序的。一开始就解决问题那是不对的。

提问：您觉得（当时）员工有士气吗？

陈俊圣：2 个月，第 4 个 CEO，您觉得员工会有士气吗？是焦虑吧。得先让他们的心稳定下来，才可能有士气，从充分的沟通开始。我做了两个礼拜的全员沟通大会，之后每个礼拜有一天跟大家一起吃午饭，持续了好几个月。接下来我做了一个很有趣的事情，公司这么大，在全世界 160 多个国家有业务，总有一些好事发生。刚开始我用发邮件的方式将这些好消息传递给主管，然后发给员工，让所有人都能很快知道。“好消息速递”让员工稳定下来，开始变得有信心，而且可以互相学习。

提问：您过了多久才发现员工有好转，对您有信心？

陈俊圣：我相信任何事情、任何情况，都有正反两面。对我而言，一路走来都是阳光的一面，当您面向光努力跑的时候，阴影就会在后面。并没有一个熬的过程，我一直在追着太阳跑。我希望在这个过程当中，我能够给团队、员工、客户、供应商甚至董事会带来正面的力量，我相信这个发生了，是一点一滴累积出来的。如果要说一个节点，那就是去年第一季度的营业额，我们开始获利。

提问：您是怎么做到的？

陈俊圣：就像我们平常过日子一样，挣多少钱就过相应的生活。我上任之后，建立了3个（层面的）管理团队，最核心的团队每个礼拜聚会一次，第二圈团队每月见一次，第三圈团队一个季度见一次。一见面要做的事情就是预算。主要目的是看赚多少钱，有多少毛利进来，然后依照毛利决定开支。这样就能精准管理财务。坦白讲，这个是不容易的，刚开始几个礼拜大家比较辛苦。

提问：这样肯定会有很多人反对。

陈俊圣：花钱都是比较容易的，只不过大家的标准不同，所以重点在于达成共识。我刚说我们有三层管理决策，重要决策或者重要战略的形成，内圈的人要设计出一个骨架。接下来邀请第二圈的人攻击您的想法，把配套的制定出来。到第三层沟通的时候，主要就是执行。当然这需要一点时间，这是管理决策的层次性。

提问：您直接换掉多少高层？

陈俊圣：那时候不是我换掉的，大部分都是跑掉的。所以不是说我故意换谁，没有这个问题，我都是跟大家谈要留下来。在这样混乱的情况下进入这个环境，赶紧先把三层管理建立起来。其实我的百日计划第一个就是“听”，先不要跟他们讲怎么做，我没那么大本领，就算我心里有想法也是不讲的，我大概听了一个半星期，每天 10 个小时，员工一个个进来跟我说，报告业务，第二个星期开始组织讨论。我跟他们讲我要做什么，然后再对应具体的人，从人事那儿了解一些背景，组织建立起来后，我才有办法把共识建立起来。

提问：您得出的结论是什么？宏碁为什么会出现这样的问题？

陈俊圣：我没有特别看问题是怎么发生的，因为已经发生了。第一，上网本市场不见了，那曾是很大一块市场；第二，手机跟平板市场上来的时候，宏碁更新太慢了，笔记本调整得太慢，再加上中间有几个产品的规划没有那么积极。但是市场没有停止增长，我们就落后了。

提问：当您决定要干这个差事的时候，您问过自己吗？很多人都干不好的事情，为什么您可以做好？您的答案是什么？

陈俊圣：我已经工作 20 几年了，可以讲我干得还不错，我在英特尔干了十几年，做到副总裁，后来管全球销售，在美国第一次做沟通大会，就有人说为什么是您？您一个中国人，告诉我们怎么做生意，而且是做业务、做市场营销。这么大的一个盘子，4000 多个员工，您跟我们说怎么做？像这种我都抗过来了，一路过来，我做得还行。但是我心里头可能打鼓，是我运气好？还是公司强？还是我可以做好？这个过程当中，施先生给我很多支持。

提问：他帮您做了什么？

陈俊圣：他帮我准备好这个位置。再就是我想做的事情，比如三个层次的管理，比如百日计划，比如我想把我们的管理责任从原来的纯粹成本中心变成利润中心、在总部的各个事业群等，我也问他，公司是您创立的，您干了这么久，有什么意见？他也给了我很多意见。

提问：您觉得他对您最重要的忠告是什么？您印象最深的是什么？

陈俊圣：他说“我觉得很好，您这样做是对的。”鼓励，我是相信正面鼓励的人。天天讲，您这个做得很好，最后就会越做越好。

提问：这份工作是您踏入职场以来最艰难的吗？

陈俊圣：称不上艰难，空间很大，面对的挑战也比较多。去年在牛津大学演讲的时候，我也说这个挑战是很有意义的，比平常小日子喝白开水好多了。

提问：过去一年多，您怎么对抗负面情绪？

陈俊圣：我没想过这个问题，我一直处在兴奋状态，想怎么放松是真的。

提问：怎么放松呢？

陈俊圣：从怎样冥思、怎样利用空间转换让自己沉静下来，需要花一点时间，要不然一直处在兴奋状态是没有办法跑长途的。我把这个工作当做一场马拉松在进行，除了体力还需要智力，还需要团队一起，这个就是我们的中心思想。

提问：您觉得把未来做得更好的话，底牌有哪些？

陈俊圣：我跟大家谈 2015 年的战略，公司基本上已经开始稳定了，今年以后，我们的重点应该从精准管理（还是继续要做的）到组织优化。比如我们要做 PC 行业最后一个退出的，因为我们成本是最优化的。即使这个行业不再成长，我就准备这样子，最后一个退出。这个就是优化，完全优化。再就是创造价值，宏碁是一个品牌公司，不是 OEM，品牌公司真正的获利来源从创造价值开始。这样毛利才会进来，然后就可以控制开支，利润就进来了。另外，我是 CEO，如果我要利润，最简单的方法是砍掉未来。我不做未来投资、不做研发，利润就出来了，但是我们不仅仅想要在短期做出好成绩，更想在更远的未来与时俱进。

提问：您想坚持到最后一个退出，怎么让您的成本在业内是最低的，如何做到这点？

陈俊圣：就是想清楚要做什么、不做什么。

提问：什么做、什么不做呢？

陈俊圣：把优势发挥到极致。我们有四个优势：第一，我们有一个品牌，全世界很多人都知道宏碁，我觉得还不错，因为已经做了 40 年了，品牌是需要累积的；第二，我们有渠道，在160多个国家运营；第三，我们有服务体系，可以保修，包括在中国我们都拿最佳服务奖，库房管理跟零件处理并不是简单的事情，但是我们已经做到非常优化，这是我们很强的方面；第四，去年下半年我发现了另一项能力，就是我们的设计。在相关设计方向，我们拿到大概20%到30%的设计大奖，我觉得还行。所以要不断强化强项，在强项当中达到天下无敌，这是我们努力做的事情。至于其他，要不要做垂直整合，要不要投资网上，做机箱、做半导体，这些不是现在要做的事情。

提问：过去一年，最大的开销在哪里？

陈俊圣：研发吧。研发都在中国台湾，在那边的申请专利来讲，在PC方向，我们是第一名。

提问：你们想硬件、软件、服务都做起来，就全球来讲，能做到这点的寥寥无几，会不会有人觉得你们胃口太大了？

陈俊圣：我把它叫作三个层次的战略。

第一个是核心生意，就是PC生意。我说要想办法优化，想办法让它能赚钱，在一个不增长的行业里头，怎样做到至少有一些增长？即使在PC方向，还是有一些增长的空间，比如说像Chromebook，去年是双倍增长，而宏碁更是实现了3倍增长。坦白讲，在宏碁历史上，还没有哪款产品能做到Chromebook那么大的市场份额，这个给我们很大鼓励。

第二个就是新兴的生意，就是手机。

第三个就是云。

从管理的角度讲，其实我是用核心生意赚钱，再投资在有限的手机生意上，因为现在很多公司做手机，做得越大赔得越多。我除了交成绩单，还要考虑有多少钱能够烧。云这块，我们其实已经有很多业务。从最早的数据中心开始，我们就是盈利的。在云的B2B部分，我们有各种各样的服务，包括演唱会的购票系统，很多都是我们做的，也做了很多二手车拍卖系统，还有书籍、杂志的电子书。这些业务都是盈利的，我们必须用这个盈利想办法投资在新的事业上面。我们现在想到的方向有健康、汽车、电信，每一个新投入都有一个缓冲在里面，保证我们不只是做今天的生意，还要看到中期跟长期的投入。

提问：这种做法会不会遭受一些批评？比如像一些日本公司做很多业务，这些业务也赚钱，但还不能成长出一个支柱的业务。

陈俊圣：我做这个事情之前做了大量调研，到底谁做成功过？他做了什么事？先从别人那里学习，一个是 IBM，另一个是日航。它们做了很不一样的事情，但都是自己想得很清楚。IBM 的业务有很多，它们觉得服务是一定要做的，就砍掉了一些业务，保留了一些。日航没有那么多业务，它只做一件事，就是提升效率，把效率做起来，从不赚钱到赚钱。

宏碁到底要做什么？我从开始到现在，做的跟日航类似，就是增加收入，然后开始新业务。其实我们的业务员也是比较单纯的，主要就是 PC；在还没有那么多业务要砍掉的时候，要把产品线拉大。商用电脑也不是新生意，只是我们原来的市场很小，去年增长了 80%，我们就是优化效率以及找到新的业务。

提问：但是手机已经到了这么一个阶段，所有人都做手机，但是所有人都无法成功，为什么这个业务还要继续做呢？

陈俊圣：首先我们想清楚，手机是一个什么样的业务。新事业形成主要有两种模式，一种是“赢者全拿”，比如京东、阿里巴巴。要做这个事情最主要的就是烧钱，拼集资能力，建立规模，如果做得够狠您就能赢；另外一种就是“不是赢者全拿”。手机是什么样的业务？不是赢者全拿的业务。现在的手机让我们想到了 20 年前的 PC。这 20 年来，（PC）高端竞争者已经不见了，惠普烧得比我们还凶，还有一些搞房地产、做别的事去了。手机、平板历史是什么样的？在一个行业没有养分的情况下，离开的人会很多。（行业）一定会有一个成长发展的过程。那就等成熟的时候再进来？对不起，成熟后就进不来了。手机正在这个过程中，我们必须在里面站住脚，不管质量、设计、市场认同还是这么多国家的渠道，都建立起来。

提问：其实说白了，全世界所有的竞争都是和中国人竞争。您肯定也做过对比分析，对比大陆厂商，您的结论是什么？

陈俊圣：重要的是，能不能驾驭一个国际品牌。要件是什么？我们的长项在哪里？像刚才说的将来我们把四件事情做好就有饭吃了。就像我们的这两款手机，分别拿了日本设计大奖和巴塞罗那的设计大奖，这就是我们一点一点在精进我们的学习曲线，把产品做好。大家看到会说，不错嘛。从我进来一年多到现在，公司有很多的改变，产品从设计来讲还是很好的。

提问：但是即使产品做得非常好，比如像日本一些企业，最终还是溃败了。

陈俊圣：有很多因素，我想世界不完全是平的。“世界是平的”，意思并不是同样的东西，卖给全世界都可以。每个地方都有每个地方的要求，这个是必须要了解的。我们要了解我们可以做到哪个程度。至于日本公司发生什么事情，其实我没有那么多时间了解。我比较感兴趣的是，我怎么发力，怎么把价值创造出来，并且能够利用。如果价值创造出来却利用不了，那也是没有意义的。

提问：做手机，寻找盟友特别重要，尤其是进店厂商的支持，或者是操作系统的支持，您怎么在这点上打开缺口？

陈俊圣：对宏碁来讲，我们做优化，优化哪里？我们没有做自己的芯片，这个不是我们的重点，还是那四个要求：全世界的渠道、品牌、服务以及设计。讲起来容易，其实都靠时间累积。我想只要我们做得好，就会给上面高端的公司足够的压力。因为它们的优化程度在于 35 个点的毛利、25 个点的开销、10 个点的净利。而我们 10 个点的毛利，现在可以做到 8 个点或者 7 个多点的营业费用，这个对它们有压力，因为大家用的芯片也差不太多。它们面对这种情况，要么离开市场，要么把价格压下来。它们能不能那么快优化？如果做不到，就会挤压利润，然后就会发生一些情况，比如团队失望、组织骨架改变，然后员工开始有质疑，这个时候容易有离职问题，我们也看到很多公司遇到这样的事。

提问：如何让自己变成最后一个离场的人？

陈俊圣：太多的事情要做了。一个稳定的行业，或者说行业不成长了，在这样的情况下，您就想最后的离场要准备什么。举一个例子，我们的营业费用是最低的，怎么做到最低？就是要想清楚，包括跟员工讲清楚了，这个市场是不成长的，大家要有所准备，不要错误预期。继续往前走，继续做价值成长，继续推出很棒的产品，这个过程本身就能保持兴奋。

提问：您是怎样研究问题的？怎样由数据形成自己的结论？

陈俊圣：我不太相信直觉。我最近看的书是《快思慢想》，就是碰到事情不要先下结论，先看一下，从不同角度讨论这个事情，做一些深层思考，把逻辑理出来。想出一个想法之后，可以讨论一下，然后看看还有什么漏洞。我现在做的不是一个人的事情，这个事情是不能小看的。

提问：您希望在宏碁历史上留下一个什么样的印记？或者是希望别人怎么评价呢？

陈俊圣：我没想那么多。我希望带给身边的人生命的力量以及向善、良好的影响。向上，向善，向阳光。

提问：您一直都是这样积极的人吗？

陈俊圣：人生工作都有上跟下的时候，我非常相信人在顺境时的美德是谦虚，在逆境中的美德是忍耐。忍耐住才会有明天。越顺利的时候，越要提醒自己低调和谦虚；逆境的时候要互相鼓励，要忍耐，才能够走出去。

忍耐一下，这是一种美德。我年轻的时候练过空手道，除了出拳要有力、准、狠，其实我们还要练忍耐力，因为有时候是会被打的。就是要忍耐，这个也是要学习的。

后　　记

领导开局之路布满荆棘，但也充满了乐趣和挑战。每一个“空降兵”不仅仅是CEO，都在开局过程中不断成长，在成长的过程中不断成功，在成功过程中成就他人。

领导开局首先是个自我认知的过程，领导力从自我管理开始，从创造梦想，到以身作则，从真诚相待，到爱的征程，无时无刻不体现领导者对于自身的修炼，缺乏自我约束的领导是无法成功的。领导力方面最能够激励人心的内容是：人们会去做他眼睛看得到的事情。以身作则是开局成功的关键，以身作则又能够当好榜样的时候，组织开始有动力了。动力是领导者最好的朋友。如果火车在铁轨上面跑得很快，而前面有非常巨大的一堵钢筋混凝土墙，火车现在有很大的动力，撞到钢筋混凝土的时候，会把它撞得粉碎，然后可能冲破阻碍继续前进。而如果同样一列火车在铁轨上一动不动，停在那儿，哪怕在火车前只放一块小小的积木，这个火车都动不了，问题是什么？没动力啊！所以，问题其实不是问题，症结在于营造动力。因此，开局的关键在于自我管理，以身作则，树立榜样，形成动力。

领导开局其次是创造愿景的过程，这个梦想不仅仅是空降兵个人的愿景，更重要的是将这个个人愿景融入集体愿景，让大家都能够为这个愿景而努力。磁铁法则，原理是什么呢？我们吸引到的人是和我们类似的人，而不是我们希望得到的人。我们没有办法吸引到那种理想中的人才，我们能吸引到的都是和我们类似的人。如果您心态正确您就可以吸引到心态正确的人，如果您工作不努力就会吸引到不努力的人，如果您是一个自我要求非常高的人就会吸引到自我要求非常高的人。领导用梦想凝聚人心，开局的核心在于凝聚一批与您有共同梦想的人，在共同的愿景下，大步向前进。

领导开局还是创造良性循环的过程，良性循环意味您必须有一个良好的开始，您洞察环境，树立目标，建立策略，小试牛刀，取得成功。您的魅力来源于您的判断力，来源于您能够带领大家一起成功，因此，您需要真正的聆听环境，包括商业环境、企业环境、员工环境，哪个是您的突破口？您的方向是什么？您该做什么？通往山上的路有多条，哪条路才是正确的，才是最有力的，这需要您的洞察力，而洞察力来源于您内心的宁静。大海疯狂的时候，您是无法看到超过一米的，而大海宁静的时候，您可以看到很远。对于开局的领导来讲，不是能力不行，而是您的心不静，您看不远，看不远就不能做不近，做不近，您就无法取得成功。

领导开局最后是塑造伙伴的过程，伙伴不仅仅包括您的上司、下属，还有您的同事、供应商。塑造伙伴的关键是带领大家一起取得成功，良好的关系可以让我们的路更加平坦，但不能让您成功，只有让大家都成功，您才能最终成功！领导不能孤单地待在高处。如果您发觉是一个人站在山顶的话，您不是领导，您只是很会爬山的人。领导该怎么做呢？就是赶快下山，走到员工、同事、上级的所在地，与所有的人建立关系，去关心、去注视、去聆听。要知道成功不是一个人站在山顶，领导在上山的时候必须把大家都带上，所以一定要好好和他们建立关系。领导永远不是在参加什么赛跑，因为他在跑的时候一定是带着一群人的，冲线的时候是带着所有的人一起冲过终点线的。而这一切都需要在短短的时间完成，因此，真诚尤为重要，您要用真诚让所有您身边的人感受到您的内心，您的内心的宽度决定了您的成功幅度，胸怀天下的时候，您的成功是天下人的！

领导开局的难，难在时间紧迫，在时间紧迫的情况下，领导的心不静，导致行为不一致，目标不清晰，愿景不动人，无法吸引到足够的能量，无法激起自己的小宇宙！

因此，领导开局最后还是回到了本源，心不静，源于您的个人欲望，当您的个人欲望燃烧的时候，您无法做出正确的决定。而消除个人欲望的核心是您的爱，没有一种东西能够代替爱来形容领导的成功。

这本书足足写了近10年，10年我看到的开局失败远远多于成功，更重要的是身边的同事跳槽后的失败经历，让我萌发我重新把原稿拿出来出版的动力，虽然书中还有很多需要修改的地方，工具和方法不够有力量，但我总觉得它的出版或许能够帮助到有缘的“空降兵”们成功空降并取得持续的成功，对于企业、对于个人都是件美事，所以斗胆出版！

这是我写的第三本书，从《区块链商业模式》《OKR红宝书》到这本《开局之道》，都离不开我的太太、我的姐姐和妹妹的无私关怀与全力支持，还有我的同学们、同事们，这里就不一一道谢了，我总想自己的书能够帮助一些人，能够再过30年还有参考意义，或许我还会写书，让自己的经历、知识和经验成为他人进步的垫脚石，哪怕只是一块鹅卵石，或许这就是意义。

陈义佳

于深圳 笔架山 2023.10.25

参考文献

1. 宁高宁：尴尬的企业空降兵 中国企业家，2005 年 4 月

2. 《货币商人》张衢 中国金融出版社，2010 年 1 月

3. 《OKR 红宝书》陈义佳 王巍 中国财政经济出版社，2021 年 12 月

4. 《创始人：新管理者如何度过第一个 90 日》迈克尔 沃特金斯（美），中信出版社，2016 年 8 月

5. 《区块链商业思维》陈义佳 蔡天琪 中国财政经济出版书，2020 年 6 月

6. 一个职业 CEO 的典型案例：空降兵如何快速打开局面？环球企业家 金今 岳淼，2017 年 9 月

7. 再谈“空降兵”：另类平安的驾驭之道　欧阳晓红，2014 年 10 月

8. 小恒水饺李恒：CEO 如何跟空降兵共同成长 舵舟 李阳林，2018 年 12 月